公共图书馆古旧文献管理与服务

许莉 著

2020年度湖南省社科基金项目『公共图书馆古旧文献管理与服务』（编号：20YBA184）研究成果

湖南大学出版社·长沙

内容简介

本书是一部研究公共图书馆古旧文献管理与服务的专著，介绍了古旧文献的定义、特征，国内古旧文献管理发展历程，并综合各方面资料和数据，对全国范围内古旧文献的总体存藏情况及其在各公共图书馆的分布，公共图书馆古旧文献各项业务开展情况等进行了梳理。不仅从历史的角度阐述了不同时期古旧文献管理与服务情况，还对新时代高新技术不断发展条件下，公共图书馆在古旧文献资源安全管理、修复和利用，以及提供古旧文献服务方面出现的新局面、新趋势进行了详细阐发。

图书在版编目（CIP）数据

公共图书馆古旧文献管理与服务 / 许莉著.— 长沙：湖南大学出版社，2021.8（2022.8重印）
ISBN 978-7-5667-2240-9

Ⅰ.①公… Ⅱ.①许… Ⅲ.①公共图书馆–文献管理 ②公共图书馆–文献服务 Ⅳ.①G258.2

中国版本图书馆CIP数据核字（2021）第118929号

公共图书馆古旧文献管理与服务
GONGGONG TUSHUGUAN GUJIU WENXIAN GUANLI YU FUWU

著　　者：许　莉
责任编辑：全　健
印　　装：河北文盛印刷有限公司
开　　本：710 mm × 1000 mm　　1/16　　　　　印　张：15.5　　字　数：252千字
版　　次：2021年8月第1版　　　　　　　　　印　次：2022年8月第2次印刷
书　　号：ISBN 978-7-5667-2240-9
定　　价：45.00元

出 版 人：李文邦
出版发行：湖南大学出版社
社　　址：湖南·长沙·岳麓山　　　　　　　邮　编：410082
电　　话：0731-88821691（营销部）　　88820008（编辑部）　　88821006（出版部）
传　　真：0731-88822264（总编室）
网　　址：http://www.hnupress.com

古旧文献是重要的特色文献资源,是公共图书馆提供公共文化服务的重要
资源保障。古旧文献在公共图书馆的聚积和保存实属不易,公共图书馆肩负着
古旧文献保护与利用等多重职责。公共图书馆的古旧文献业务是一项长期的实
践活动,多年来公共图书馆在这方面积累了丰富的工作经验,发展出成熟完善
的服务体系,同时也促进了古旧文献管理学科理论的形成与发展。结合传统文
献学与现代图书馆学,对古代文献和民国文献推行现代化的管理,在技术层面
上强调计算机技术、互联网技术、多媒体技术、数据库技术、缩微技术等信息
技术向传统行业的渗透,在理念层面强调现代图书馆学科思维下的管理模式与
组织重构,等等,为公共图书馆古旧文献业务活动的创新与发展带来新的机遇。

近年来,公共图书馆现代文献服务活动的成功实践,为新时代古旧文献服
务活动提供了借鉴样本和创新思路。一方面,有助于扭转古旧文献服务形式单
一、用户群体固化的困难局面,另一方面也有助于古旧文献服务开辟新的阵地。
公共图书馆古旧文献服务,不仅在理论层面印证了文献学与图书馆学的深度融
合,而且在实践方面构建了图书馆服务领域的创新案例。

本书共分八章。第一章主要从图书馆学的角度介绍古旧文献的外延与内涵,
交代公共图书馆收藏古旧文献的现实条件,引出主题。第二至八章以公共图书
馆古旧文献的管理与服务为两条主线研究公共图书馆古旧文献的各项活动。其
中第二章阐述了古旧文献管理的含义,提出了公共图书馆对古旧文献管理的具
体方式和原则。第三章古旧文献收集整理,基于图书馆传统业务工作的视角,
回顾古旧文献进入公共图书馆之初的收集和整理工作,总结了进入 21 世纪后

收集、整理古旧文献的新路径和新方法。第四章古旧文献安全管理，在探究古旧文献传统典藏和修复方法的基础上，提出了最新国家标准规范和技术发展对公共图书馆古旧文献安全管理的促进作用。第五章古旧文献信息管理，总结和归纳了公共图书馆传统的缩微和检索方式，在此基础上提出古旧文献知识信息开发利用的创新策略和模式，并对典型的创新模式进行了剖析。第六章古旧文献服务的基本内容，从公共图书馆基础服务的角度，阐述了古旧文献服务的内容及其学术研究进展。第七章古旧文献服务内容体系，全面总结了公共图书馆古旧文献服务的方式，特别探讨了信息技术推动下的技术融合和服务创新。第八章古旧文献服务转型，结合全球图书馆发展的最新趋势和动向，特别是对国外多项最新案例进行展示比较，提出公共图书馆古旧文献服务转型的新尝试。

本书在内容呈现上力求理论与实践相结合。理论方面，在系统梳理古旧文献、图书馆管理、图书馆服务理论的基础上，寻求古旧文献与管理、古旧文献与服务融合创新的契合点，提出公共图书馆古旧文献管理与服务的理论框架，构建基于管理学与图书馆学创新图书馆具体业务的理论逻辑，并以此为视角审视公共图书馆的传统古旧文献业务活动。实践方面，一是介绍近年来政府和行业力量对公共图书馆古旧文献保护和利用的推动作用，并对国内公共图书馆古旧文献活动的各项创新案例进行分析；一是构建公共图书馆古旧文献具体业务活动的新模式。本书还收集了公共图书馆古旧文献存藏以及业务活动的大量数据，结合国家现行政策法规和行业标准，从内外联动的角度，呈现公共图书馆古旧文献实践活动的多样性选择。

本书在编写过程中，参考了大量图书馆行业的创新实践和相关学者的研究成果，在此一并表示感谢。本书出版也受到了湖南图书馆著作出版项目资金资助，衷心表示感谢。古旧文献相关工作是既有传统知识沉淀，又需要开拓创新的业务工作，著者理论和实践经验不足，疏漏与不当之处在所难免，敬请读者批评指正。

作者

2021 年 3 月

目录
◇

古旧文献概述

一、文献与古旧文献

（一）文献

文献从产生至今，已经有悠久的历史。文献是历史和文化的载体，记录着社会文明，推动了社会的进步。科学技术的发展，推动着文献的发展传播，以满足社会发展的信息需求。代表着历史和过去的古旧文献，体现了古老的载体形式和制作方式，承载着以往经济社会的各个侧面，具有不可替代的社会价值和文化价值。

"文献"一词，最早见于《论语·八佾》，其中记载孔子言论说："夏礼，吾能言之，杞不足征也；殷礼，吾能言之，宋不足征也。文献不足故也。足，则吾能征之矣。"宋朝的朱熹《四书章句集注》也曾说："文，典籍也"，"献，贤也"。刘宝楠《论语正义》："'文'谓典策，'献'谓秉礼之贤士大夫。"刘师培《文献解》对此作了更加明确的解释：仪、献古通，"书之所载谓之文，即古人所谓典章制度也。身之所习谓之仪，即古人所谓动作威仪之则也"。这些说法的实质是，把"文献"这两个字分开解释为完全不同的两个概念。认为"文"是指典籍，即国家重要的法典或典册和书籍的统称，"献"是指贤人，文献包括典章制度、史料和熟悉典章制度的人。

元朝马端临将"文献"二字解释为互相密切关联的概念：文献是"信而有征"的两类史料。他在《文献通考·总序》中说，这本书之所以取这个名，是因为有他自己的文献观："凡叙事，则本之经史而参之以历代会要，以及百家传记之书，信而有证者从之，乖异传疑者不录，所谓'文'也。凡论事，则先取当时臣僚之奏疏，次及近代诸儒之评论，以至名流之燕谈，稗官之纪录，凡一话一言，可以订典故之得失，证史传之是非者，则采而录之，所谓'献'也。"这种观点与郑玄和朱熹的观点相比较，有了明显的进步，舍弃了其中人的成分，统称之为"信而有征"的史料。这一见解至今仍影响着人们对"文献"一词的解释。

随着社会的发展和科技的进步，文献的概念又有了新的发展和演变。在当今的图书、情报工作中，文献已泛指一切记录知识的载体。国家标准局公布的《中华人民共和国国家标准——文献著录总则》（GB 37921—83）关于文献的定义是：记录有知识的一切载体。全面的"文献"定义，"文"指记录知识的元素，包括文字、图画、符号、音像等，"献"指知识记录依托的载体，包括图书、文物、胶片、胶卷、录音带、录像带、影片、磁带、电脑装置等。■《中国大百科全书》图书馆学、情报学、档案学卷，陈誉、林申清撰"文献"条，文献（document；literature）：记录有知识和信息的一切载体。由四个要素组成：①所记录的知识和信息，即文献的内容；②记录有知识和信息的符号，文献中的知识和信息是借助于文字、图表、声音、图像等记录下来并为人们所感知的；③用于记录知识和信息的物质载体，如竹简、纸张、胶卷、胶片等，它是文献的外在形式；④记录的方式或手段，如铸刻、书写、印刷、复制、录音、录像等，它们是知识、信息与载体的联系方式。■

文献的产生与图书和藏书紧密联系，但是对文献进行研究的学科实际上包括两个不同的源流：一个是与"校雠""校勘"一脉相承的文献学，即古典文献学，就是我国传统的版本、目录和校勘三个方面的学问；另外一个是西方叫作"documentation"的学科，我国图书馆界一般用此定义。■1938 年国际文献联合会将 documentation 定义为：对人类各活动领域的文献收集、分类和传播，对应的是现代文献学。它们共同的特点是：研究的对象都是知识的载体——文献，研究的过程都是对文献的收集、加工、传播和利用。不同之处在于古典文献学侧重于文献"整理研究"，现代文献学侧重于文献"开发利用"。本书所研究的文献范畴侧重于古典文献学包含的文献载体，但是研究内容更侧重于现代文献学的发展方向。

（二）古旧文献

古旧文献不是一个学科类别的概念，也不是一个学术性的概念。它是在图书馆实践工作中产生的一种通俗的文献分类，便于图书馆对文献资源进行典藏和管理。在公共图书馆典藏分类体系中，通常把1949年以前的各类文献统称为古旧文献，包括古代文献和民国文献，把1949年中华人民共和国成立以后的文献资源划分为现代出版物。把1949年以前的文献资源再以1911年为时间节点，划分为1911年以前的古代文献，或称为古典文献，和1911—1949年间产生的各种文献，称为民国文献。古代文献是古典文献学的研究对象，目前学术界普遍认为，古代文献指五四运动以前我国传统的雕版、活字版和手抄等方式所形成的古籍和其他文献，包括文书、卷册、碑铭和拓本等。[4]也有观点认为，古代文献的划分应以1911年辛亥革命为限，文献类型包括纸质文献和其他实体文献，如甲骨、金石、竹木、绢帛等，还包括这一时间中国境内的少数民族文献。中国是世界文明古国之一，如果从商周时代甲骨文、金文算起，中国古代文献已有三千多年的历史。古代文献浩如烟海，存世总量巨大。据初步统计，国内汉文古籍存世数量超过4000万册，品种约20万种，这是先贤历尽艰辛创造和保护的财富，是为我们留下的昨天记忆。2007年，《国务院办公厅关于进一步加强古籍保护工作的意见》（国办发〔2007〕6号）提出实施"中华古籍保护计划"，构建起覆盖全国的古籍保护工作机制。2012年2月，国家古籍保护中心发布《全国古籍普查登记工作方案》，拟对全国的古籍具体存藏状况进行清点和摸底，以进行进一步的抢救、保护、利用。参与单位有图书馆、文博、教育、中医等各系统的古籍收藏单位，以及私人藏书机构。[5]

民国文献，是指1911年辛亥革命以后至1949年间形成的各类知识和信息的载体。[6]种类包括图书、期刊、报纸、手稿、革命文献、历史档案、海报、老照片、电影，以及非正式出版的日记、传单乃至商业契约和票据等特种文献。[7]第一，民国时期特指 1912 年民国政府成立后至 1949 年中华人民共和国成立前的 38 年，但是，文献形成时间跨清末、民国，或民国、新中国的，也可以划入民国文献的范畴。第二，民国期间各种刊本的古代典籍，也是民国时代文化信息的载体，是研究民国时代思想文化的重要资料，故而也可以划入民国文献的范畴。第三，1912—1949 年间国内外形成的有关中国的文献，都应划入民国文献的范畴。

民国时期，不仅有许多新思潮的涌动、新学派的迭起，还有中西文化交流、新旧思想的冲突，在语言文字、文学、哲学、社会科学、自然科学以及翻译作品诸方面取得了多方面的学术成果，留下了大量的历史资料和文化遗产。据《民国时期总书目》统计，民国时期我国出版的中文图书有 12 万余种，期刊 2 万多种，报纸 1.3 万余种。2011 年，国家图书馆联合国内文献收藏单位策划了"革命文献与民国时期文献保护计划"项目，2012 年正式启动。

公共图书馆是古籍和民国文献的主要收藏单位，从国家图书馆、省级图书馆到各基层公共图书馆，视不同地域和历史条件因素，藏有数量不一的古籍和民国文献。在"中华古籍保护计划"和"革命文献与民国时期文献保护计划"的带动下，公共图书馆对古旧文献的抢救、保存、保护、整理和利用工作得到了政府部门和社会各界的重视。

古旧文献以古籍和民国文献为主要组成部分，还包括了其他一些载体类型和制作工艺的文献。其中古籍以其数量大，年代更久远，价值更珍贵，更早受到国家和社会层面的重视。对古籍开展的各项保护和研究工作，也往往领先于民国文献等其他文献类型。因此，本书中有关古旧文献取得的工作成绩和创新成果，很多都是以古籍文献的成果为代表，而民国文献或晚于古籍文献开展此类工作，或还未开展。

二、古旧文献的类型

（一）古代文献

古旧文献资源类型丰富，现存世数量巨大，在全国范围内分布广泛，收藏于博物馆、图书馆、档案馆等各种公共收藏机构和某些私人收藏机构及个人手中。也有一部分流失海外，成为中华文明之遗憾。

1. 甲骨文献

我国现存最早的文献是商朝记载占卜吉凶卜辞的龟甲兽骨。这种记在甲骨上的文字称为甲骨文，是当时史官保存的重要文献。因为是从殷商废墟出土的，故又称"殷墟卜辞"或者"殷墟书契"。

商代处在奴隶社会阶段，文化知识被少数贵族垄断，主要掌握在巫、史两类人手中。巫沟通人神关系，记录神的启示，记载贵族统治者的言行。他们的记录刻在龟甲、兽骨上面，形成了古代最早的文献，即甲骨文。商人信鬼而好巫，凡是进行祭祀、战争、狩猎、农事等重大活动，都要进行占卜。占卜的材料主要是龟甲和兽骨，龟甲用乌龟的腹甲，兽骨则用牛（少数用猪、羊）的肩胛骨或胫骨。这些记载于龟甲和兽骨上用于占卜的卜辞，客观地反映了殷代广阔而丰富的社会生活，是研究殷代社会历史的第一手材料，人们可以从中认识当时社会的真实面貌。甲骨文每片少则几个字或者几十字，多则达180字。

甲骨文由金石收藏家王懿荣于1899年偶然发现，迄今已百余年，共计发现殷墟甲骨15万片以上。清末民初，英、美、法、德、日等西方列强曾从我国运走大量甲骨。至20世纪80年代初，国内大陆有40个城市90多个单位收藏10万余片，港台30 000余片，国外如日、美、英、法、俄、加拿大等有26 000多片。[8]国家图书馆藏有甲骨3.5万余片，约占殷墟甲骨出土总量的1/4，为甲骨学研究提供了丰富的第一手资料。馆藏甲骨多是如罗振玉、孟定生、郭若愚、刘体智、胡厚宣等名家旧藏。[9]

2. 金石文献

以金属和石头为载体的文献。金指青铜器，即铜锡合金的器皿，包括酒器、炊具、食器等。殷周时期，贵族将记载重要事件的文字铸在青铜器上，以便长期保存，称为钟鼎文或者金文。金文篇幅一般比甲骨文长些，记载了当时战争、祭祀、封赏等大事，可以和传世的古籍相印证，具有很高的史料价值。西周是钟鼎文最为盛行的时代。《左传·昭公六年》记载："郑人铸刑书。"《左传·昭公二十九年》又有晋赵鞅等"赋晋国一鼓铁，以铸刑鼎，著范宣子所为刑书"的记载。铸在鼎上的"刑书"类似后来的书籍，有供人阅读的性质了。据孙稚雏《金文著录简目》，传世和出土的青铜器，目前已有 1 万件以上，其中铸刻有铭文的共 7312 件。它始见于殷商，盛行于西周，东周以后逐渐减少。字数较少的铭文只记氏族姓名，或器名、督造者和铸工姓名；字数较多者则记重大史事。其中以殷周金文史料价值最高。

我国古代石刻起源也很早。《墨子·明鬼》说"琢之盘盂、镂之金石"，已经将金、石并称。由于石料取材简便，价格低廉，逐渐取代青铜器成为记载重大事件或重要人物事迹的文献载体。现存最早的石刻是东周时期秦国石鼓，此外有秦始皇琅琊台刻石等。东汉熹平四年（175）石经，为石刻书籍。汉、魏以来，石刻碑志兴起，隋、唐时期特别盛行，形成了丰富的石刻文献。碑有神道碑、德政碑等多种。志是墓志，即存放在墓穴中记载死者生平事迹的石刻。此外还有诗词、散文、题名等杂刻，内容也越来越多样化。此外，金石文献还包括书写在石片或玉片上的文字。书写在玉片上的文献有 1965 年山西出土的"侯马盟书"，多达 5000 余片，可读的有 600 多片，为春秋后期赵鞅和同宗盟誓之词。🔟

在中国学术史上，对于金石的研究起源很早，到了宋代则形成了一种专门的学问——"金石学"。宋代学者在金文及其拓本的收集著录、金石文字的考释记载等方面都取得了显著的成果。中华人民共和国成立后，根据国家文化文物政策规定，凡属青铜器原件归博物馆收藏，图书馆只收其文字资料，故图书馆收藏金文均为青铜器拓片。石刻资料则有原石和拓片两种。国家图书馆石刻实物类藏品主要有汉魏石经残石、墓志、造像等。各类拓本 26 万余件，内容有墓志、房山石经、画像、铜陶砖瓦等。各类石刻拓片 3 万余种、13 万余件，占全国现存石刻拓片总数的 60%，品种多，质量精，堪称馆藏之瑰宝。一些地方和基层图书馆，也注意到目前仍散布在民间的石刻资源，并通过采集拓片的方式，收集整理，将其变成自身特色资源。如 2010 年，山西省图书馆启动了"山西民间石刻文献拓制保护工程"，通过拓制的方法，有计划、有步骤地将全省范围内所存的民间石刻资源进行复制保护。广西桂林图书馆、灵川县图书馆对桂林地区大量的摩崖石刻、碑帖进行采拓收集，收集到大量价值珍贵的石刻文献资源。

3. 简牍文献

简牍文献是书写在竹简和木牍上的文献。竹木在殷代已经用作文献的载体。我国先秦两汉以至魏晋古文献大多是写在简牍上的。用竹制作的叫"简策"，用木做的叫"版牍"，合称"简牍"。一根竹片叫"简"，许多简编连在一起叫"策"，也作"册"。简牍上的字是用毛笔书写的，是为书写型文献。简牍比起甲骨、金石，具有取材容易、制作书写方便的优越性。竹木在殷代就已经用作文献的载体。简牍在汉代依然通行。金石只宜记载单篇文字，缣帛昂贵而易朽，汉代以前，简牍是主要的文献载体。但到目前为止，近代考古发掘尚未发现早于战国时代的简牍实物。

战国以后的简牍多有发现。汉武帝末年，鲁恭王坏孔子旧宅，在墙壁中得竹简经书，称为"古文经"。晋武帝太康二年（281）汲郡人不准盗发魏襄王冢，得竹简数十车，武帝命荀勖整理，得古书17种，称为"汲冢书"。20世纪简牍出土尤多。如甘肃居延汉简前后发掘所得有3万多枚。1972年山东临沂银雀山出土汉简4942枚，包括《孙膑兵法》等兵书及《尉缭子》《晏子》《墨子》等。其他如江陵汉简、郭店楚简、长沙走马楼吴简、湘西龙山里耶秦简等，数量都很多，为思想史、社会史、经济史、文学史等研究提供了大量史料。和甲骨学一样，简牍学已经发展成为一门世界性的学问。一个世纪以来，包括北京、内蒙古、河北、河南、湖南、青海、新疆等在内的17个省、区、市都曾发现不同时代的简牍。各地的简牍博物馆、公共博物馆、高校图书馆等文博单位有不同数量的馆藏。简牍上书写的文字除了汉文，还有吐蕃文等其他文字。英国国家图书馆至今仍藏有斯坦因1900—1930年间，在中国西北地区考察时得到的简牍写本文书。

4. 抄本文献

书写在纸张上的文献即抄本文献。在西汉时期，我国发明了造纸术。《汉书·外戚传》记有"赫蹄书"，颜师古注引应劭说："赫蹄，薄小纸也。"《三辅旧事》记载，汉武帝时，太子刘据曾"持纸蔽其鼻"。纸张发明后，因为其取材方便、成本低廉、书写容易、方便携带等优点，迅速取代了昂贵的缣帛和笨重的简牍，成为最通用的书写材料。到了魏晋南北朝时期，纸已经成为文献的主要载体，以纸写书、抄书成为文化传播的最基本方式，一直延续到雕版印刷术产生。

今存大宗的古抄本文献主要有敦煌遗书和吐鲁番文书。敦煌遗书指存放在敦煌莫高窟第 17 窟的抄本文献。1900 年 6 月，道士王元箓无意中发现了这批文献。腐败的清政府得知后未加保护，文献遂被俄、英、法、日等外国探险家所掠夺，现分藏于俄罗斯科学院东方学研究所圣彼得堡分所、英国伦敦不列颠博物馆、法国巴黎国家图书馆、日本国立东京博物馆、日本龙谷大学图书馆等地，仅少部分入藏当时的京师图书馆（现藏北京大学图书馆）。敦煌遗书总数在 5 万卷左右，其中 90% 以上是佛经，其他文献虽仅占 10%，仍蕴藏了丰富的社会、经济、宗教、历史、地理、文学等各方面的史料。现在，《英藏敦煌文献》和《俄藏敦煌文献》《法藏敦煌西域文献》已分别由四川人民出版社和上海古籍出版社出版。

吐鲁番文书指在新疆吐鲁番地区发掘出来的古文书，总数在 3 万件左右，以汉文文书为主，也包括藏文、回鹘文等数种语言文字书写的文书，内容主要是各种官私文书和一些古代典籍、杂书。最早的抄本是新疆吐鲁番地区出土的西晋元康六年（296）佛经残卷写本以及《晋人田赋》残卷。北京图书馆所藏的西凉建初元年（405）所写的《律藏初分》与北魏太安四年（458）所写的《戒缘》，也是较早的抄本。其次是唐抄本。1966—1969 年间，在新疆吐鲁番阿斯塔那北区的唐墓中发现一批唐代抄本古文献，如《论语郑玄注》残卷等。由此可知，唐代抄本流传很广，不仅盛行内地，而且在边疆地区流传也相当广泛。

宋代以后，尽管雕版印刷日益兴盛，但是抄本书仍然占有相当重要的地位。官府和私家藏书机构，为了搜求文献，还是经常借书抄写。其中名家抄本校勘质量较高，文献价值超过一般刻本。因此，传世至今的古籍中存有不少抄本书，分布在全国各文博单位和公私文物收藏组织中。截至 2015 年，国家图书馆藏有宋抄本 7 部、元抄本 8 部、明抄本 1231 部、清抄本 5187 部，在善本中所占比例为 20%。此外还有稿本、档案抄本等近 2000 部，全部稿抄本占善本书总量的 3/1 左右。[11]2019 年，上海图书馆出版了《上海图书馆藏中医稿抄本丛刊》，在馆藏珍稀稿抄本中遴选 120 种，影印分辑，共 40 册。

5. 印本文献

印本文献是指印刷术产生后，用传统雕版印刷和活字印刷方式，印在纸张上的文献。印刷术产生后，印本文献迅速取代了抄本文献，成为知识和文化传播的主要载体。造纸术和雕版印刷术对世界文明的影响和推动作用是无可替代的，它加快了传播速度，有力地促进了文献的普及，推动了中国文明乃至世界文明的迅猛发展。

木板雕印是我国古代图书印刷的主要形式。据文献记载，隋末唐初，即7世纪初就开始使用雕版印刷术。到9世纪，印刷技术已达到较高水平。当时的印刷活动分布于长安、洛阳、成都、淮南、敦煌等地，除雕刻佛教印品外，还印刷历书、字书、韵书以及童蒙读物等。传世最古的唐代印刷品是太和二年（828）刻的日历，此外还有乾符四年（877）刻的日历及咸通九年（868）雕印的《金刚经》，但都已被伯希和盗往国外。国内现存的唐代印本有三件：一是1974年西安西郊出土的7世纪初梵文《陀罗尼经》，为现存较早的印刷品实物；一是四川成都唐墓出土的梵文《陀罗尼经》，约刻于至德二年（757）；一是浙江龙泉塔中发现的7世纪初的卷本《妙法莲华经》（现存日本）。

到了宋代，雕版业大盛，从中央到地方各级政府机构都组织雕印活动，民间印刷业也十分活跃，形成了汴京、杭州、建阳、成都、眉山等印刷中心。北宋中叶，毕昇发明胶泥活字印刷术，后又出现木、铜、铅活字印本书籍。活字印刷奠定了现代印刷术的基础。明代是古代印刷的全盛时期，比之于宋代，印刷技术高超，印刷规模大，品种多，质量精。清代是古代印刷业的又一高峰，雕版、各种活字印刷以及木版彩色套印技术并行发展，都取得了相当大的成就。

印本文献产生年代近，数量大，传播广，存世较多。公共图书馆现藏古代文献资源，主要以古代印本文献为主。国家图书馆就藏有27万余册中文善本古籍，160万余册普通古籍。南京图书馆也藏有160万册古籍文献，善本14万册。按照前文稿抄本的统计数据推算，善本中2/3应该是印本文献，普通古籍应该大部分都是印本文献。

（二）民国文献

民国文献体量庞大，内容丰富。据不完全统计，仅中国国家图书馆、上海图书馆、南京图书馆等12家大型公共图书馆以及北京大学、中国人民大学等21家国内高校图书馆收藏的图书、期刊、报纸等，已不下 470 万册。实际上，这仅仅是民国文献的一部分，若将档案、报告、书札、票据等一并统计，当以千万计。[12]

1. 近代平装书

自 15 世纪 40 年代德国人古登堡发明铅活字印刷术以来，西方的机械化印刷术持续创新，并向世界各地传播。19 世纪中叶，机械化印刷术开始传入中国，对中国近代印刷出版事业的发展起到了重要的促进作用。

清道光年间，石印技术由西方传教士引入我国，在光绪年间得到普及。19 世纪 80 年代，在点石斋、同文书局和拜石山房三家书局带动下，石印技术由上海传向全国。同时，国内开始引进、改良铅活字印刷术。19 世纪末 20 世纪初，铅活字印刷取代石印，成为我国印刷出版技术的主流。新式机械铅印取代了雕版印刷术，同时产量高、成本低、能够双面印刷的外国新闻纸也取代了我国手工造纸，西式装订取代了线装方式。西学输入，多学科图书不断涌现，横排文字渐渐成为习惯。到民国时期，近代平装书基本取代了传统雕版线装书，成为流通的主要文献形式，并出现了一批近代资本的出版企业。西式装订的铅印书还有精装本，通常是页数较多，适于长期保存的图书。

据《民国时期总书目》统计，仅北京图书馆、上海图书馆、重庆图书馆三家图书馆所藏 1911—1949 年各类中文图书一共就有 124 040 种。从图书内容上，分哲学、宗教、社会、政治、法律、军事、经济、文化教育、语言文字、文学、艺术、史地、理、医、农、工、总类 17 类。民国时期出版的图书，社会科学和文艺书籍占了绝大多数。文学、政治、经济、教育四类，分别占总数的 16.95%、15.37%、12.92% 和 11.55%。四者相加占收录总数的 56.79%。而理、医、农、工四类，仅占收录总数的 11%。从图书装帧上看，以平装为主，大都比较简朴，精装较少；以铅印为主，有少量石印、影印；以 32 开为主，36 开、25 开次之，16 开多为资料汇刊；以白报纸为主，抗战时期有部分土纸本，基本上反映出时代特征。从出版者和出版地区来分析，可以说极不平衡。上海是最大的出版中心，据《民国时期总书目》语言文字分册收录的 3861 种著录，其中 65% 是在上海出版的。析其原因，上海是工商业发达的大都市，地理位置有利于对外贸易和国际文化交流，又是左翼作家联盟所在地，特别是出版业发达。民国时期几家有名的出版机构，如商务印书馆、中华书局、开明书店、世界书局等都集中在上海。北京的出版业当时虽然名列第二，但在上述统计中，仅占7%。重庆位列第三，在上述统计中，占4%。因其抗日战争时期成为陪都，北京、上海沦陷后，有一部分出版社转移到那里，在艰难的条件下出版了不少书。在上述统计中超过1%的城市还有桂林、广州、长沙、南京、长春、成都。按地区分析，华东地区出版力量最雄厚，其次是华北、西南，最薄弱的是西北地区。从出版时间上分析，民国时期出版新书最多的年代为抗战前期的1933—1936年。以语言文字类作抽样统计，这四年的著录都超过200种，其中1935年最多，超过300种。[13]教科书、革命文献、新文学作品等是民国文献的重要组成部分。

2. 近代期刊

期刊又名杂志，是定期或者不定期刊出的连续出版物。近代文献的变革，最引人注目的就是新型出版物如报纸、杂志的大量出现。近代早期出现的期刊和报纸没有明显的界限，统称为报刊，后来才慢慢分离开来。中国最早的近代报刊出自外国人之手，从鸦片战争以后到19世纪末，外国人在华南、华中、华东、华北等地创建了近170种中外文报刊。民国时期，期刊的出版和报纸一样，极为活跃，在内容上多为学术研究、政论、改革文学思想三大类。《全国中文期刊联合目录（1833—1949）》著录了全国50所图书馆所藏中华人民共和国成立前国内外出版的中文期刊近2万种，另《中国近代期刊篇目汇录》著录了1912—1918年国内出版期刊238种，《全国解放前革命期刊联合目录》收录了1919—1949年新民主主义革命时期各个历史阶段出版的刊物1658种。去除各目录的重复著录，属于民国时期出版的期刊应在万种以上。[14]

学术类：《科学》，1915年在上海创刊，月刊，创始人任鸿隽，是留美学生组织的科学社的言论机关，以传播世界最新科学知识为宗旨。《科学》亦是中国现代出版史上创刊最早、出版时间最长的科学期刊，由商务印书馆印行，到1950年止，共出版了32卷384期。任鸿隽（社长）、赵元任（书记）、胡明复（会计）、秉志、周仁组成中国科学社第一届董事会，杨杏佛任科学社编辑部长。科学社初立，社员仅有35人，到1919年发展到435人，再到1949年发展到3776人。《科学》在美国编辑时，由设在上海的寰球中国学生会总干事朱少屏在国内经理出版发行。

政治类：《庸言》，1912 年 12 月在天津创刊，由梁启超主编，半月刊。凭借梁启超在舆论界的声望，《庸言》刚一创刊就销售一万份，后又增加到一万五千份，成为当时国内发行量很大的刊物之一。此一时期，梁启超先后担任过熊希龄内阁的司法总长、币制局总裁和参政院参政等职，同时又是民主党、进步党的主要领导，不论在朝或在野，他都没有放弃过《庸言》主编的位子。[15]

文学类：《小说月报》，于清宣统二年（1910）创刊于上海，于民国二十一年（1932）初停刊，共出 22 卷 262 期（包括增刊 4 期）。该刊在五四运动前为"鸳鸯蝴蝶派"刊物，从民国十年（1921）第 12 卷第 1 期起，由沈雁冰、郑振铎主编，大加改革，成为文学研究会的主要刊物。它经常发表具有民主主义和现实主义倾向的文学作品和论文，介绍外国文学名著，如《俄国文学研究》《法国文学研究》等，是我国早期的大型新文学期刊之一。[16]

20 世纪前半叶中国寿命最长的期刊《东方杂志》，于清光绪三十年（1904）由上海商务印书馆出版。初为月刊，后改半月刊，到 1949 年终刊，历时达 45 年之久。在 1910 年每期发行数达一万五千份，在同类刊物中名列前茅。其内容分论说、译件、调查、大事记等。

3. 近代报纸

报纸是以刊载新闻和评论为主的定期刊出的连续出版物。1858 年，伍廷芳在香港创刊了国人自办的第一份近代中文报纸《中外新报》。1872 年在广州创刊的《羊城采新实录》和 1873 年艾小梅主编的汉口《昭文新报》，是内地最早的一批国人自办的近代报纸。民国建立后，鼓励创立报刊通讯社和新闻出版发展，全国的报纸种类和销量大增，由十年前的 100 多种，陡增至近 500 种，总销售达 4200 万份。这两个数字都突破了历史的最高纪录。其中仅 1912 年 2 月，向北京民政部进行登记要求创办的报纸，就有 90 余种。新创办的报纸多数集中在北京、上海、天津、广州、武汉等地。其中在北京出版的最多，有 50 多种；其次是上海，出版有 40 多种；再以下为天津 35 种、广州 30 种、武汉 9 种。[17]

出版的报纸中，有的是新建立的各级政权机关的机关报，如四川都督府创办的《四川都督府政报》、云南军都督府创办的《云南政治公报》等。有的是民国的新贵们自己掏钱创办的报纸，如尹昌衡在成都办的《西方报》，罗纶在成都办的《进化白话报》，谭延闿在武汉办的《民国日报》。有的是一些资产阶级知识分子办的报纸，如章士钊在上海出版的《独立周报》，黄晦闻等在广州出版的《天民日报》等。有的是专门办给妇女看的报纸，如唐群英、张汉英在长沙办的《女权日报》，吴曾兰在成都办的《女界报》等。有的是一些民族资本主义企业创办的以推销产品为主要目的的商业报纸，如胡文虎永安堂在仰光出版的《仰光日报》，宋则久直隶国货维持会在天津出版的《白话报》等。

有很大一部分报纸属政治党派所创办。1912 年 8 月，同盟会联合统一共和党、国民共进会、国民公党、共和实进会等政党组成国民党。1913 年 5 月共和党联合民主党、统一党、民国公会和另一个国民党组成进步党。同盟会 – 国民党系统的报纸，遍布河南、安徽、四川、云南、广东、广西、福建和南京、北京、天津、上海、武汉、长沙等全国各主要省市。共和党 – 进步党的报纸也遍布全国，主要集中在京、津、汉和湖南、四川、两广等地区。

《上海图书馆馆藏建国前中文报纸目录》收录了馆藏 1862—1949 年国内外出版的中文报纸 3500 余种，上海图书馆编《徐家汇藏书楼报纸目录初编》著录了清同治朝至民国初年的报纸共 225 种。保守估计，其中属于民国时期国内出版发行的报纸当在 2500 种以上。[18]

4. 近代其他文献

连环画。清光绪、宣统年间，上海出版的报纸，大都附送画刊，有光纸石印，有的以讽刺画、人像画为主，有的以新闻画为主。上海《申报》《时报》出了一种连续性画刊，称"图画书"，把当天的新闻绘制成连续的图画，随报附送。这是连环图画的萌芽。1908 年（光绪三十四年），文益书局出版了图画书《三国志》，这是最初的连环图画，也是我国第一部连环图画，有二百多幅画面，由郭文英绘制。1916 年，上海的图画书中有了一部《猿政府画史》，是讽刺袁世凯做皇帝的，一出版立即受到了北洋军阀政府的查禁，图画书的作者也被通缉。1920 年，刘伯良把章回小说《薛仁贵征东》改绘成《跨海征东》，并改加说明。从此，图画书里出现了民间故事、武侠神怪等各种题材。图画书的作者中也出现了不少优秀的人才，如赵宏本、沈曼云都有他们各自的风格。出版图画书的先有姚文海书局，继有郭文益书局、蒋春记书局等。后来，槐荫山房王履之将版心分上下两层，上层说明，下层绘画，仍用有光纸印，但变为横十开本了，每本十张有二十幅画面。1921 年世界书局初创时，用有光纸大量印行八开本的图画书，始改称"连环图画"。连环图画到 1926 年改为白报纸印二十开本，每本十张，一部书有二十到四十本，定价铜元六枚。在上海、广州等地的街头巷尾出现了许多租赁连环图画的书摊。连环图画的内容除章回本神怪、武侠小说的改编外，还有了影片的改制，如《火烧红莲寺》。

地图。中国地图起源，远在秦汉以前。古代地图，大都画上山林川泽、道路关隘，并用文字记注道里、方向、户口之类。所注的道里多是由实际旅行的经验得来。清代地图发展成熟。到了民国，地图一般由政府筹划刊行或机关团体印制。私人所著或佚名制的舆图也有很多，制作上逐渐由刻版墨印或朱墨合印发展为各种彩色精印，同时地图的种类也不断增加。1916 年参谋本部制图局编绘有百万分之一的《中国舆图》，彩色铅印，共计 127 幅，颇为详细。历史地图有 1914 年童世亨编《历代疆域形势一览图》，上海中外舆图局印行。1921 年欧阳梅林编《历代战争疆域全图》，亚新地学社印行，计 47 幅，地名古墨今朱。地形图，有民国初年直隶陆军测量局测制的《河北地形图》、陕西陆军测量局测制的《陕西省全省地形图》等。地质图始于 1912 年实业部下设地质科，胡晋接、程敷锴 1913 年合制的《中华地文图》，上海亚东图书馆出版。1913 年直隶陆军测量局测制了《秦皇岛附近图》。1914 年童世亨编了《七省沿海形势全图》，上海中外舆图局出版。

古籍丛书。随着西方资本主义入侵，铅字印刷术传入中国，传统的刻版印刷术被逐渐淘汰。但是在民国初年，一些藏书家们还是刻了不少书，大多是丛书。张钧衡，别号"适园主人"，从 1913 年至 1917 年，刻成《适园丛书》12 集，收书 78 种；1926 年刻成《择是居丛书》，收书 19 种。刘承干，刻有《嘉业堂丛书》（收书 57 种）、《求恕斋丛书》（收书 35 种）、《吴兴丛书》（收书 66 种）。清末民初刻书，讲求质量，而陶湘刻书，更是首屈一指。他所刻大多为世间流传绝少的书，如：《儒学警悟》为海内孤本；宋金元明词集，传世亦少；《天工开物》《离骚图》为世间难寻之书。著名的有：《儒学警悟》收书 6 种，

41 卷；《百川学海》10 集 100 种，177 卷；《影刊宋金元明本词》40 种，汇集宋、金、元、明各代名家词专集，底本皆为善本足本。除刻印出版丛书外，有些书店还用影印的方法翻印旧有丛书。

近代平装书、期刊、报纸是民国文献中主要的公开出版物，占民国文献总量中的绝大部分。进入近代社会，印刷出版已经成为传播知识最有效、最通用的方式。但实际上，民国文献还包括一部分非公开出版物，比如名人手稿、日记，历史档案等。

清末，西方近代器物进入中国，近代照相技术、留声机和唱片进入中国沿海开放城市。民国时期，照相机和留声机在中国社会开始普及，留下了大量反映当时社会历史人物、事件、生活场景的图像资料。上海不仅是中国最早引进蜡筒式留声机和唱片的口岸之一，还迅速成长为中国唱片业中心，产生和留下了大量民国老唱片。

三、古旧文献的特征与发展趋势

（一）古旧文献特征

人类社会不断发展进步，新的技术力量推动社会各个方面突飞猛进，文献的载体形式也不断多样化。但是，产生古旧文献的年代已经过去，古旧文献已经形成，其本质特征无法通过现代技术改变。

1. 产生年代久远

人类语言和文字产生时，就产生了文献。我国有文字记录的历史可以追溯到商代。我国文献产生的时间早，数量多，连续不断，并随着社会政治、经济、文化的发展而逐步积累。我国现存最早的文献汇编，当推《尚书》。战国时期文献记录了奴隶社会向封建社会的转变。隋唐时期文献记录了封建社会鼎盛的历史。宋元时期，雕版印刷术推动了文献向社会平民阶层的普及和发展。明清时期，对文献的整理和研究达到了顶峰，取得了举世瞩目的成就。由于时间和社会动乱等原因，现存的古代文献以宋元、明清时期的雕版线装书居多，还有一些手抄本和稿本等。还有一小部分其他形式的实体文献，比如甲骨、金石文献等，存世稀少，已经划归为文物保存。民国文献则记录了近代资产阶级的革命斗争，无产阶级产生和发展壮大的过程，近代科技在中国的萌芽和传播，和当时社会生活、文化发展等内容。现存古旧文献距今少则近百年，有的几百年，甚至上千年。产生古旧文献的社会历史环境已经消逝，古旧文献记录着古代和近代政治、经济、社会历史状况，独具历史价值、文献价值和艺术价值。

2. 载体形式多样

记录、保存、传播文献的物质实体，称为文献的载体。在人类文明史上，伴随着文明和文字的产生，不同地区因为当地不同自然条件出现了各种不同物质实体作为文献的载体。经过生产能力和技术水平的提高，形成了从简单自然物到纸质载体，再到更轻便载体的发展轨迹。古旧文献产生时间早，延续时间长，在纸质载体之前，还有甲骨文献、金石文献、简牍文献、缣帛文献等。以龟甲和兽骨为载体的文献，称为甲骨文献。甲骨文献是我国现存最古老的文献，主要是商代殷人占卜的记录。以金石为载体的文献称为金石文献，也就是铸造在金石上的铭文。金指青铜器，石指石料，包括石片、玉片、石鼓、石碑、石壁等。青铜器上的铭文又称为金文或钟鼎文，石料上的又称为石刻。金石文献最早也是出现在商代。汉代以后，刻石盛行，种类繁多，数量庞大。以竹简、木牍为载体的文献，称为简牍文献。战国以后，简牍文献应用普遍。以丝织品为载体的文献称缣帛文献，简称帛书、缯书。最迟在春秋时期，缣帛已用于书写。甲骨、金石、简牍、缣帛作为文献载体，代表了当时的社会生产力和文明水平，起到了记录社会生活的作用。汉代造纸术发明后，纸质载体因具有造价低、方便书写和携带的优点，逐渐取代了其他载体，成为社会通用的主要文献载体。纸质载体的文献，还包括印刷术发明之前的抄本文献，以及印刷术发明后的雕版印刷和活字印刷文献。民国时期，运用西方机械造纸和印刷术制作的平装书取代了古代雕版线装书，还出现了期刊、报纸、教科书、连环画等多种文献形式。同时，因为近代摄影技术的引进，照片、电影等新型文献开始出现。

3. 价值珍贵

文献的价值主要取决于载体自身的价值和载体上承载的信息的价值。载体的价值在于制作材料是否珍贵稀有、不可复制。古代文献中实体文献历时久远，甲骨、青铜、简、牍等作为记录文字的载体存世稀少，已经作为文物保存，其价值不言而喻。有的纸质载体文献，因为造纸工艺、印刷工艺、装帧形式罕见或者精湛，本身也极具版本价值。比如，古代珍贵的多色套印本、活字印本、插图本等，版式丰富且价值较高。多种装帧形式，不同的地区用纸等，也是古代文献的特色。文献载体附着的价值，不可复制，不可转移，随着原载体的消亡而消亡。现在，古旧文献载体数量不可再生，成为不可替代的特色文化遗产。文献更重要的一部分价值，在于其载体上书写记录的文字内容。文献记录了社会历史的方方面面，包括政治、经济、军事、文化、历史、科技等内容。文献的记录，不仅可以让后人了解当时的社会状况，考证历史事件、人物活动，最重要的是积累和传承知识，推动文明的发展。人类社会不断向前进步，在于前人掌握的技巧和经验可以通过文字记录传递给后人，后人可以学习并在此基础上加以提升。文献记录的内容就是知识信息，可以通过复制进行价值转移，并通过传播实现价值增值。

4. 信息内容传播不易

文献的载体形式和制作技术是密不可分的。文献的发展，遵循着载体形式从笨重到轻便，制作技术从手工到机械，载体所承载的信息内容从少到多，信息传播的速度从慢到快的发展规律。古代产生的实体文献和纸质文献，所包含的知识密集度小，在当时的社会技术条件下，复制不易。甲骨、青铜、简牍、石刻文献，需要寻找相同的材料，通过刻写的方式才能复制，费时费力。印刷术产生以前，纸质文献的复制主要采取手抄的方式，在当时还产生了专门抄写文献的职业。雕版印刷术、活字印刷术、近代机械印刷术产生后，纸质文献通过印刷大批量复制成为可能。但是，印刷在经济和时间上的投入很大，并不是所有文献都可以实现大批量印刷，故手工抄写仍然存在。纸质文献的复制，与现代数字资源的复制相比，在速度和广度上显著落后。文献的载体形式和制作技术影响了传播的速度和广度，古旧文献因为载体老旧，信息内容传播不易。但是，通过现代技术对古旧文献上的知识信息进行转移，改变载体形式，可以改变这一状况。

（二）古旧文献发展趋势

古旧文献年代久远，除了个别实物载体，如甲骨、刻石、青铜器等质地坚固、性质稳定外，其他如竹简、纸质载体都易受到外部环境和生物因素影响，衰退过程不可逆转。特别是纸质载体，轻薄、柔软，原本状态最容易被改变。水灾、地震、风灾等地质灾害，还有火灾、盗窃等事故，这些不可控外力对纸质载体的破坏是毁灭性、不可逆转的。而日常环境因素，比如光线、湿度、温度，以及生物因素，如虫咬、鼠啮等，对纸质文献也造成了侵蚀、破坏。民国文献采用的近代西式机械造纸，纸质的酸化和脆化也是不可避免的问题。虽然通过现代技术，对古旧文献的载体进行原生性保护取得了一些进展和成绩，但是长远来看，古旧文献的载体慢慢走向自然衰亡，不可避免。

古旧文献已经脱离了产生时的社会时代背景，不再有新的内容增加，现在存世的总量只可能是慢慢减少。因为价值珍贵，且不断升值，收藏热度一直不减。但是由于私人经济能力、保存条件等因素的限制，目前存世的珍贵古旧文献慢慢向公藏单位集中。博物馆、图书馆、档案馆等文博单位通过收购、拍卖、接受捐赠等方式，搜集流散在民间和海外的各类古旧文献。特别是近年来，一些大型私人藏书楼的古旧文献归国家收藏，加强了珍贵古旧文献向公藏单位集中的趋势。2017 年 12 月 21 日，中国家谱馆首批家谱入藏仪式在北京国家数字出版基地举行。湖南省著名藏书家何光岳先生光岳藏书楼所藏家谱 4700 多部，近 5 万册，全部入藏中国家谱馆。这批家谱共有姓氏 323 个，稀见姓氏超过 100 个，有数十个姓氏未见于国家图书馆和上海图书馆馆藏目录，资料十分珍贵。

古旧文献产生之初，是文化的载体，是知识信息传播的媒介，是一种在社会上广泛流通的普通商品。但是进入现代社会后，其社会功能发生改变。古旧文献中的绝大部分，已经有了现代出版的版本。古旧文献包含的知识信息，很大部分已经由现代出版物取代。知识信息已经完成了向后世传递的过程。有的稀缺文献，也可以通过载体转移，比如缩微和数字化过程，提供给需要者替代产品，减少原件的使用。因而，古旧文献的信息传播功能减退，其载体的流通性慢慢减少，直到停止流通，将会是总体发展趋势。同时，独特的载体形式、印刷形式、装帧形式将会成为古旧文献价值所在，其文物价值将会随着时间不断攀升。

四、国内古旧文献资源现状

（一）总体状况

古旧文献是不可再生资源，是珍贵的文化载体，它以官方和民间收藏的方式，经过世代积累，流传至今。在传递的过程中，由于自然灾害、人为等因素造成一部分文献损毁，加上文献自身存在生命周期，古旧文献数量呈递减趋势。我国现存的古旧文献资源主要分布在各地区各级别的博物馆、档案馆、图书馆、研究机构、文物保护单位、私人收藏机构中。还有一部分，在清末民国年间，由于战争和西方资本主义国家的掠夺，流失海外。现在，欧美国家的博物馆、图书馆、研究机构和私人收藏机构、藏家手中，仍保存有较大数量的中国古旧文献资源。据有关资料统计，以美、英、法、俄、日为代表的 20 多个国家 90 余所机构所藏中国古旧文献逾百万册，其中收藏中国古籍善本较多的单位有：美国国会图书馆、法国国家图书馆、英国大英图书馆、日本宫内图书寮、日本东洋文库等。

1949 年中华人民共和国成立以来，人民政府接管了旧社会各收藏单位的大量古旧文献，并相应成立了新的收藏单位，或转交至其他收藏单位。民间私人藏书机构或个人，也存有部分古旧文献，依旧存在古旧文献流通市场。1993 年，《中国古籍总目》编纂工作启动，1999 年，编纂工作因机构调整等原因而暂停。2003 年年底，《中国古籍总目》编纂工作重新启动，至 2012 年 7 月，全部 26 卷完成出版，共著录中国（大陆及港澳台地区）主要图书馆及部分海外图书馆现存中国汉文古籍约 20 万种。[19]

为了摸清我国现存古旧文献的总量，推进古旧文献的保护和利用工作，21 世纪后，由政府部门推动了两项重要的文献保护计划。

2007 年，《国务院办公厅关于进一步加强古籍保护工作的意见》（国办发〔2007〕6 号），提出在"十一五"期间大力实施"中华古籍保护计划"。从 2007 年开始，对全国公共图书馆、博物馆和教育、宗教、民族、文物等系统的古籍收藏和保护状况进行全面普查，建立中华古籍联合目录和古籍数字资源库。经过十多年的推动，已完成全国约 90% 的古籍普查工作。据初步统计，全国 2800 家单位收藏古籍超过 5000 万册 20 万个品种。[20]国家公共图书馆系统即收藏古籍 2717.5 万册，其中善本 229.5 万册。截至 2019 年 10 月底，国家古籍保护中心网站累计发布 217 家单位古籍普查数据 772 861 条 7 447 203 册。发布的全国古籍重点保护单位名单显示，我国现有古籍主要收藏在图书馆、博物馆和文化场馆等。国家图书馆、省市级公共图书馆、高校图书馆、科学专业图书馆都有分布。故宫博物院、省市级博物院、专业博物场馆以及一些文化场馆，也存有大量古籍。国家图书馆、故宫博物院、上海图书馆、南京图书馆、首都图书馆等单位的古籍藏量比较突出，特色资源丰富。寺庙、民间机构及个人还有一部分藏书，其中也不乏珍本、罕见种类。

2011 年，国家图书馆联合国内文献收藏单位策划了"革命文献与民国时期文献保护计划"项目，2012 年正式启动，民国文献普查工作渐次展开。构成民国时期文献馆藏主体的有国家图书馆藏书 88 万余册、南京图书馆藏书近 70 万册、上海图书馆藏书 48 万册、广东中山图书馆藏书 25 万册、吉林省图书馆藏书 19 万册、重庆图书馆藏书近 17 万册，四川省图书馆也有一定藏书数量。其余各省市级图书馆馆藏量均在 10 万册以下。北京大学、北京师范大学、复旦大学、南京大学等高校图书馆也具有一定收藏规模。散布在各县级图书馆的文献数量也不在少数。除了图书馆，党史馆、档案馆、博物馆以及某些研究机构也有大量收藏，目前具体数量还难以获取。在我国台湾地区，民国时期文献主要藏于台湾"国史馆"、国民党党史馆和台湾各地图书馆、档案馆及军政机构的典藏部门。如台湾"国家图书馆"曾编纂《台湾公藏方志联合目录》，该目录收录台湾各学术文化机关所收藏的地方志 3800 种。[21]美国、英国、日本、俄罗斯等地的图书馆和档案馆也收藏了一批珍贵的民国文献。如哈佛大学燕京图书馆藏有 382 种民国报纸、40 236 种民国图书，包括记载长征史实最早的文献《红军长征记》朱德签名本，2500 多件胡汉民往来信函和文稿，大量的手稿如《慈溪县国税册稿》等，还有油印本如《北平私立燕京大学文学院课程一览》等；该馆还藏有海达·莫里森（Hedda Morrison）1933—1946 年在中国拍摄的 5000 多张照片和 1 万多张底片。

另外，美国斯坦福大学胡佛研究所和哥伦比亚大学图书馆都收藏了大批有关国民政府和中国共产党的原始文献和口述史料，杜克大学藏有 5000 多张中国老照片，美国地理学会图书馆收藏了 814 张 1932—1937 年甘南及各地藏区照片。

《民国时期总书目》中收录的中文图书达 124 040 种。但该书目仅基于北京图书馆、上海图书馆和重庆图书馆三家馆藏，且未包括线装书、外国驻华使馆等机构印行的中文图书、国内出版机构印行的外文图书、少数民族文字的图书和儿童读物。据了解，仅南京图书馆就额外藏有约 2 万种三家馆未藏的民国图书。保守估计，《民国时期总书目》收书量约为民国时期出版的图书总量（超过 20 万种）的 60%。报刊方面，《全国中文期刊联合目录（1833—1949）》显示全国 50 家图书馆 1957 年以前所藏的中文期刊近 2 万种，加上后出的补充本收录的 16 400 种，估计中文期刊总量约 3 万种。报纸方面，仅国家图书馆和上海图书馆的藏量就有 8000 种左右。㉒

（二）重点收藏单位状况

从目前所做的工作和研究成果来看，我国境内古旧文献总量巨大，很多重点收藏单位藏有大量古旧文献，且颇具特色。特别是一些单位，由于历史的原因，接管、整合了中华人民共和国成立前的古旧文献，并因为接受批量捐赠、持续征集购买，形成了独具地域特色的馆藏。

国家图书馆。国家图书馆前身是京师图书馆。最初的馆藏继承了南宋以来的皇家藏书、官府藏书、寺观藏书和私人藏书。在京师图书馆时期（1909—1928），先后典藏了敦煌石室写经近万卷、《永乐大典》残帙六十册、文津阁《四库全书》等重要古籍善本，以及大量私人藏书楼的旧藏。后来还包括了 1929 年北平北海图书馆合并到国立北平图书馆的藏书，1945 年 8 月 15 日日本投降、北平光复后接收敌伪机构的一些藏书，以及 1949 年松坡图书馆合并到北京图书馆的部分藏书。最早的馆藏可远溯到 3000 多年前的殷墟甲骨。珍品特藏包含敦煌遗书、西域文献、善本古籍、金石拓片、古代舆图、少数民族文字古籍、名家手稿等 280 余万册（件）。敦煌遗书、《赵城金藏》、《永乐大典》、文津阁《四库全书》被誉为国家图书馆"四大专藏"。截至 2018 年底，计有善本古籍 34.46

万册（件），普通古籍 162.99 万册（件），善本特藏 96.83 万册（件）。[23]

中文古籍善本是国家图书馆善本特藏的主体，既有源于南宋缉熙殿、元翰林国史院、明文渊阁、清内阁大库等的历代皇家珍藏，也有社会名流、私人藏书家的捐赠。其中宋元刊本就有 1600 余部，许多为孤本或罕见本。据考证，敦煌写经中的一件《律藏初分》写于距今 1500 多年的西凉建初十二年（416），是迄今发现有确切纪年的最早写本。另外，善本中的方志、赋役全书、戏曲、小说，以及名家抄校题跋，亦很有特色。国家图书馆自 1954 年开始征集革命历史文献，建立馆藏新善本基础，1965 年移交善本部。

京师图书馆 1928 年 5 月改为国立北平图书馆，自 1929 年开始收藏金石文献。现藏有拓片、实物、书籍、画册等 12 万多种，27.5 万多件，其中甲骨原件 35 651 片，金石书籍、画册 5237 册（件）。所藏金石资料年代久远，上起殷商，下至当代，绵延三千余载。各时代的金石拓片，涉及地域遍及包括台湾在内的全国各省市自治区。这些拓片数量庞大、种类繁多，有摩崖、碑碣、墓志、经幢、题名题记、诗词、画像、造像、杂刻等，内容涉及政治、经济、历史、文化、军事、宗教、民族、天文地理、科技、建筑、文学、艺术各领域，具有较高的学术价值和文物价值。许多学者、藏书家将几代家珍慨然捐赠，其中一些名家的题跋批语有很高的学术价值，而其中的名碑善拓更是稀世之宝。

京师图书馆早在 1909 年筹建时，就接收了清内阁大库珍藏的百余种明清绘本地图。经过几代人的努力，现藏中文地图 7.8 万余册（件），外文地图 3.6 万余册（件），照片 8.3 万余张。其中包括中文古旧地图 7 千多种，"样式雷"工程图样 3500 种 1.5 万余件。在舆图藏品中中文古旧地图最具特色，包括宋代石刻地图拓本，明清以来的刻本或手绘政区图、古河图，以及民国年间出版的各种地图等。其中明嘉靖刻本《广舆图》是我国最早的综合性地图集，《康熙皇舆全览图》是我国最早以经纬测量法绘制的地图，还有《陕西舆图》《福建舆图》等，均为馆藏之精品。这些地图藏品不仅对研究我国版图、边界和地理环境变迁、政治经济发展有重要价值，也是研究我国地图学发展史的宝贵资料。[24]

民国图书（不含线装图书、新善本）和民国期刊、报纸由典藏阅览部保存本文献库房统一管理，习惯上统称保存本民国文献。保存本民国图书总藏量约为 26.6 万册。保存本民国图书中政治、经济、文学、历史、军事类图书所占比例较高，与《民国时期总书目》中文献量居前六位的类目（文学理论、世界文学、中国文学，经济，政治，历史、传记、考古、地理，教育、体育，军事）基本一致。民国文献中的特色文献有抗战文献、政府出版物。抗战文献主要指记录 1931 年"九一八"事变爆发到 1945 年日本战败投降这一时期日本侵略及中国人民奋起抵抗历史的民国文献。政府出版物系指政府部门在其公务活动中形成，通过官方渠道或指定出版机构公布，反映政府机构活动、传播政府信息、反映官方意识形态的信息资料。民国时期，北洋政府、南京政府、日伪政府都曾发行过一定数量的政府出版物。政府出版物以其权威性在民国文献中具有独特的价值。初步统计，保存本民国图书中，政府出版物总量有万种左右。从内容上看，馆藏政府出版物涉及政治、经济、军事、教育、社会生活、法律、外交等各个方面。㉕

上海图书馆。1958 年，上海图书馆和上海市历史文献图书馆、上海市报刊图书馆、上海市科学技术图书馆合并后，馆藏剧增。上海图书馆藏有中文古籍线装书共 170 万余册。其中善本 2.5 万种 17 万册，属国家一、二级藏品 2256 种 1.3 万册。另有 5400 余种 9 万余册地方志，8000 余种 1 万余册清代朱卷等。碑帖共约 15 万件，其中善本 2182 种 3142 册，列入国家等级藏品的宋拓本 44 种。中国家谱共 12 万余种近 10 万册，涉及 22 个省市 329 个姓氏。地图近万种 14 万余幅，其中不乏孤本与珍品，如 1855 年英租界土地规划图，1864 年和 1865 年上海英美公共租界图，明末南怀仁亲定的《坤舆全图》等。收藏了清末以来的文化名人信函、日记、题词、图片等珍稀文献 5 万多件，其中巴金等文化名人的手稿已数字化。㉖上海图书馆是国内外收藏中国家谱原件最多的公藏机构，有着"中国家谱第一藏"之盛誉。

南京图书馆。前身是民国时期的国立中央图书馆和江苏省立国学图书馆。中华人民共和国成立后，这两个馆的藏书除少部分运往台湾外，大部分保留了下来。南京图书馆所藏的上百万册古代文献，是在近百年风雨之中逐步积累起来的。其中国学图书馆藏书十之八九得于私家藏书楼，以钱塘丁氏八千卷楼、武昌范氏木樨香馆、桃源宋氏之藏书最为著名。在中央图书馆时期，曾两次大规模地收进历代文献。第一次是抗日战争初期，江、浙、皖、沪的藏书世家，为生计所迫，同时怕被人劫掠，将大批善本图书卖给上海书肆。当时在郑振铎等爱国人士呼吁下，重庆教育部同意从中英庚款董事会拨交中央图书馆的建筑费中提取部分，收购上海书肆文献。第二次是在抗战胜利后，接收陈群泽存书库的藏书。1948 年冬，国民党从中央图书馆挑选馆藏珍善本书籍 13 万余册，分三批运往台湾。其中包括原泽存书库的全部善本文献。中华人民共和国建立后，南京图书馆通过各种途径，又增入了很多古代文献，如 1952 年起陆续接收的原苏南文管会调拨的线装书就有数十万册。而得之于藏书家的图书也有不少，其中最有影响的是朱希祖遗书与顾氏过云楼藏书。现在南京图书馆所藏 1949 年以前印制、书写的各类文献资料的数量，仅次于中国国家图书馆和上海图书馆。现共有历史文献图书、报刊 230 万册，其中古籍 160 多万册，含善本 10 余万册，包括宋元刻本近200 部，明刻本近 7 千部；70 余万册民国文献，包括民国时期的图书 40 万余册、期刊近万种、报纸千余种。内容涉及当时的政治、经济、军事、文化、教育、科学和体育各个领域。其中政府出版物数量之多、范围之广在全国独占鳌头，包括从中央到地方的各级政府公报、会议纪要、法令法规以及议会、国会、旧政协、国民大会、国民党各军事机构、国民党党务方面的重要文献，国民党政界、军界要人的传记资料等。国民党逃离南京后，许多政府机关、社会团体及中央政治学校所存文献也被收集。日本东亚同文书院及英国文化委员会留下的中华人民共和国成立前出版的日文、西文原版图书也保存得相当完好。尤其是大量尚未公开出版的油印本内部资料，史料价值很高。另外，馆藏的革命书刊也为一大特色。

浙江图书馆。前身为创建于 1900 年的杭州藏书楼，1903 年杭州藏书楼扩充改建为浙江藏书楼，1909 年浙江官书局并入，成立浙江图书馆。1911 年接收管理文澜阁及《四库全书》。1951 年接收著名藏书家刘承干捐赠的南浔嘉业堂藏书楼（今湖州市南浔区）及其藏书。馆藏古籍线装书 80 余万册（含善本 15 万册），雕版 15 万件。根据古籍普查的数据，馆藏普通古籍共计 83 730 部 509 580 册。其中古籍线装文献 51 600 部 377 022 册，约占普藏库总量的 74%；民国线装文献20 128 部 82 137 册，约占普藏库总量的 16.1%。[27]

重庆图书馆。重庆图书馆的前身是 1947 年设立的"国立罗斯福图书馆"，其收藏的民国时期出版物、古籍线装书、联合国资料在国内外颇具影响力。重庆图书馆收藏有宋代以来的古籍线装书 53 万余册,其中收入《中国古籍善本总目》的有 3707 种 5.5 万余册,内有孤本和稀见本 424 种,包括《钦定四库全书简明目录》《山谷老人刀笔》《清江贝先生文集》等珍贵古籍。重庆是中国抗日战争时期国民政府的陪都,是世界人民反法西斯战争的一个重要中心,留下了丰富而珍贵的抗战大后方历史文献。重庆图书馆在成立之初就肩负起了搜集、整理抗战文献的历史任务。历经 60 多年的建设,现收藏有近 20 万册民国文献,其中馆藏抗战文献 3 万余种 7.6 万册。抗战文献中有图书 27 710 种 60 041 册,期刊 3623 种 12 152 册,报纸 186 种 4456 册,内容涉及各个领域。联合国托存文献近 27 万件,图书、期刊 2.4 万余册,其中不乏联合国成立初期一些具有历史与研究价值的珍稀文献。

天津图书馆。天津图书馆前身是筹建于 1908 年的直隶图书馆,1982 年更名为天津图书馆。天津图书馆馆藏古籍约 53 万册,含善本图书 8000 余部。其中列入《中国古籍善本总目》的有 2563 部。如岳飞之孙岳珂著,南宋临安陈家书籍铺刻本《棠湖诗稿》为国内仅有。同时还有以著名藏书家周叔弢捐赠为主的活字版图书 700 余部,地方志资料 3600 余部。地方志主要以藏书家任凤苞捐赠的"天春园"藏志为基础,后经不断搜集、扩充,逐渐形成特色。其中包括明嘉靖年间的《辽东志》、万历年间的《徐州志》。另外还收集有中国近现代史资料和天津地方史料,如天津的《益世报》(自创刊至停刊)、《京津泰晤士报》(英文版),袁世凯的《养寿园奏议》、康有为的《大同书》手稿等。

辽宁省图书馆。辽宁省图书馆现藏文献 650 余万册(件),古籍文献 61 万册(件),包括善本书 12 万册、宋元版书 100 余部,其中相当一部分是海内外孤本,还藏有丰富的东北地方文献和有关满族、清代以及伪满时期的文献资料。辽宁省图书馆为海内外收藏闵版书最全最多的机构,馆藏闵版书 119 种 261 部,大部分为藏书家陶湘旧藏,如《琵琶记》《明珠记》《邯郸梦》三部书;藏有殿版书 700 多种 1000 多部,清代内府刻书的大部分品种都有收藏,如清康熙内府铜活字印本《律吕正义》。馆内藏日本版古籍 1500 多部、朝鲜版古籍近 300 部,其中不乏稀世珍本,有的甚至是汉字版已经失传的品种。

湖南图书馆。湖南图书馆现藏古籍线装书 80 余万册(件),其中不少是稀世的善本、谱、牒、字画、手札等，尤以丰富的地方文献著称。有 160 部古籍入选《国家珍贵古籍名录》，如《韵补》《济生拔萃》《玉海》等。明刻本中流传较少的有《清权堂集》（明万历刻本，沈际升等批校）、《谣语》（明万历刻本）、《唐书》（明嘉靖刻本，叶树莲批校）等。藏有湖南家谱近 7000 种 7 万余册，湖南名人家谱入藏完备。

参 考 文 献

［1］谢玉杰，王继光．中国历史文献学［M］.上海：上海古籍出版社，2014：4.

［2］周文骏.中国大百科全书·图书馆学情报学档案学［M］.北京：中国大百科全书出版社，1993：465.

［3］项楚，张子开.古典文献学［M］.重庆：重庆大学出版社，2010：13.

［4］项楚，张子开.古典文献学［M］.重庆：重庆大学出版社，2010：15.

［5］国家图书馆国家古籍保护中心办公室管理组.十年风雨书与人［N］.中国文化报，2019-12-26（005）.

［6］刘民钢，蔡迎春.民国文献整理与研究发展报告 2015［M］.北京：国家图书馆出版社，2015：1.

［7］何玉，蒋耘中，袁欣，等.清华大学图书馆藏民国文献的源流与学术价值探析［J］.大学图书馆学报，2019，37（05）：102-108.

［8］胡厚宣.《甲骨文合集》编辑的缘起和经过［N］.古籍整理出版情况简报，1979-03.

［9］胡辉平.国家图书馆藏甲骨缀合勘误二十一例［J］.文献，2019（04）：3.

［10］陶敏.中国古典文献学［M］.长沙：岳麓书社，2014：7.

［11］陈红彦.国家图书馆藏抄本述略［J］.国家图书馆学刊，2016，25（04）：91.

［12］杜晶.民国文献的界定与分类刍议［J］.社会科学战线，2017（06）：179.

［13］肖东发.中国编辑出版史［M］.辽宁：辽宁教育出版社，1996：411.

［14］黄镇伟.中国编辑出版史［M］.苏州：苏州大学出版社，2003：308.

［15］张煜明.中国出版史［M］.武汉：武汉出版社，1994：270.

［16］张召奎.中国出版史概要［M］.太原：山西人民出版社，1985：213.

［17］张煜明.中国出版史［M］.武汉：武汉出版社，1994：259.

［18］黄镇伟.中国编辑出版史［M］.苏州：苏州大学出版社，2003：308.

［19］杨牧之.中国古籍总数普查工作的重大成果——兼谈《中国古籍总目》的特点［N］.中国新闻出版报，2013-01-21.

［20］国家古籍保护中心.古籍保护研究（第一辑）［M］.郑州：大象出版社，2015：6.

［21］马子雷.民国文献存世数量大　保护难度超过古籍［N］.中国文化报，2011-05-19.

［22］陈晓莉，严向东.民国文献的整理与开发问题研究［J］.图书馆，2013（04）：94.

［23］王菲.守护国家记忆 传承百年馆藏——开放共享的国家图书馆文献资源建设［J］.图书馆学刊，2020，42（03）：70.

［24］中国国家图书馆·中国国家数字图书馆（读者指南）［2021-08-23］.http：//www.nlc.cn/newdzzn/cjwt/201102/t20110216_37202.htm.

［25］荣杰.国家图书馆藏民国文献调研与分析［J］.国家图书馆学刊，2012，21（04）：31-32.

［26］彭敏.古籍概述［M］.芜湖：安徽师范大学出版社，2018：107.

［27］芦继雯.浙江图书馆藏普通古籍文献整理与保护［J］.内蒙古科技与经济，2017（08）：127.

第二章

古旧文献管理概述

一、古旧文献管理的含义

在 21 世纪以前，信息知识以纸质文献为主，公共图书馆收集的文献主要是纸质图书、期刊、报纸等，统称为文献资源。21 世纪以后，以磁、光、电介质为代表的数字资源迅猛发展，改变了公共图书馆的资源结构，文献资源被信息资源所取代。因此，我国图书馆界关于文献管理的概念，主要出现在 20 世纪八九十年代。进入 21 世纪后，图书馆界更多的是使用信息资源的概念，开展信息资源管理的研究。古旧文献是以纸质为媒介的文献资源，古旧文献的管理，可以借鉴信息资源管理。1979 年霍顿（F.W.Horton）最早提出了信息资源管理的概念，认为信息资源管理是对一个机构的信息内容及其支持工具的管理。其中强调信息资源管理属于资源管理，不仅包括信息的管理，还要注重支持工具、环境的管理，包括人员、资金等的管理。霍顿提出的信息资源管理概念是认识信息资源管理的基础，此后又有许多学者从不同角度对信息资源管理概念进行了表述。有观点认为，信息资源管理从广义上是指，对信息内容及与其相关的资源（如设备、设施、技术、投资、信息人员等）进行管理的过程。狭义的是指，始于信息资源的开发而终于信息资源的利用，所依据的是信息资源的生命周期，即在信息生命周期内对信息资源分布、组织、配置、开发和服务所进行的管理。[1]本章探讨微观研究视角下，公共图书馆围绕馆藏古旧文献资源开展各项相关业务活动，对其全流程进行科学、周密的计划、组织、领导、控制，协调资源配置与利益相关者之间的各种社会关系，以有效实现公共图书馆古旧文献的合理保护、建设、开发和利用，以及服务用户。

古旧文献管理包含了三个基本因素：管理对象、管理者、管理方法。古旧文献是古旧文献管理的对象，是不可再生资源，是古旧文献管理的客观物质条件。没有古旧文献，就不存在古旧文献的管理活动。管理者，就是履行管理职能，对实现组织目标负有贡献责任和指挥或协调他人完成具体工作的人。[2]管理者是管理行为过程的主体，具有一定的管理能力，拥有相应的权力和责任，从事现实管理活动。管理者最具有主观能动性，在管理活动中起主导作用。管理方法主要指，管理活动中为实现组织目标所运用到的计划、组织、协调、控制的方式方法，包括制定的计划、制度，以及运用的现代技术手段等。管理的方法包括行政方法、经济方法、法律方法、社会心理方法等。在一个管理活动中，管理者应根据具体对象、环境、时机摸索和采取适当的管理方法，以产生应有的效果。公共图书馆是政府出资保障公众基本公共文化权利的机构，公共图书馆开展了各项业务活动，组织管理是公共图书馆的基本工作内容。公共图书馆对古旧文献资源的管理活动一直都存在，进行科学规划，完善管理体系，促进古旧文献资源自身的发展和用户满意度提升，是加强管理的主要目的。

二、古旧文献管理的发展历程

人类文明产生之后，由于知识的产生和积累而产生了文字。用于记录文字的载体就形成了文献。随着人类社会的发展，产生的文献越来越多，就出现了文献的保存和管理的问题。中国历史悠久，一些古旧文献从产生、历经古代万千变化发展到现代已经有几千年的历史。对古旧文献的管理活动主要经历了三个阶段。

（一）古代萌芽到发展、繁荣阶段

早期的文献，又称为典籍。我国在夏朝就出现了文献。文献产生后，需要保管保存，就产生了早期的藏书活动。随着社会生产力的发展，人类文明史的延续，社会上积累的文献越来越多，对文献进行管理的需求就越来越复杂多元，古代文献管理活动便逐渐形成了完善的管理体制、管理制度、管理方法。我国古代藏书经历了夏商时期官府收藏文献，两汉时期官府藏书机构正式确立，到隋唐、两宋时期藏书活动飞速发展繁荣，元明时期藏书事业达到高峰，清代藏书由盛转衰这样一个过程。

古代藏书萌芽就是从官府开始的，并贯穿整个古代藏书史。官府有专门的藏书管理机构，专门的藏书地点，专门的管理人员。这种官府管理体制，随着社会形态的演变越来越精细复杂。藏书机构越来越多，分层分级，而且功能细化，职能复杂。殷商时期史官管理藏书，两汉时设置专职管理藏书的机构——秘书监。唐朝时，形成了以三馆（弘文馆、史馆、集贤院）为中心的藏书管理体系，以及以藏书为中心的庞大行政队伍，包括抄书、拓写、绘制、工艺、装裱及后期制作人员。宋朝时设置了三馆秘阁制藏书机构，后来又改为秘书省。到明朝，撤秘书监，将藏书划归翰林院管理，取消了独立的藏书机构。清朝，最终形成由宫廷藏书楼、官办藏书楼、中央机构藏书处、地方政府机构藏书处组成的官办藏书格局。

从春秋战国时期开始，官府藏书体系之外，私家藏书就已经出现。唐代开始，寺院藏书得到了发展。宋代时期，书院藏书兴盛繁荣。到明清时期，已经形成官府藏书、私家藏书、寺院藏书、书院藏书四大藏书体系。藏书机构除了藏书、刻印，还有编撰校勘、培养人才、学术研究等多项职能。

从有政府藏书起，有关图书的征集就受到重视。西汉时曾三次在全国范围内大规模征集图书，并派朝廷官员四处访书，还制定了一系列的奖励献书政策。到了隋代，有关政府藏书的聚散问题已引起相当重视。秘书监牛弘上《请开献书之路表》于皇帝，一方面阐述了图书事业的重要性，并列举了隋之前图书事业遭遇的"五厄"；另一方面建议在全国广开献书之门，得到隋文帝重视。以后，明代胡应麟又有"十厄"之说，延续了牛弘的观点。对于图书征集，除了朝廷派官员四处访书、搜书或利用战争进行抢掠之外，宋代郑樵又提出了"求书八法"，从理论上总结了公、私藏书中访求图书的八种途径与方法："即类以求、旁类以求、因地以求、因家以求、求之公、求之私、因人以求、因代以求"，极有见地。在寺院宫观藏书中，北朝李廓《元魏众经目录》中单列"未译经论"一类，专门收录西域传入中土尚未翻译的原始佛典，以供各寺院抄录、供奉、翻译。这种带有新书预告性质的目录，在其他藏书类型中尚未见到。

最初的藏书活动中，就存在零散的、碎片化的管理行为。殷商时就有了对文献的分类收藏、出入库的管理等初级的管理方法。周朝，设置详细的职官制度来管理文献。两汉时期，开创了以货币征集图书的藏书建设制度。隋唐时期，注重藏书的制作与装帧质量，有了典藏保管的保存本制度。唐朝时，藏书进出库管理非常严格，有详细记录。宋朝，雕版印刷术得到推广，政府重视对社会上出现的文献进行收集，出现了类似现代图书馆的呈缴本制度。设立书籍点检制度，以加强重要典籍的保管，藏书流通制度也不断完善。明清时期，书院藏书事业繁荣，书院图书借阅制度逐步完善，和官府藏书相比更具有公共性、开放性。藏书管理制度的形成，从无到有，从单一到细化，从政府制定到民间机构形成，反映了古代文献管理需求的变化和选择。

藏书管理中一项重要的工作就是文献整理。社会和藏书机构文献数量积累到一定数目后，就需要进行分类和编目，以便于文献的保存和利用。在商朝，就有甲骨文献按物质形态和用途设官进行分类的做法。周代以官为类，分官明目，以官秩为部次，以官职为图书分类的标志。到了春秋时期，孔子以图书特征分类，易、书、诗、礼、乐、春秋分类编次。西汉刘向、刘歆父子创立了"七分法"体系，以学术分类为基础，一直沿用到魏晋南北朝时期，形成我国古代图书分类史上一大派别。魏晋南北朝时期产生的"四分法"，从甲、乙、丙、丁到经、史、子、集，极盛于唐宋，集大成于清朝《四库全书总目》，衰退于清末鸦片战争西学输入之后，是一种历史最长、应用最广、影响最深的中国古籍图书分类法。我国古代产生的图书分类法有200多种，但是最主要的还是"七分法"和"四分法"两大体系，还有宋代郑樵的"十二分法"。关于目录的起源，存在先秦说和两汉说两种说法。先秦说认为，殷商甲骨上的编号就有目录的作用，孔子为《诗》《书》作序是目录学的萌芽。《诗》《书》的序是一书的目录。两汉说则是以刘向的《别录》作为中国目录学的起源。《别录》是综合性群书目录的开创性著作，《七略》是比较正规的综合性群书目录。在刘向、刘歆父子编纂《别录》《七略》之后，历代封建帝王都重视建立国家藏书机构，并编纂官修目录。《汉书·艺文志》则开创了史志目录的体例。汉武帝时，出现了我国第一部专科目录《兵录》。到魏晋南北朝时期，已经有了官修目录、私家目录、史志目录和专科目录等书目类型。晋朝时《晋中经簿》《晋元帝四部书目》则确立了四部书目分类体系，此后一千多年国家藏书目录分类都沿用这个方式。著名的佛教目录有东晋释道安的《综理众经目录》和梁释僧祐的《出三藏记集》。唐至明代，国家书目向大型化发展，如唐代《群书四部录》、宋代《崇文总目》、明代《文渊阁书目》等。史志目录有了进一步的发展，《文献通考·经籍考》形成了一种新的提要编辑体例——辑录体。私人编制藏书目录形成了风气。特别是两宋时期，如《直斋书录解题》收录的书籍数目超过了南宋政府编撰书目《中兴馆阁书目》，《遂初堂书目》开创了我国目录书著录版本的先例。专科目录有了更专门更深入的发展，佛经目录的编制达到了高峰。一些学者开始从理论上对目录工作进行探讨和总结，目录学理论的种子开始萌芽。南宋郑樵《通志·校雠略》是我国有史以来第一部目录学理论著作。清代学术繁荣，书目工作活跃，书目的数量和种类很多。清初钱曾的《读书敏求记》，是我国第一部研究版本目录的专著。清康熙时开始了补撰艺文志的工作，为今天整理古籍提供了依据。清乾隆时期编纂的《四库全书总目》是封建社会最后也是最大的一部官修图书目录，最终完善了四部分类法。

历代藏书均是通过政府和私家的大力征集，才得以形成规模。书收集来后，各藏书机构都采取尽可能的保护措施，保证藏书持久传递。在对藏书保护的技术和措施上，也不断进行改进和完善。从最初的藏书活动开始，殷商就有了专门的藏书地点以集中保存文献。秦汉时期，政府修建专用藏书楼。魏晋南北朝时期，开始分类、分复本设置藏书处。隋朝图书分库管理，还大力发展各类专藏。唐朝时严格出入库手续，并使用藏书印防遗失。宋朝藏书机构注重书库建造，设有围墙防盗，并有巡查人员。配有防火器材，制定防火制度。为了防潮，五月一日至七月一日组织曝晒书籍。元朝时，私家藏书保护措施更加完善，把图书藏于高楼，既可以防潮，又可以避免外人和孩童接触。一些藏书家为使图书免于兵祸与偷盗，还特地开辟石室藏书。在建造藏书楼时，为防火还注意挖池塘、位置临河。明代官私藏书十分兴盛，对藏书楼建筑及典籍保存方式的创新性发明，对藏书的保管起到了关键作用，体现了藏书管理新的进步和发展。明清时期的皇史宬，四周上下全用砖石，书柜用铜皮鎏金，书柜设置于石台之上，在防火、防潮方面起到积极作用。私家藏书在防火、防盗、防潮方面都积累了不少经验。明代在书籍防蠹方面有重大的创造，广东南海（今佛山）发明了一种叫"万年红"的防蠹纸，可以较长时期防止蠹虫蛀蚀书籍。当时广东所刻书，在扉页和封底各装一页，以作防蠹之用。清代藏书家们在文献保管方面，书库建造和管理更加精细，并且形成了完善的管理制度和理论体系。清代某些大藏书家，在藏书安排上把一般的书与精刻名抄区别开来。有的藏书家藏书增多，分列各种专室，方便藏书使用和管理。清代藏书家孙从添《藏书纪要》、叶德辉《藏书十约》中都阐述了藏书管理的内容，比如书库藏书提倡以书橱存放；强调不同类别、不同种类，或不同丛书分装成组；排列方法上按重要性、时代、地区等排列。藏书保护方面介绍了装订书籍经验、防潮防虫之术、曝书的方法等。

（二）近现代和西方图书馆学思潮融合阶段

清末到民国年间，铅印术取代传统雕版印刷术，近代平装书取代古籍线装书。西方图书馆思潮对传统藏书楼的影响和冲击，西方图书馆分类法和管理技术的引进，社会对藏书意义和功能的再认识，使中国开始了古代藏书楼向近代图书馆转变的过程。古旧文献管理活动从自然发展状态，到受到外来思想和技术方法的影响和干预，近代化进程加快，管理方法和管理水平产生了质的变化。

文献管理理念出现大转变。早在清末，改良派与维新派就指出了古代藏书为藏而藏的弊端，并积极推介西方国家的藏书理念和技术，构建近代藏书楼模式，突出信息交流和社会教育的功能。民国初年，一大批进步人士如蔡元培、李大钊、陶行知等，提出图书馆要向中国普通老百姓开放，在中国图书馆发展史上有开创意义。

管理体制变革。由封闭式官办藏书楼为主向近代开放式图书馆为主转变，全国各地呈现出多元化的藏书格局。学会、学堂开始兴办藏书楼。1895 年康有为、梁启超创办了强学会，成立了强学书局。之后，各地学会也纷纷办起了藏书楼。1897 年，张元济创办了通艺学堂，附设图书馆。通艺学堂图书供外人借阅制度的设立，是我国对外开放图书馆的标志。1902 年创办的古越藏书楼，是我国第一个面向社会开放的私家藏书楼。1898 年光绪皇帝推行新政，设立京师大学堂，也就是北京大学图书馆的前身，是为学校师生服务的学校图书馆。在北京大学图书馆的带动下，各地各类学校图书馆迅速发展起来。据统计，1927 年全国共有大学图书馆 70 所、中学图书馆 92 所、小学图书馆 9 所。[3]颇具特色的专门图书馆，如学术研究机构图书馆、政府部门图书馆、宗教图书馆、儿童图书馆、女子图书馆、军营图书馆、工人图书馆等也纷纷建立。1917 年，直隶省天津社会教育办事处举办儿童图书馆，这是目前所知我国最早的儿童图书馆。1922 年前后，北方工人运动的中心天津，出现了工人图书馆。近代图书馆模式——公共图书馆，在 20 世纪 30 年代发展迅速："1925 年全国公共图书馆仅 294 所，到 1936 年已达 1502 所。近代公共图书馆的工作已基本完善，同时已逐步由省会转向乡县，形成了一个多层次的公共图书馆体系。"[4]私立图书馆，1935 年全国 27 个省市中，有 515 所。在私立图书馆中，规模最大的是商务印书馆的东方图书馆。

文献管理对象出现新内容。古代藏书楼的藏书以我国古代文献、古籍线装书为主，近代图书馆顺应时代潮流，收集了国内外出版的各类平装图书报刊。区别于古籍线装书的铅印平装书、报纸、期刊出现，形成新的文献类别——民国文献，充实了古旧文献的内容。大学图书馆尤其重视外文书刊的收集。民国时期的外文藏书主要集中在北京图书馆等部分知名大学图书馆及一些宗教图书馆和私人图书馆。

管理制度发生大变化。民国成立后，图书馆一直隶属教育部门。中央政府和各地教育部门颁布了很多有关图书馆设置和管理的法令和章程。1915 年 10 月 23 日教育部同时公布《图书馆规程》《通俗图书馆规程》。《图书馆规程》共 11 条，规定"各省各特别区域应设图书馆，储集各种图书，供公众之阅览"，"公立私立学校、公共团体或私人，依本规程所规定，得设立图书馆"。规定要求设置图书馆时须上报馆名、人员、经费等。开架阅览逐步推广。李大钊早在 1919 年就主张开架阅览，并在北京大学图书馆施行。至 1921 年不少图书馆已部分或全部实行开架阅览，以方便读者，节省借阅时间。1919 年开始出现馆际互借业务，当时京师图书馆与分馆之间订立交换阅览图书简则，以推广图书，方便阅览。五四运动前，有些县图书馆便开始采用巡回文库的方式，将读者需要且易懂的各种图书送到农村，限期收回。

文献分类采用了中西结合的方式。图书分类开始打破经、史、子、集四部分类方式，西文图书多采用杜威十进分类法。中文图书有的按新书和旧书分别处理：新书依学科分类，旧书依经、史、子、集分类；有的则在四部之外根据图书内容增加文学、理学、法学、实业、杂志等类目。个别图书馆使用美国国会图书馆分类法。1908 年，亚洲文会北中国支会图书馆采用卡片目录，卡片著录内容包括杜威十进分类法分类号和索引款目、卡特著者号码等。1917 年京师通俗图书馆改用卡片目录。1918 年武昌文华公书林也赶制卡片目录。由于卡片增删方便，又便于保存，卡片目录逐渐得到推广。1930 年，北平图书馆制定正式编目条例及新分类法，由四库分类加丛刻的目录体系改为书名、著作、分类和排架的新编目录体系，西文分类采用美国国会图书馆分类法，新目录主要是卡片目录。

（三）当代管理理念创新和信息技术融合阶段

1949 年中华人民共和国成立后，图书馆事业在基础薄弱的条件下艰难起步。经过几十年的发展，我国的图书馆事业在藏书建设、图书馆建筑、图书馆学研究、图书馆学教育、图书馆业务等方面取得了显著成绩。图书馆事业发展继承了前代的经验和成果，加强了与世界的合作与交流，进入到全面快速发展的新阶段。

近代图书馆出现之前，藏书楼一统天下，藏书理念以文献整理、收藏为主，重藏轻用。中华人民共和国成立以后，图书馆事业快速发展。20 世纪 80 年代以来，我国的经济发展水平大幅提升，国内学术研究国际化步伐加快，我国图书馆界在实践中努力思考，不断探索，图书馆学发展理念不断创新。在管理理念上，开始注重人本理念和人文精神。图书馆的管理，首先是对人（既包括图书馆员也包括服务对象即读者）的管理。随着个人本体意识的觉醒，图书馆提出了"以人为本"的管理思想，即人本理念。这是对传统的"以书为本"理念的重大变革。而人文精神则是在图书馆工作实践和理论研究中体现以人为本的思想，以满足人的需求，实现人的价值，追求人的发展，体现人文关怀。**5**

与以往相比，最具有显著时代意义的变革在于，由于现代信息技术的参与，古旧文献管理进入新的阶段。现代信息技术主要包括复印技术、缩微技术、计算机技术、高密度存储技术、通信技术、多媒体技术、数字化技术等现代化手段，对古旧文献上的信息进行存储、加工、处理、传输等自动化处理，加强了古旧文献的开发和利用。图书馆业务、管理和服务越来越受到技术的深刻影响，古旧文献管理活动中技术的主导作用越来越明显。

计算机技术。1946 年 2 月，世界上第一台数字式计算机在美国宾夕法尼亚大学诞生。改革开放以后，我国计算机技术得到了日新月异的发展。1974 年 8 月，国家批准了"汉字信息处理系统工程"研制工作，通称"748 工程"。中国图书馆界的自动化研究正是从此起步的。中国图书馆界最早成立计算机工作部门的是中国科学院图书馆。1976 年，该馆即设立了计算机组。1978 年，北京图书馆成立了电子计算机筹备小组。此后，图书馆的自动化管理取得了一系列的成果：开发了流通管理系统、联合目录系统、集采购编目和检索为一体的综合管理系统等。90 年代以后，随着计算机技术与网络技术的发展，数字图书馆建设在我国推广开来。古旧文献在图书馆的流通管理、联合编目和特色资源库的建设与发布等，都与计算机和网络技术息息相关。

缩微技术。20 世纪三四十年代，缩微复制技术开始在国外图书馆应用。中华人民共和国成立后，引入我国图书馆，80 年代以后得到稳定发展。北京图书馆是开展复制工作较早的单位，1953 年即正式成立了照相复制组。中国科学院图书馆缩微复制工作始于 50 年代初期。1976 年后，许多高等院校图书馆和专业研究图书馆都增添了缩微复制设备，开展了缩微复制工作。1985 年，全国图书馆文献缩微复制中心成立后，各省、市、自治区公共图书馆的缩微工作也逐步开展起来。缩微复制中心负责全国公共图书馆系统的缩微复制工作，确定了包括国家图书馆在内的省（市、自治区）级以上图书馆为中心的成员馆，并为北京图书馆以及上海、南京、浙江、湖南、湖北、四川等十五个省市馆配备了整套的缩微复制设备。这些拥有设备的馆，不仅为本馆，也为邻近的省（市、自治区）馆按中心的统一计划和部署大力推行缩微品的制作。中心在技术指导、人员培训、物资供应、标准制定、缩微品发行等方面给予各成员馆支持和保障。缩微技术主要应用于馆藏善本、手稿、家谱等珍贵文献的复制保存，对古旧文献的保护起到了关键性作用。截至 2018 年底，共抢救各类文献 187 808 种，其中善本古籍 32 177 种 1862 万拍，普通古籍 5402 种 263 万拍，期刊 15 232 种 1849 万拍，报纸 2812 种 2131 万拍，民国时期图书 132 185 种 1492 万拍，总拍摄量 7500 余万拍。[6]

数字化技术。20 世纪 70 年代以来，信息技术中另一核心内容——数字存储技术发展很快，数字资源大量出现。数字资源是指以数字形式存储在光、磁等非纸介质的载体中，通过网络和计算机等再现出来的资源，其表现形式可以是文字、图像、声音、动画等多种形式。[7]古籍数字化就是从利用和保护古籍的目的出发，采用计算机技术，将常见的语言文字或图形符号转化为能被计算机识别的数字符号，从而制成古籍电子索引、古籍书目数据库和古籍全文数据库，用以揭示古籍文献信息资源的一项系统工作。[8]1996 年上海图书馆启动重点科研项目——"古籍善本全文光盘"，计划将馆藏古籍善本全部数字化。20 世纪 90 年代国内各大图书馆和科研院所都积极参与古籍数字化工作。1998 年底由上海世纪出版集团上海人民出版社、香港迪志文化出版有限公司推出的《文渊阁四库全书》电子版，无论是从技术上还是从市场上来讲，均堪称这一阶段古籍数字化的杰作。21 世纪以来，我国古籍数字化工作突飞猛进。2007 年"中华古籍保护计划"和 2012 年"革命文献与民国时期文献保护计划"的实施对我国现有古旧文献的数字化起到了有力的推动作用。通过古旧文献数字化，编制古旧文献数字索引、建立书目数据库、复制原文图像、汇编数字丛书，并对文献进行标点和翻译等。从 2012 年起，国家古籍保护中心开展"中华珍贵典籍资源库"建设，编制下发《全国古籍数字化工作手册（试用本）》等相关文件。全国首批 27 家参建单位开展了珍贵古籍数字化工作，安徽、浙江、福建、湖南、广西、河南等省、自治区图书馆及南京、首都图书馆等 8 家参建单位的数据资源提交至国家古籍保护中心。

图书保护技术得到很大提升。古旧文献大部分以纸张为载体，纸张是一种容易损坏变质的材料，酸化、虫咬、鼠啮、受潮、火灾等都是造成纸质文献损毁的因素。如何借助现代技术保护图书，是图书馆界普遍关注的问题。图书保护技术主要包括防高温高湿技术、防光技术、防有害气体技术、防尘技术、防火技术、防盗技术等。高温高湿对文献有破坏作用，需要加强库房温湿度的控制。简单的通风可以部分调节温湿度，专用的调湿剂则可以调节整个环境的湿度。目前，空调、除湿机、恒温恒湿系统在大型图书馆得到了普遍应用。有害气体可以用活性炭吸附。微生物可以借助于空气传播，通过净化空气可以达到预防微生物污染的目的。国外使用高效空气过滤器 HEPA（内装孔径为 0.3 微米的醋酸纤维素）来过滤空气，过滤后的空气无菌度高达 99.97%。科学地控制空气的温湿度、空气中氧气和氮气的浓度以及合理地使用药物（邻苯基苯酚、对硝基苯酚等）可以达到预防虫害的目的。[9]虫害对图书危害极大，特别是在南方高温湿热地区，更为严重。图书馆界杀灭图书害虫，已开始利用微波、伽马射线和冷冻等方法。冷冻杀虫具有杀虫效果好，无损害，不污染环境，经济简便，易于推广等优点，对于图书纸张、字迹等也无不良影响。微波可以用来杀灭图书害虫。伽马射线也可用于杀灭图书害虫。对于近代平装书纸张酸化，也已经有了脱酸技术进行处理，以延长纸张寿命。

（四）国内公共图书馆古旧文献资源管理现状

受益于两个文献保护计划（"中华古籍保护计划"和"革命文献与民国时期文献保护计划"），在政府统筹和国家图书馆专业指导下，全国公共图书馆系统馆藏古旧文献各项工作积极开展。各级公共图书馆摆脱了过去组织无序、缺乏专业指导的自发状态，古旧文献管理工作的科学性、系统性、实用性大幅提升。公共图书馆从两项计划中得到了持续的资金支持、专业指导，并获得了人才培养、合作平台等方面资源。在全国层面统筹进行的两个文献保护计划，为公共图书馆科学规划、组织、执行本馆古旧文献的数据普查、登记编目、文献修复和数字标准化、合作出版、定级和典藏工作做出了具体指导，并联合推进了多项展览、讲座的开展，为培养专业人才、保护公共图书馆古旧文献起到了重要作用。

目前，全国公共图书馆数量持续增加，2016 年全国已达 3153 家，分布在全国34个省级行政区。[10]公共图书馆在资源数量、结构和发展水平方面，存在地区、级别和民族差异。一些经济发达地区，过去或现在处于政治、经济、文化中心城市的公共图书馆，古旧文献馆藏数量和价值备受瞩目，信息沟通便捷，自身投入和得到支持的资金较多，古旧文献的各项管理和服务工作，在资金、人才、专业指导方面的条件更能得到保障，对两个文献保护计划的参与度也较高，数据普查、登记编目、修复和数字化等工作落实和推进较快。然而一些偏远地区、民族地区的公共图书馆，特别是基层公共图书馆，受制于当地经济文化发展水平，信息接收、资金投入、人才缺乏的问题较为突出，影响了对两个文献保护计划的参与度。有的基层图书馆有一些古旧文献，但普查登记的基础工作都没有条件开展，更不用谈进一步的开放利用和服务工作。有的公共图书馆古旧文献的基本典藏条件也难以保证，更应引起有关部门的重视。

目前，公共图书馆在加强古旧文献管理和保护方面的主要措施有以下几个方面：

（1）馆藏资源的清点和登记。古籍和民国文献都在进行全国性的普查工作，统一著录标准，进行纸质和数字化登记。加强了登记目录建设，推动了数据共享开放。

（2）加强了珍贵文献的保护。根据普查数据，实现文献分级保护。加大了库房建设资金投入，对库房条件进行设施设备改造。对典藏工作加大现代技术科研，确保文献载体安全。

（3）加强文献的修复能力，提高修护技术水平。在一些重点图书馆建立了国家级古籍修复中心、古籍修复实验室，把传统手工修复技艺和现代技术相结合，加强文献的原生性保护，把缩微技术与数转模技术相结合，逐步实现古旧文献缩微化长期保存。

（4）文献整理出版和数字化建设。有条件的公共图书馆都在进行古旧文献的数字化建设，参与建设全国性的数字资源总库和综合信息数据管理平台，扩大数字资源开放，促进资源共享，同时以影印出版、整理出版、汇编丛书出版等多种形式，进一步激发中华优秀传统文化的生机与活力。

三、古旧文献管理的方式

古旧文献管理活动可以分为宏观和微观两个层面。宏观的管理视角，把古旧文献的管理活动放到社会整体环境中去考虑，提升到与社会发展相关的高度。作为现代社会重要的信息资源的古旧文献，其管理与国家社会经济文化发展密切关联，应在国家统一指导下进行。微观的管理，着眼于基层组织内部的管理活动。比如本书关注的古旧文献收藏部门——公共图书馆作为独立的组织机构，对自身所藏古旧文献实施的具体管理活动。

（一）宏观的管理

宏观的管理，可以视为国家或政府层面的顶层设计，一般利用行政力量施行。古旧文献作为重要的社会资源，只有合理分配和管理，才能实现社会价值和效益最大化。宏观管理的节奏慢，作用周期长，影响深远。

1.古旧文献资源配置和组织

资源配置即人类社会和大自然中各种相对稀缺资源在各种可能的用途中进行选择、安排和搭配的过程。[1]简单地理解，资源配置是指资源在时间、空间、数量以及类型上的合理配置。古旧文献资源配置，就是以用户需求为依据，调整当前文献资源的分布和分配，按照一定的原则和模式，将古旧文献资源合理分布和存储在不同信息机构的活动。古旧文献资源的配置也有广义和狭义之分。广义的古旧文献资源配置包括古旧文献资源以及相关的设施、设备、组织、人员和资金等要素的分配和重组。狭义的古旧文献资源配置则只涉及古旧文献资源本身。

在我国，古旧文献分布于各公藏单位、私藏单位及个人手中，分布广泛和不均衡特性同时存在。古旧文献在全国范围内都有分布，但是数量大、价值高的文献往往集中于少数地区的单位手中。同时，对古旧文献的需求也往往集中在少数地区。古旧文献自然分布的影响因素有历史、地域、文化、经济发展等。历史上产生文献数量多的地区，遗留下来的古旧文献会多一些。经济发达、重视文化发展的地区，产生的文献数量会多一些，质量会高一些。历史上地位特殊、有特殊事件发生的地区，拥有大量特色文献。比如，北京作为三朝古都，是全国政治、经济、文化中心，古旧文献大量集中于此。上海是我国近代对外开放最早的城市之一，也是南方经济文化重地，古旧文献数量巨大。江浙地区是历代刻书、著述、藏书的传统地区，积累了大量古代文献。重庆在抗战中是陪都，全国的出版文化事业均转移到此，民国文献特别多。全国范围内对古旧文献的合理配置和组织，对古旧文献的空间分布、行业分布、机构分布进行掌握和规划，进行整体布局调整、优化配置，推动了文献资源的信息保障和服务工作的发展。古旧文献不同于现代信息资源，现代信息资源源源不断地产生、交换和流通，进行干预和调节的必要性更强，除了应对现有的资源进行合理分配和存储，还需要对新产生的和潜在的资源进行分配。古旧文献数量不再增加，收藏地点相对稳定和集中，不会产生大规模流动和剧变，不会有新产生的古旧文献需要合理分配。对古旧文献资源的配置和组织，主要在于全面掌握分布状况、保存状态、存世数量，加强保护和利用的科学指导，建立统一合作组织，协调地区、机构之间的合作。特别是加强整体规划，减少盲目投入，避免资金、人力资源浪费，减少重复开发利用。

2. 古旧文献资源流通和交换

古旧文献资源的流通和交换，是指文献载体在收藏机构、收藏个人之间的单向或者多向流动，并不是指文献在用户之间的传播，也不包括文献中信息的流动和传播。古旧文献资源的配置是预先计划的全国范围内的整体性、系统性调整行为；古旧文献资源的流通与交换是区域局部调整行为，是计划的落地和执行。

较大规模的古旧文献流通方式有整体捐赠、托存、购买、合并等。古旧文献以纸质载体居多，保存环境和条件也受到限制，并不适合频繁流动。从目前国内形势来看，古旧文献的流通存在私藏向公藏流动、民间向重点文献保护单位缓慢集中的趋势。古旧文献已经失去其作为普通文化商品广泛传播信息内容的社会职能，不存在广泛普遍的市场，不存在全社会用户之间的流通。古旧文献很大部分

042

公共图书馆古旧文献管理与服务

已经成为珍贵文物，收藏在公藏单位，较大规模的流通受到国家层面的管理和干预。近年来，国内私人藏书环境弱化，私人藏书家相继离世，一些民间遗留下来的藏书楼、私人藏书，经常被后人以捐赠或出售的方式移交给公藏机构，这样也便于长期保存。还有古旧文献托存的情况。有些收藏单位没有保护古旧文献资源的物质条件，导致古旧文献资源损坏或者慢慢被侵蚀，也没有转移文献信息内容的资金和技术。为了延续古旧文献的生命周期，转移信息内容，通过机构之间的协调合作，把古旧文献资源整体托存至有保护和开发条件的收藏单位。还有一些收藏单位因为机构调整，古旧文献资源实行整体合并，造成整体大量流动。零散的流动方式包括征集、购买、拍卖、私人捐赠等。公藏单位资金相对充足，也经常通过拍卖、民间征集的方式，收集散落于市场上的零散古旧文献，以充实馆藏。多年积累，馆藏也在缓慢增长。

古旧文献跨地区、跨行业、跨部门之间交换，需要跨系统管理和组织，实现难度较大。古旧文献资源交换的情况有：组织协调下的资源互补性交换；一些收藏单位通过与对方交换副本，换取本单位没有的古旧文献种类，增加本单位馆藏数量和种类，实现双方的资源互补；收藏单位为了充实特色资源馆藏，协调交换双方需要的特色文献资源，实现分类专藏。

古旧文献资源的珍贵性、特殊性，决定了古旧文献资源在全社会的流动不能自由进行，国家和政府部门要进行监管和指导。加强古旧文献流通和交换的管理，需要各级政府、各系统单位的配合。

3. 古旧文献相关政策与法律

《辞海》中对政策的定义是："国家、政党为实现一定历史时期的路线和任务而规定的行动准则。" 图书馆政策是国家机关、党（团、工会）组织、图书馆、国内国际图书馆行业组织及其他相关组织，为调控和引导图书馆系统的运行和发展，按照一定的程序所制定的不属于法的范畴的行为规范、准则或行动计划。[12]图书馆法是指由国家机关制定或认可、以国家强制力保证其实施、调整图书馆活动中的各种社会关系并平衡相关活动主体利益的行为规范系统。[13]

政治手段和法律手段，是古旧文献管理的两种基本手段，需要国家行政机构来实现。国家行政机构制定有关古旧文献的政策制度，包括中央政府和地方政府制定的政策文件。中央政府制定的政策包括，国务院、国务院办公厅公开发布的文件，国务院各部门及其办公厅（室）公开发布的规章、行政规范性文件。地方政府制定的政策包括，省、市、县各级政府、政府办公厅发布的文件，各级政府部门及办公厅（室）公开发布的规章、行政规范等。有关古旧文献最主要的政策文件是，2007年《国务院办公厅关于进一步加强古籍保护工作的意见》，提出在"十一五"期间大力实施"中华古籍保护计划"。2017年，文化部印发《"十三五"时期全国古籍保护工作规划》，促进古籍保护的规范化和科学化。同时，古籍保护沿用了一系列由国家市场监督管理总局、中国国家标准化管理委员会发布的国家标准：《缩微摄影技术在16mm卷片上拍摄古籍的规定》《缩微摄影技术在35mm卷片上拍摄古籍的规定》《古籍修复技术规范与质量要求》《图书馆古籍书库基本要求》《汉文古籍特藏藏品定级第1部分：古籍》《中国少数民族文字古籍定级》。2012年，国家图书馆联合国内文献收藏单位启动"革命文献与民国时期文献保护计划"。2016年，该项目被列入《中华人民共和国国民经济和社会发展第十三个五年规划纲要》。2017年，又被写入《国家"十三五"时期文化发展改革规划纲要》和《文化部"十三五"时期文化发展改革规划》。

　　与古旧文献相关的法律体系主要有，全国人大制定的法律、国务院制定的行政法规、地方政府颁布的地方性法规等。目前国内尚未出台有关古旧文献的专门法律，只是在其他法律法规中存在古旧文献相关条款，国家对古旧文献单独立法的工作还需要大力推动。古旧文献法律治理的相关内容有：1982年全国人大通过的《中华人民共和国文物保护法》；2003年国务院颁布的《中华人民共和国文物保护法实施条例》，各省颁布的文物保护条例；1990年全国人大通过的《中华人民共和国著作权法》；2002年国务院颁布的《中华人民共和国著作权法实施条例》；2006年国务院颁布的《信息网络传播权保护条例》；2018年1月1日实施的《中华人民共和国公共图书馆法》，在这之前各省颁布的地方性公共图书馆条例、博物馆条例，等等。

　　我国关于古旧文献的政策和法律并不完善，没有形成单独的法律部门，没有建立起完整成熟的法律体系。古旧文献社会运行机制还不健全，全国范围内的流通与服务网络还未完全建立。关于古旧文献保护法、古旧文献著作权法、古旧文献市场流通监管政策、古旧文献公共合理使用规章等，法律政策建设缺失。推动对古旧文献专门的立法和制度建设，任重道远。

（二）微观管理

古旧文献微观的管理，可视为对其收藏机构内部运行的各项活动进行控制，包括对古旧文献自身生命周期的全过程进行管理，也包括对古旧文献各相关物质、人力因素的管理。微观的管理作用更直接，成效快，可调整空间大。

1. 古旧文献收集与整理

从古旧文献进入收藏机构，就进行计划和组织，是管理的第一步。公共图书馆的古旧文献馆藏，是一个长期积累、不断增长的过程。在历史上，历代古旧文献的收集有两个基本方向。一是收集前朝历代积累的古旧文献，一是收集市面上新产生的文献。前朝积累的文献，有政府机构继承的历代文化遗产，也有私人藏书楼的传承。市面上新产生的文献，主要集中在经济发达地区、教育文化事业发达地区、刻书机构发达地区。很多近代省级公共图书馆在成立之初，接受了一些传统藏书楼的旧藏，以及其他文化单位的收藏，或者政府的调拨、分配，馆藏很快得到大的扩充。同时，从民国延续至今，不间断收集民间的各种古旧文献资源，累积了不少成果。

目前，对公共图书馆来说，除历史遗留和已经形成的古旧文献馆藏之外，要收集入藏新的古旧文献并不容易。不同于现代出版物在市场上大量流通，容易采购，古旧文献资源稀缺，公共图书馆需要有专门的计划、特殊的渠道、专业的收集人员、专项资金，才能收集到市面上已经罕有的古旧文献。同时，古旧文献还有个辨别真伪、判断价值的过程。目前，古旧文献收集的方法有征集、购买、交换、捐赠、拍卖等。不断访求古旧文献，是公共图书馆古旧文献管理必不可少的一步。

古旧文献整理，是正确保存古旧文献，为用户服务，发挥古旧文献价值的前提。历史上，古籍产生后就开始了古籍整理工作。史学家黄永年教授称："古籍整理者，是对原有的古籍作种种加工，而这些加工的目的是使古籍更便于今人以及后人阅读利用，这就是古籍整理的涵义，或者可以说是古籍整理的领域。"他还阐述了古籍整理加工的程序和方法，具体包括：①选择底本；②影印；③校勘；④辑佚；⑤标点；⑥注释；⑦今译；⑧索引；⑨序跋；⑩附录。[14]河北大学时永乐教授称：所谓古籍整理，就是对古籍本身进行校勘、标点、注释及今译等各种加工，使之出现新的本子，以便于今人和后人阅读利用。[15]这是历史文献学和古典文献学中，对古籍整理的阐述。

图书馆学界理解的古籍整理通常包括两个方面：一是对古籍进行分类编目，使之易于被读者检索利用；二是对古籍进行典藏，使之得以长久保存。如图书馆学家王世伟教授称："首先要区分一下图书馆古籍工作与一般意义上的古籍整理的不同，一般意义上的古籍整理所指的古籍范围比图书馆古籍工作所指的古籍范围要大得多，前者包括标点、注释、今译、校勘、辨伪、辑佚等，而后者一般不涉及以上内容。"[16]在本次研究中，主要采用的是图书馆界的古籍整理概念，即对古旧文献进行清理和揭示，包括清理数量、分类、分级、编目，以及古旧文献典藏。

2. 古旧文献开发与利用

古旧文献开发，是指公共图书馆在对古旧文献进行收集整理和基本流通的基础上，运用多种技术手段对文献内容进行深层次加工，并根据用户需要和市场环境形成多样化的产品和服务。古旧文献作为一种资源，具有生产和使用的双重不可分性，即开发和利用。近年来，现代信息技术与古旧文献的深度融合，扩展了开发和利用的专业领域。古旧文献的收集、整理、修复，是对文献载体的管理活动。古旧文献的开发和利用是对文献资源自身所包含的知识信息进行管理，即采集、加工、存储和输出全过程。

古旧文献的开发，包括分类编目、复制缩微、整理出版、数字化及数据库建设、文创产品开发等等。分类，就是将大量的文献信息，根据它们在内容性质、形式体裁、立场观点和读者用途上的异同，按一定的体系加以区分。这样就可以把相同、近似的文献集中在一起，不同的文献则区别开来，整理成有条理的系统。[17]文献编目是将不同学科、不同专业、不同语种、不同形式的文献按照它们之间的内在联系，并通过一定的方法组织起来，形成一个可供检索的体系，使分散的文献集中，便于用户查找和使用，包括编制各种出版发行目录、读书目录、藏书目录。[18]复制，是以一定方式对作品进行翻版再制的行为。它通常是对原件

的重制，也可以是针对复制品的再次重制。复制是以静态的文字、图像或动态的
声音、图像等物质形式将作品原样再现出来。[19]公共图书馆对古旧文献进行复制
往往是开发利用的第一步。复制品可以直接提供给用户使用，也可以作为进一步
开发利用的底本，而不是直接使用原本。缩微技术，是以光学和电学原理为基
础，使用专门的缩微摄影机，把比较大的档案文件、图书、情报信息、技术图纸
等资料以几倍、几十倍甚至几百倍的缩小比例拍摄在缩微胶片材料上，经过化学
或物理的加工方法制成缩微品。使用时，必须借助于一定的放大还原设备（例如
阅读器、阅读复印机等），才能阅读和利用。[20]缩微技术在长久保存古旧文献信
息内容上，具有不可替代的位置。整理出版，就是将古旧文献进行各类加工，包
括影印、校勘、标点、注释及今译等，重新出版成现代出版物，以便于读者阅读
和使用。目前，古旧文献开发的主要成果之一就是整理出版。古籍数字化就是从
利用和保护古籍的目的出发，采用计算机技术，将常见的语言文字或图形符号转
化为能被计算机识别的数字符号，从而制成古籍电子索引、古籍书目数据库和古
籍全文数据库，用以揭示古籍文献信息资源的一项系统工作。[21]在大数据、云计
算、区块链、5G技术等日新月异的信息技术推动下，古旧文献数字化和数据库
建设迅速成为重要发展方向。文创产品是以满足人们精神需求的文化符号和创意
内容为核心，经设计师的智慧、天赋和技巧将文化内涵创造性地转化在某种物质
载体上，通过产业化方式形成消费性产品，具有文化性、创意性和实体性三个特
征。公共图书馆文创产品开发是以公共图书馆为主体，以产生的社会效益为首
位，更注重对图书馆特色文化资源全面梳理、有效挖掘和合理转化，形成图书馆
特色鲜明、形式多样的文创产品体系。[22]

　　相对于传统藏书理念，现代公共图书馆更侧重于对古旧文献的开发和利用。
古旧文献资源的开发和利用存在广阔的需求市场，市场价值潜力巨大。随着新科
技、新领域的不断开拓，古旧文献开发和利用的前景也更广阔。公共图书馆可以
借助社会力量，建立多方联合开发机制，加强对古旧文献的开发利用，提高经济
效益和社会效益。

　　3. 古旧文献管理技术

　　图书馆对古旧文献进行管理，需要借助现代技术，而现代技术的发展也提供

了这种可能性。在古旧文献管理过程中应用的技术有基础性信息技术和专业性保护技术。现代化管理中的基础性信息技术，是普遍应用于公共图书馆管理活动中，提高管理效率的技术，包括计算机技术、通信技术、网络技术、数字资源存储技术、多媒体技术、物联网技术、大数据技术、云计算技术等。古旧文献处理的专业性保护技术有缩微技术、修复技术、书库恒温恒湿技术、纸张脱酸技术等。管理技术可以渗透到古旧文献活动的各个领域：文献管理，在古旧文献生命周期的各个阶段实现保存、分类、检索等功能；内容管理，实现对知识信息的转移、揭示、发布等功能，支持多媒体知识的生成和管理；过程管理，实现业务流程的自动化；项目管理，支持项目活动与资源的管理；等等。

日新月异的新技术为图书馆的管理与服务提供了强大的助力和支撑，图书馆借助新技术提高了图书的可用性和易用性。新技术优化了传统古旧文献的管理，拓展了新的服务，提供了更多个性化、泛在化的服务。在古旧文献管理中使用新的技术，不能完全秉承拿来主义，要通过实践促使技术与管理活动融合，形成促成古旧文献活动的新帮手。现代信息技术发展和推广很快，普遍适应于图书馆的各项工作。而古旧文献的相关专业性技术，进步和成熟较难，投入大、成本高，对古旧文献保护和管理的促进作用更显著。古旧文献管理过程中需要建立一个总体的技术框架，将各项管理技术综合起来应用才能达到好的效果。

4. 古旧文献用户管理

在信息领域，用户指那些接受或可能接受信息服务的个体或群体，是人们所扮演的众多社会角色之一。公共图书馆的信息用户即公共图书馆的服务对象——地区居民。[23]用户是图书馆的服务对象，图书馆因用户而存在，用户的存在和需要是图书馆生存和发展的动力。图书馆用户群体的复杂性、多变性和信息需求的多样性，决定了用户管理是图书馆管理中最活跃的要素。管理者要树立"用户至上"的思想，一切管理活动要以用户文献信息需求为出发点和归宿，最大限度地满足用户日益增长的知识信息需求。

公共图书馆向来注重对用户群体的研究，特别是在阅读推广活动、参考咨询服务中，要对用户群体进行分析。21世纪以来，用户对古旧文献的需求，从单一的阅览需求转化为多元化的信息需求。公共图书馆更加开放活跃，古旧文献服务方式发生变化，从传统的阅览、复制，到开展各项展览、讲座、鉴赏等阅读推广活动，提供课题咨询、整理出版等知识服务，及与其他机构合作，进行多媒体宣传活动、互动体验式活动，等等。用户群体也呈现出多层次、多类型、复杂化的趋势。古旧文献的用户除了学习研究型个人用户，还有机构用户、集体用户和其他利益相关者，等等。对这些不同经济目的主体的区分和管理，成为古旧文献管理活动中的重要环节。

公共图书馆需要通过科学严谨的系统观察，来建立起有关用户的认识，指导图书馆的具体服务管理工作。主要包括：用户人口属性结构、用户信息需求内容结构、用户与公共图书馆关系、信息渠道及市场结构、用户信息成本等。

四、古旧文献管理的原则

古旧文献是公共图书馆的特色资源，古旧文献服务是公共图书馆的日常服务。加强古旧文献管理，提供更优化的服务，是公共图书馆不断追求的目标。古旧文献管理的基本原则是对古旧文献管理活动的基本要求，是古旧文献管理方针的具体体现，贯穿于整个管理活动中。

（一）保护原载体原则

保护古旧文献的原载体，就是加强古旧文献的原生性保护。古旧文献的珍贵性和不可再生性，之前已有论述。古旧文献的自然损毁和衰亡也都是不可逆的，载体一旦损坏将无法修补。因此，在古旧文献管理活动中，首要原则是优先保护原载体。

水灾、地震等自然灾害可能造成古旧文献毁灭性损失，而微生物腐蚀、虫鼠蛀咬等生物灾害可能造成古旧文献缓慢性侵蚀。尽可能采取有效的技术手段和管理措施，保护古旧文献载体的安全，是古旧文献管理的基本原则。

保护古旧文献原载体，预防比事后弥补更有效。在条件允许的情况下，应尽可能满足保存条件，减少使用、及时修复。古旧文献在全国范围内总藏量巨大，其收藏全部都满足保存条件不太现实。退而求其次的方法是，甄选最有价值的文献优先保存。副本和价值较低的文献先排除在外。减少使用的替代方式就是再生性保护，尽快进行数字化以取代原件的提取和使用。及时修复破损、散页、虫咬、受潮、纸张酸化等问题，也可以延缓古旧文献的衰亡时间。虽然古旧文献的再生性保护可以解决文献知识信息的传递问题，但是古旧文献载体本身具有的文物价值和历史价值不可替代。保护古旧文献原载体，是古旧文献管理活动中必须坚持的原则。

（二）可持续发展原则

可持续发展的定义运用比较广泛的是 1987 年联合国世界环境与发展委员会在《我们共同的未来》报告中提出的，即：可持续发展是既满足当代人的需要，又不对后代人满足其需要的能力构成危害的发展。[24]可持续发展包含了公平性、持续性和共同性原则。

公平性，意味着在古旧文献开发和使用过程中，保证本代人公平和代际公平，满足本代人对古旧文献资源的信息需求，公平分配古旧文献资源与服务的同时，不损害后代人使用古旧文献资源的权利。

资源是人类生存和发展的基础和条件，离开了资源，人类的发展就无从谈起。可持续性发展的核心，是人类活动不超过资源的承载能力。可持续性是限制性原则，限制古旧文献的过度开发和利用，是实现可持续发展的关键。

共同性原则强调古旧文献的管理与开放利用，需要采取联合行动。机构之间、地区之间、国家之间应从实际出发，共同配合行动，保护和利用好古旧文献资源。

古旧文献是不可再增长的文献资源，文献总量呈不断衰减的趋势，但是古旧文献所包含的知识信息可以通过转移，实现价值开发和增值。

（三）利益均衡原则

利益均衡，是在一定的利益格局和体系下出现的利益体系相对和平共处、相对均衡的状态。一定的社会存在不同的利益主体，包括利益个体和利益群体。同时，一定的社会也存在一定的利益差别和反映不同利益关系的利益体系。在公共图书馆古旧文献活动中，代表不同利益立场的利益主体之间存在利益冲突。利益冲突具体表现为，利益主体由于追求的目标不同而产生的利益纠纷和利益争夺，这是利益主体之间存在利益矛盾的激化形态。人类社会中存在着广泛的利益冲突。由于利益在本质上根源于一定的社会物质生产关系，而人们的利益都是在一定的有限的资源条件下实现的，利益冲突的根源也正是在于不同的社会利益主体对有限的社会资源的满足的有限性和条件性。古旧文献资源作为一种稀缺资源，不可能完全满足全社会所有人的信息需要。用户之间、用户与公共图书馆之间、用户与其他利益相关者之间，由于争夺古旧文献资源、维护自身经济利益，会产生各种矛盾。我国的公共图书馆代表国家拥有古旧文献的所有权和使用权，维护的是公共文化利益。用户中有个人用户，有集体用户，分别代表个人利益和集体利益。集体用户中还存在商业出版用户，代表了垄断利益。这些利益主体为了各自的立场和目的，争夺古旧文献的使用权，必然会损害其对立主体的利益，产生矛盾。而公共图书馆对古旧文献活动的管理，要缓和这些矛盾，使各方利益平衡，才能推动古旧文献各项活动的顺利进行。公共图书馆对不同利益主体所追求的权利义务进行有效分配，尽可能实现各利益主体的利益最大化。同时，各利益主体之间形成一定程度的权利妥协，才能达成利益平衡。利益均衡的本质就是不同利益主体的利益形成对立统一。

参 考 文 献

［1］胡昌平，邓胜利，张敏，等.信息资源管理原理［M］.武汉：武汉大学出版社，2008：9.

［2］季辉.管理学［M］.重庆：重庆大学出版社，2017：16.

［3］谢灼华.中国图书和图书馆史［M］.武汉：武汉大学出版社，2011：252.

［4］程焕文.民国时期图书馆事业的发展与评价［J］.图书情报知识，1986（3）：38.

［5］王超湘.现代图书馆理念论纲［M］.北京：北京燕山出版社，2005：13.

［6］全国图书馆文献缩微复制中心［OL］.http：//www.nlc.cn/newswzx/newswzxzxjj/.

［7］马费成，等.数字信息资源规划、管理与利用研究［M］.北京：经济科学出版社，2012：2.

［8］［21］毛建军.古籍数字化理论与实践［M］.北京：航空工业出版社，2009：5.

［9］周耀林.档案文献遗产保护的理论与实践［M］.武汉：武汉大学出版社，2008：173.

［10］国家统计局社会科技和文化产业统计司，中宣部文化体制改革和发展办公室.中国文化
　　　及相关产业统计年鉴2017汉英对照［M］.北京：中国统计出版社，2017：11.

［11］严密.信息资源配置制度研究及激励机制分析［M］.南京：东南大学出版社，2011：
　　　32.

［12］付立宏，袁琳.图书馆管理教程［M］.武汉：武汉大学出版社，2005：221.

［13］付立宏，袁琳.图书馆管理学［M］.武汉：武汉大学出版社，2010：217.

［14］李明杰.简明古籍整理教程［M］.武汉：武汉大学出版社，2018：24.

［15］时永乐.古籍整理教程［M］.保定：河北大学出版社，2003：3.

［16］王世伟.图书馆古籍整理工作［M］.北京：北京图书馆出版社，2000：1.

［17］刘大文.医学文献标引与编目［M］.昆明：云南科技出版社，2015：16.

［18］刘大文.医学文献标引与编目［M］.昆明：云南科技出版社，2015：25.

［19］冯晓青.动态平衡中的著作权法　"私人复制"及其著作权问题研究［M］.北京：中国
　　　政法大学出版社，2011：25.

［20］冯振荣.现代信息缩微存贮技术［M］.天津：天津社会科学院出版社，1997：1.

［22］王毅，雷鸣.面向阅读推广的公共图书馆文创产品开发研究［J］.图书馆杂志，2020（5）：
　　　28.

［23］李桂华.当代公共图书馆用户需求、行为与结构［M］.成都：四川大学出版社，
　　　2010：14.

［24］郎铁柱.低碳经济与可持续发展［M］.天津：天津大学出版社，2015：93.

第
三
章

古旧文献收集整理

一、古旧文献收集

　　古旧文献收集，就是公共图书馆通过各种方法和手段，把市面上或其他机构的古旧文献采集到本单位进行保存，形成专业体系和特色馆藏的过程。古旧文献的收集是文献管理的开端，古旧文献在公共图书馆的一切活动都要以此为始。

　　在古代，历代统治者在建立政权之初就注重收集文献。一方面接收前朝的官府藏书，一方面收集散落在民间的图书，形成本朝的官府藏书基础。在近代公共图书馆形成之初，社会剧变，馆藏文献资源主要来源于旧时藏书楼，还有一些政府征收后移交的机构或个人藏书，以及机构合并得到的大宗文献资源，战争中收集得到的文献，等等。近代公共图书馆成立后，经过民国时期的发展，基本形成了其主要的古旧文献特色资源结构。中华人民共和国成立后，公共图书馆对古旧文献的收集处于一种缓慢积累的状态，大宗的收购和接管主要集中在建国初期，之后收集和访求民间散落的古旧文献成为主要的方式。在中华人民共和国成立之初，经济基础比较薄弱，文化事业发展水平不高，普通民众对古旧文献的认识和保护意识还不强，民间散落的古旧文献还比较多。进入 21 世纪后，全国的经济文化发展水平进入新的阶段，古旧文献成为受到重视和关注的重要资源。古旧文献在市面上的流通范围越来越窄，价值越来越高，公共图书馆进行收集的难度越来越大。

（一）收集方法

1. 市场采购

各级地方财政为公共图书馆提供资金支持，文献资源建设经费是其中的重要组成部分。市场采购是公共图书馆扩充馆藏资源的最基本方式。和现代出版物采购渠道不同，现存古旧文献稀少，特别是古籍，不能通过现代出版机构购买。公共图书馆采购市面上现存的古旧文献，需要去特殊的交易市场，比如文物市场、古玩市场、旧书市场、传统的古籍书店，以及通过熟悉的关系网从机构和私人藏家手中购买。1982年公布的《中华人民共和国文物保护法》，其中的第五章第二十四条规定，私人收藏的文物可以由文化行政管理部门指定的单位收购，其他任何单位或者个人不得经营文物收购业务；第二十五条，私人收藏的文物，严禁倒卖牟利，严禁私自卖给外国人。古籍善本作为文物，按规定由国家经营的古籍书店专营，民间不许经营。公共图书馆作为公藏机构，可以收购善本古籍。但实际上，民间也存在善本和普通古籍的私下买卖。

在中华人民共和国成立前，很多重要经济文化中心城市存在古旧书业。清代，首都北京作为全国的刻书中心，为服务于"应试举子"和"作文官、弄学问"的人而发展起来的古旧书业，主要集中在琉璃厂和隆福寺一带。辛亥革命后，北京有了专营旧书的书店和书摊。中华人民共和国成立后，为做好古旧文献的抢救和保护工作，1952年成立了地方国营中国书店，专营古旧文献。当时的货源主要是藏书家、旧官僚家庭、造纸厂、旧货商店以及旧货集散市场。"三大改造"时期，国家对私营的古旧书业进行了社会主义改造，通过公私合营，调动其积极性，加强散落民间的古旧文献收集工作，以供图书馆、博物馆等单位收藏。1957年各地的古旧书店全面整合，按当时的政策，每个城市仅保留一家古旧书店。例如北京仅保留中国书店，上海则全部并入博古斋等。古旧书店常年派人在全国各城市和乡村进行收购，经营范围主要有中华人民共和国成立前后的古旧书刊、碑帖拓片、名人字画、文房四宝和革命文献资料等。公共图书馆可以在这些地方采购到符合入藏标准的古旧文献。除了古旧书店，还有一些城市的文物市场、旧货市场，也会出现一些零散的古旧文献，需要公共图书馆的采购人员去寻找。公共图书馆在长期收购古旧文献的活动中，通过积累下来的专家、业内人士关系网，也能得到一些古旧文献线索，从私人机构和藏家手中直接购买到古旧文献。1949年以后，私人藏书如百川归流般进入公藏领域，传统意义上的私人藏书几近绝迹。公共图书馆拥有比私人买家更强的资金实力，在长期不间断的采购中，积累了一定数量的特色馆藏。

20世纪五六十年代是我国图书馆收购古籍的重要时期。以南京图书馆为例，该馆仅1951年就收购古籍3000余斤，每斤价格不过旧币（1955年3月1日发行新人民币，新币1元等于旧币1万元）2000元左右，一位刘姓读者还将珍藏多年的10卷敦煌写经以12万元旧币的廉价让与该馆。60年代初，南京图书馆多次派古籍版本鉴定专家去上海、扬州、苏州、常州等地收购古籍，其中不少是宋刻宋印、明早期刻本及稀有的地方资料。如宋刻明初印本《吴郡志》50卷16册，南宋刻本《两汉会要》44册，元刻本《太平惠民和剂局方》《永类钤方》，明人写经《妙法莲华经》，嘉靖抄本《天潢玉牒》，隆庆刻本《吴中人物志》，万历刻本《皇明昆山人物传》等，甚至收购到流散在外的丁氏八千卷楼旧藏《南音三籁》。1992年，南京图书馆还做了一件被称为"中华人民共和国成立后古籍收购的空前之举"的工作，即收购了苏州顾氏过云楼所藏古籍680种3300余册，其中大多为善本。[1] 20世纪90年代以后，市面上的古旧文献资源越来越稀少，慢慢走向枯竭，古旧书业也日益衰落。

公共图书馆所藏古旧文献中，除了古籍，还有很大一部分是民国文献。民国文献与古籍的来源渠道不尽相同。在公共图书馆萌芽和形成之初，古籍已经成为过往文献，稀缺而珍贵。而公共图书馆大多在民国时期建立，当时的民国文献还不属于稀缺资源，只属于普通出版物和其他文献类型。公共图书馆所藏民国文献，很多都是在民国时期收集、累积起来的。当时，公共图书馆用自身购书经费大量购买了图书、期刊、报纸等出版物，并在战争时期仍不间断收集各类民国文献资料。民国时期，京师图书馆除了注重善本古籍的搜访外，还比较留意当时普

通图书、期刊、报纸的搜集，一方面与商务印书馆、中华书局等出版机构建立并
保持了较为密切的联系，一方面通过北平佩文斋书店等中介机构采购了大量中小
书局、社会机构及个人的出版物。中华人民共和国成立后，北京图书馆也先后数
次通过中国书店、上海书店等旧书店采购了多批民国文献。南京国立中央图书馆
（现南京图书馆前身）在成立后，购书经费大部分用来购置重要科学著作和工具
书、参考书，如辞典、字典、论文索引、年鉴、人名地名录、百科全书、世界名
著等，西文期刊也遵照此原则进行采购。

2. 拍卖

1994 年，中国嘉德国际拍卖有限公司举办了中国第一场真正合乎国际规则的
古籍善本拍卖会。从那时到现在，二十多年过去了，中国古籍善本拍卖已经成为
了一个行业。全国大大小小的古籍善本拍卖公司和拍场已有 30 余家，每年全国
各地的古籍拍卖会有近百场。

进入 21 世纪以来，古籍市场升温，总成交价越来越高，成交率却越来越
低。古籍的春秋大拍成为古籍的主要购买渠道。私人藏家和古籍书店的库存古
籍，都被放在拍卖场上，以求取高价值。古籍拍卖越来越盛行，也说明古籍的经
济价值越来越高，数量越来越稀少，已经不再是市面上普遍流通的商品。特别是
近年来，众多公藏机构加盟，古籍拍卖价格不断攀升。古籍拍卖种类繁多，有名
家抄校稿本、宋元名刻、明清刻本、名人书札、碑帖法书等，后来还细分成不同
类别的专场拍卖。

公共图书馆已经意识到古旧文献的稀缺性、采访渠道的变化，而积极参与到
古旧文献拍卖中来。各公共图书馆根据自身资金实力，选择参加古旧文献拍卖
会，采购价格在可承受范围内的古旧文献。国家图书馆专门制定了《国家图书馆
文献竞拍工作管理办法（试行）》，规范了鉴定、限价、竞拍的流程，成立拍品
专家鉴定小组，严格选择参加竞拍的人员，使竞拍工作规范化、制度化，最大限
度地保证竞拍工作顺利进行。2012—2016 年，国家图书馆从拍卖市场采访到中文
善本 8 种 33 册件，普通古籍 230 种 685 册件，皆为佳品。如 2013 年拍得的清顺
治刻本《藏版经直画——目录》，对研究《嘉兴藏》的刊刻过程及版本流传有重
要文献价值。**2**

3. 接受捐赠

捐赠是指个人或团体、单位向图书馆主动、自愿地赠送图书资料以充实馆藏，它是图书馆珍贵图书的重要来源之一。事实上，现有图书馆的馆藏中有很大一部分是通过捐赠获得的，有的图书馆甚至是以捐赠的藏书为基础创办的。

自京师图书馆时期，为扩充馆藏，就已开始向社会广征书籍。私家藏书由于保藏条件有限，易毁于刀兵水火之灾，又有子孙后代不能保守之虞，且有流落海外的危险，多种因素使得许多具有爱国之心的社会贤达纷纷捐献珍藏文献于国家。目前，很多省级公共图书馆的古旧文献馆藏基础，主要是在民国期间形成的。社会捐献往往是系统特色古旧文献资源的主要来源。民国时期，具有近代意义的图书馆兴起，社会的动荡不安和战争的频繁，使图书馆的捐赠主体更加广泛。以藏书家和其他社会各界著名人士为代表的私人捐赠，还有以书局、报社、政府机构、学校、外国团体为代表的团体捐赠，构成了这一时期图书捐赠的主体。根据单宗收赠数量，图书馆实体文献资料的收赠工作可分为零散收赠和大宗收赠两种类型。在大宗收赠中，有时单宗收赠的内容是某人或某机构全部或近乎全部的收藏，或者其中关于特定主题或领域的全部收藏。前者如清华大学图书馆接收张肖虎先生的收藏、广东省立中山图书馆接收秦牧先生的收藏等，后者如清华大学图书馆接收周本初先生的"保钓、统运"文献资料及接收林国炯先生的联合国裁军文献等。整体捐赠文献资料的个人收藏者通常兼为搜集者，多为专家学者、知名人士，捐赠者多为其家人或亲属。机构进行整体捐赠多缘于机构完成研究任务之后面临被解散、撤销、调整等状况。**3**

国家图书馆以收藏古籍出名，馆藏善本、珍本，无论数量还是学术价值，无馆可与之相比，而这些珍贵的资源大多来自捐赠，社会捐赠在国家图书馆的文献资源建设中起到了重要作用。1930 年 2 月，梁启超将生前所存图书 41 089 册、碑帖千余种及大量手稿、信札等悉数捐入了北平图书馆。袁同礼任北平图书馆馆长期间，不遗余力搜集图书资料。抗日战争时期，他曾三次赴美发表演说，争取欧美国家的支持，呼吁国际社会捐赠图书，三年收获数万册。**4**

担任过北京大学、清华大学教授，被称为"世界三大戏剧藏书家"之一的宋春舫，历经多年，苦心翻译和创作，耗费心血搜集国内外戏剧方面的图书，其书房褐木庐主藏国外戏剧书刊。1924 年，他不幸从马上跌落，伤肺吐血，留下病根。1938 年 8 月病逝。其褐木庐中所剩书籍后捐入北京图书馆。

丁福保是中国近代著名藏书家、书目专家，酷爱藏书，建"诂林精舍"，藏书总数计 15 万余卷。先后捐给无锡县图书馆、县立第一小学图书馆 1868 种 22 904 卷。1938 年捐入震旦大学 2 万册 5 万余卷古今刊本，该校设立"丁氏文库"以志纪念。另有 1000 余册古籍则捐入北京图书馆，其中包括珍贵的购自常熟"铁琴铜剑楼"的宋元古本 10 余种。

顾子刚，上海人，原北京图书馆副研究员，倾尽一生心血于图书馆工作，为图书馆事业做出了重要贡献。1945 年为庆祝北平图书馆复原，顾先生将其所藏图书之一部分，捐入北平图书馆。计经部、史部、子部、集部各若干种，部分敌伪资料，大半为海内孤本或流传极罕之图书。后为庆祝中华人民共和国成立，又捐赠大批珍贵古籍，如率先捐献《永乐大典》五册，推动了中华人民共和国成立后的私人捐赠图书热潮的形成。

除了藏书家、研究者的整体捐赠，零散的捐赠在图书馆发展历史上也不少，多是社会名人或普通民众捐赠，外国团体捐赠也是重要内容。建立于 1910 年美国华盛顿的卡内基国际和平基金会是美国历史最为悠久的智库，也是相当知名的外交与国际事务政策研究所。1947 年，基金会捐赠给上海市立图书馆的《国际和平文献》，包含了各国在一战时的社会、历史、经济、科学、法律和外交条约记录等数据，为极宝贵的国际间战争与和平之史实，全书计 183 巨册。[5]

中华人民共和国成立后，藏书家或其遗属在"以国为家"的时势引导下，掀起了向国家有关单位捐献私家藏书的热潮。以 1952 年成立的上海图书馆为例，其建馆初期的古籍馆藏就是以各家捐赠的藏书为基础，先后接收了安徽庐江刘晦之远碧楼、江苏金山姚石子复庐、松江封文权簨进斋、吴江柳亚子磨剑室、金山高燮吹万楼（金山、松江 1958 年划归上海市）捐赠的私家藏书。此外，鸿英图书馆也捐赠了近千种地方志，为上海图书馆现今近 6000 种地方志专藏打下了基础。上海历史文献图书馆的前身是私立合众图书馆，其所藏 25 万册古籍绝大多数是私家捐赠。其中著名的有浙江杭州叶景葵卷庵藏书、浙江海盐张元济涉园藏书、江苏吴县潘景郑宝山楼藏书等。

北京图书馆在 20 世纪 50 年代获赠的古籍数量也颇丰，如周叔弢于 1952 年 8 月向北京图书馆捐赠善本 715 种 2672 册，1954 年 9 月又捐赠元明清三代抄、刻本古籍 32 种 120 册。1950 年，常熟瞿氏铁琴铜剑楼将家藏宋元明善本书籍 72 种 2243 册，通过文化部捐赠给了北京图书馆，后又于 1953 年 3 月、1954 年 4 月向北京图书馆捐赠古籍 369 种 700 册。以收藏南明文献著称的朱希祖郦亭遗藏，由朱希祖之子将专藏五大箱捐赠北京图书馆。潘宗周宝礼堂所藏宋本 105 种、元刊 6 种，凡 1088 册，1952 年由潘宗周之子潘世兹捐献给北京图书馆。

1951 年，浙江省图书馆接收了刘承干捐赠的整个嘉业堂藏书楼及其四周用地和书版用具。同年，南京甘氏将津逮楼劫余藏书及版片、柏木书框之类装载三卡车，捐赠给南京图书馆。 6

4. 调拨

公共图书馆的上级主管部门，可以因为业务需要，进行上下级图书馆之间、跨部门之间、跨系统之间、跨地区之间的文献资源调拨。这种调拨一般是有计划地进行，以充实公共图书馆的馆藏，推动特色资源建设，提高资源利用率。不同地区、不同系统之间的公共图书馆，往往根据自身馆藏特色、服务人群，把自己不需要的复本或者本地读者利用较少的文献进行调拨。也可以是上级部门主持，对一些机构重组、合并、拆建后，将多余的文献并入公共图书馆。

在民国时期，就存在大宗的调拨行为。当时的教育部把北平档案保管处所存重要图书 4.6 万余册及满文书籍 500 余册，清顺治至光绪年间历代殿试策 10 余本，调拨给国立南京图书馆。这些图书资料对充实国立中央图书馆的馆藏起到了重要作用。国民政府曾经多次向北平图书馆调拨文献，这其中即包括当时的新书。如 1930 年前后，民国政府教育部将北洋政府教育部图书室旧藏调拨给北平图书馆，其中包括"东西文蒙藏文及新籍亦千数百本"。1946 年至 1947 年，北平图书馆曾奉命接收处理东亚文化协议会、兴亚院、联合准备银行等日伪机构及人员的藏书，其中一部分调拨入馆。在中华人民共和国成立之初，国家公藏机构的建设处于发展时期，古旧文献也存在一部分调拨行为。中央政府曾向北京图书馆调拨了若干批次民国文献。日本大谷探险队所得敦煌遗书自被大谷光瑞卖给旅顺政府之后，一直由旅顺博物馆保管。1957 年，由文化部将其调拨到北京图书馆。有关调拨的原始材料及清单至今仍藏北京图书馆档案室。实际上调拨给北京图书馆的为 623 件，其中汉文 412 件、藏文 21 件。南京图书馆接收了国民党旧机关、团体如南京外国文化委员会、东方语文专科学校、建国商学院、边疆学校、中央政治大学、国立编译馆、南京市三中、南京新闻出版处、华东工业部财委会、南京敌伪物资清理处、南京公安局、南京财政局、南京教育局、苏南区文物管理委员会等藏书 100 多万册。在接收大量书刊的同时，南京图书馆也向全国各地图书馆赠送和调拨图书 100 万册以上，其中向北京图书馆调拨图书共 616 300 册。**7**中华人民共和国成立初期，高校系统调整合并很频繁，高校图书馆之间调拨图书也非常频繁。近年来，古旧文献越来越珍贵，公共图书馆事业发展相对稳定，调拨的情况相对较少。

5. 交 换

交换是指公共图书馆之间、公共图书馆与其他收藏机构之间的文献交换。与调拨不同，交换可以不是由上级主管部门主导，而是机构之间的协商和谈判促成。交换往往是双方自愿协商，达成共同目标的行为。交换彼此的复本，或者是不符合本馆馆藏资源建设发展方针的文献、自身不成体系和特色的文献，等等。公共图书馆古旧文献中的交换，以古籍的复本为多。公共图书馆馆藏古籍复本很多，有的古籍复本多达 5 部，有的甚至在 10 部以上，主要是因为在调拨和接受捐赠的过程中，造成了复本累积。公共图书馆通过交换，可以减少复本的堆积，减少典藏的成本，增加馆藏文献种类，优化馆藏结构。

20 世纪 60 至 80 年代末，一些图书馆开展了古籍复本交换业务。如湖南图书馆从 1964 年开始，以馆藏古籍复本先后与北京中国书店、上海古籍书店、长沙古旧书店进行等价交换，换回包括唐人写经、宋元古本、明清善本在内的古籍数千种。复旦大学图书馆 1986 年至 1989 年主动与中国书店联系，以库藏复本换得缺藏古籍 936 种，计 2054 册。北京师范大学图书馆于 1986 年从中国书店换回张次溪藏书 2600 种，1987 年又换回清人别集 70 余种。这些大宗的古籍交换业务发生于图书馆与古旧书店间，操作方便，收效甚巨，因为古旧书店获取古籍的目的是销售赢利，更多考虑的是换入的古籍能否更快更好售出，而不会顾及其是否为复本。对图书馆来说只要该品种是缺藏的，图书馆又能够提供与之等价的古籍，交换即可以成立。[8]考虑到本馆的收藏和利用情况，作为交换的古籍复本数应该在 3 部以上，这是以往多数图书馆在与中国书店进行交换时所遵循的规则。从 20 世纪 90 年代初开始，随着古籍拍卖业的兴起和个体书商的出现，古籍的价格陡然飙升，古旧书店收购古书的路子几近断绝，多数书店无法继续提供交换甚至出售的古籍品种；少数如中国书店、上海古籍书店等虽仍有较多存货，但也深锁大库，将库藏作为实力的象征，而不再投放市场。在这种情况下，馆际之间的交换成为一种新的选择。

在我国，公共图书馆馆际之间的古旧文献交换，有明确的法律依据。《中华人民共和国文物保护法》第四章第四十一条明确规定："已经建立馆藏文物档案的国有文物收藏单位，经省、自治区、直辖市人民政府文物行政部门批准，并报国务院文物行政部门备案，其馆藏文物可以在国有文物收藏单位之间交换。"交换馆藏一级文物的，必须经国务院文物行政部门批准。以南京图书馆为例，该馆 1956 年 3 月与东北人民大学图书馆交换，换回明清善本小说 12 种；11 月与湖北省图书馆交换方志 40 种 400 册；12 月与福建省图书馆交换，换回福建方志多种；后又与广东省中山图书馆交换，换回广东潮州府志等多种，与中国科学院地理研究所交换复本方志 51 种。1959 年 6 月，与旅大市（现大连市）图书馆交换，换回古籍 34 种。交换古籍最频繁的 1957 年，与北京大学图书馆、上海图书馆、四川图书馆等进行古籍方志交换，换回 146 种 1100 册，送出 106 种 907 册。[9]

6. 征集

征集主要是指对非正式出版单位或收藏有文献的单位和个人，通过主动发函、上门访求，或采取登报、张贴告示，在某个合适的公共场合进行宣传、举办文献展览的方式获得文献的方法。古籍的采购有特殊的途径和方式，民国文献的收集却不太一样。民国文献近年来才受到重视，因为其价值不能与古籍相提并论。民国期间，公共图书馆可以通过大范围征集获得当时的文献资料。中华人民共和国成立之初，通过征集获得大量民国文献也非常容易。现在，公共图书馆仍然可以通过征集，收获到少量散落在民间的民国文献。

1913 年，京师图书馆曾向各省征集官书；抗战期间，北平图书馆通过中日战事史料征辑会征集到一定数量政府机构出版物，1935 年开始向解放区征集出版物。1933 年，南京的国立中央图书馆从筹备之始，就从两个途径征集图书资料，一是向世界各国重要学术团体征集出版物，二是向国民政府、各院部会、各省市县政府及区公所和中央党部、各省市县党部及区分部党政机关学会征集出版物。在国立中央图书馆筹备处成立一年多的时间内，图书征集取得成效，共收到国民党各院部会、各省市县政府及区公所和中央党部、各省市县党部及区分部官书8000 余册，各机关公报 500 余种。另有外文图书 1000 余册、国内外杂志 700 余种、国内外报章 500 余种。[10] 1945 年国立罗斯福图书馆（重庆图书馆前身）筹备之初，就向各机关、文化团体及个人，广泛征求各类文献。至 1947 年底，共征得图书、公报、期刊 344 种 6141 册。重庆图书馆成立后，仍然不放弃征集民国文献。1957 年 4 月至 1961 年 6 月底，重庆图书馆通过到古旧书店、废纸站、造纸厂选购，扩大宣传，征集私人藏书等方式，共采购旧图书资料 58 000 多册。[11]

7. 呈缴

呈缴也称缴送。它是为了保证国家文化遗产的完整性，由国家或地方颁布法规或法令，规定全国各出版社每出版一种新的出版物必须按规定的数量，无偿赠送给指定的图书馆收藏的做法。一个国家或地区为完整地收集和保存本国或本地区的全部出版物，往往通过立法或建立法规的形式，要求所有出版者或机构给指定的图书馆或出版主管部门呈送一定份数的最新出版物的制度称为出版物呈缴制度，而这些出版物称为呈缴本或缴送本。[12]

最早实行书刊呈缴制度的是法国。1537 年 12 月 28 日，法国的《蒙特斐利法》规定，凡在法国注册出版的图书，必须向皇家图书馆呈缴若干册：这被认为是世界上最早的图书呈缴法。1930 年，教育部修正公布《新出图书呈缴规程》6 条，规定在图书出版发行之日起两个月内，将该图书四份呈送出版者所在地之省教育厅或特别市教育局。省市教育厅局除留存一份外，应将其余三份转送教育部。经教育部核收后，发交教育部图书馆、中央教育馆、中央图书馆各一份，分别保存（中央教育馆及中央图书馆未成立前，暂由教育部图书馆代为保存），并将书名、出版者姓名及出版年月登在教育部公报上。此条例正式将图书馆作为接受呈缴单位确立下来。国立中央图书馆筹备处成立后，依此接受世界各国学术团体、国内党政机关学会出版品以及在当时正式登记注册的出版机构的呈缴本。据

《中华图书馆协会会报》第十一卷第二期载，1935年上半年，国立中央图书馆合计收到中西图书2150册，呈缴之出版团体有88个单位，每月平均呈缴数量525册以上。[13]

1937年国民政府公布出版法，明确国立中央图书馆为收受机关之一。民国时期的呈缴本制度，因为战争，没有得到很好的实施，但是实现了部分保存当代出版物、传承文化遗产的作用。现存民国文献的一部分，就是这样保存下来的。

当前我国缺乏统一的公共图书馆法定呈缴立法，现有的法定呈缴制度中仍然存在呈缴本范围不明确、呈缴义务主体和接受主体设定不规范、呈缴条件设定不统一且呈缴规范有待完善、法律责任规定不合理等问题。2017年，《文化部关于印发〈"十三五"时期全国公共图书馆事业发展规划〉的通知》（文公共发〔2017〕19号）指出："充分发挥国家图书馆作为国家书目中心的作用，建立全国联合编目系统，不断加强各级各类图书馆之间的书目合作与共享，加快推进数字化国家书目系统建设；进一步落实国家出版物呈缴制度，不断提升国家书目收录内容的系统性与完整性。"《中华人民共和国公共图书馆法》第二十六条规定：出版单位应当按照国家有关规定向国家图书馆和所在地省级公共图书馆交存正式出版物。用"交存"一词替代"呈缴"。

8.民间收集

近年来，公共图书馆在民间收集到的古籍和民国文献已经非常稀少了。然而，中华大地上遗存的石刻浩如烟海、历史悠久、形制多样，有碑刻、摩崖、墓志、帖石、造像等，是具有中国特色的珍贵文化遗产。近年来，公共图书馆已经意识到石刻文献因为自然与人为因素的影响，不可避免会遭受不同程度的损坏，有的在不久的将来可能会消失，石刻的保护已到了刻不容缓的地步。很多地区的基层公共图书馆开始以石刻文献为研究课题，大量系统收集存在于山间野外的石刻拓片。制作拓片是对石刻资料进行保护和传播的有效手段，即用纸和墨通过打拓的方式，将摩崖、碑刻等器物上的文字或图形按1∶1的比例复印到纸上。这样能客观真实地反映器物原貌，便于后人了解其历史演变，也便于长久保存、开发利用、远途传递。[14]采集的拓片从载体上来讲是现代的，材质、墨水、工艺都是新的，但是内容是属于过去的，相当于古旧文献的再生性保护，将文献内容进行转移。

广西壮族自治区的石刻文化历史悠久、内容广泛，广西桂林图书馆工作人员采取野外采拓的方式，对桂林及其周边的摩崖做了大量的拓片采集工作。山西省石刻资源丰富，石刻中寺庙碑刻所占比例较大。2010 年，山西省图书馆推动了"山西民间石刻文献拓制保护工程"。山西省图书馆以县域为单位开展工作，通过制定征集拓片协议的方式，委托各县文物局、文化局、图书馆等单位具体实施。经过几年的努力，抢救了一大批珍贵的民间石刻资源，已陆续征集到黎城县、大宁县、太谷县、古县、襄汾县等的全部或部分拓片约 3000 张。[15]

（二）收集原则

1. 应收尽收原则

公共图书馆古旧文献资源的收集工作，与普通文献资源、数字资源的建设有区别。古旧文献资源珍贵稀少，公共图书馆作为公藏机构，在经济能力可承受范围之内，要将能购买的古旧文献尽可能收入馆藏。古旧文献需要特殊条件保存，同时还需要适时修复。在私人机构和个人手中，往往难以实现长期、安全、稳定地保存，他们也缺乏修复技术，更谈不上科学地开发和利用。在私人手中，还可能出现文物外流的情况，不利于我国文化遗产的保护传承，不利于维护我国法律规定的文化权益。公共图书馆古旧文献资源采购经费来源于政府财政，在国家公共文化事业繁荣发展、公共图书馆采购经费逐年增长的情况下，采购古旧文献的专项资金有独立保障。

公共图书馆在遇到可采购的古旧文献时，在价值和价格相对对等的情况下，可以尽量完整购买。如果当时或当年资金不够的，可以先采购孤本、善本等价值更珍贵的文献，或者比较特殊的载体和文献种类，以及馆藏特色文献资源建设需要的文献。对于已有种类的复本，资金充足的情况下可以采购，再通过交换、调拨等形式划分给其他公共图书馆或收藏单位。

2. 去伪存真原则

古旧文献中有一部分属于文物，年代久远，价值高昂。公共图书馆在采购过程中，要认真鉴别，去伪存真，保证有效采购。古旧文献产生的年代、版本、特色工艺，以及是否与名人有关等诸多因素决定了其价值。判断文献的价值，是一个复杂的过程，需要全方位综合考量。一般由资深专家进行专业辨认，再结合现行市场价格进行判断。公共图书馆自身需要培养能够辨别古旧文献的专家，在古旧文献收集过程中起到指导作用，避免采购到古籍伪本，以及价格超出价值的古旧文献，遭受经济损失。

伪本是指那种经旧时代书商做过手脚，加工作伪，企图以新冒旧、以次充好、以假乱真的版本。伪本主要是伪宋本、伪元本，很少有人去假造明本、清本，因为古书版本的商品差价主要反映在宋元旧刻和明清新刻之间。伪本一般都是以元本充宋本，或以明本充宋、元本。清代刻本形式特征去古已远，作假很难。民国时代，北京、上海等地的某些书商专门雇佣工匠来制作假本，手段高明，专门研究版本目录学的行手里家也可能上当受骗。中华人民共和国成立后，通过对旧书行业的社会主义改造，这种旧时代的罪恶才从根源上得以消除。但是，延续了数百年的版本作伪活动，在社会上留下了不少难以鉴别的赝品。这也正是公共图书馆在收购古籍过程中，需要辨伪的原因。同时，公共图书馆在采购古旧文献时，需要对文献有深入的认识和了解，包括文献的大致年代、载体类型、制作工艺、出版单位等，由此来判断文献的真实经济价值，避免卖家漫天要价。

3. 特色化原则

特色化原则，是公共图书馆文献资源建设的通用原则之一。文献收藏的特色，是文献收藏机构根据本身的任务，在多年文献收集的实践中，形成的独具特色的文献资源收藏体系。特色化文献收藏意味着依据图书馆类型、任务、收藏范围、读者对象等特点，对文献收集采取区别对待的态度，使图书馆文献资源从内容到结构能最大限度地满足读者的实际需求。文献特色主要包括：文献学科专业特色、文献地域特色、文献类型特色、文献语种特色、文献载体特色、电子文献和网络文献特色等。[16]

特色化，就是古旧文献收集要有重点，公共图书馆的古旧文献收藏，在文献种类、载体类型、地域等方面能形成自己特色资源。因此，在收集古旧文献时，应尽可能优先选择本单位已经形成系统和规模的资源种类和资源内容，以充实壮大特色资源建设，节省资金。特色化资源建设，有两方面衡量标准，一是数量大，二是质量高。古旧文献的品种数量，是影响馆藏文献资源特色化的重要因素。古旧文献的品种数量太少，馆藏文献资源的特色就难以形成。品种数量对形成古旧文献资源特色有着重要作用，但绝不是说有了品种数量就自然形成了特色，还要以品种的质量为基础，并用质量来控制数量，馆藏文献资源特色才更有保证。提高特色古旧文献资源的质量，要做到收藏的古旧文献资源内容上要有一定的深度，能代表这一种类古旧文献的最高水平，同时要避免文献收藏广泛但零散，没有重点。

4. 合作与协调原则

在全球化发展环境下，世界各经济体与机构之间存在千丝万缕的联系。在我国推进公共文化服务体系建设的社会环境下，各级公共图书馆之间、图书馆界各机构之间、全国文化收藏单位之间，存在共同的利益与立场。各公共图书馆不再是孤立的个体，这样的图书馆也没有发展的空间。各公共图书馆之间是有机联系的整体。只有实现全社会范围内各单位和机构之间的合作与协调，才能实现古旧文献资源的合理保存和发展。

古旧文献资源是全社会共同的文化财产，对其进行保护和开发利用，必须由政府部门牵头，进行顶层设计，全社会相关机构共同参与。国家实行的古籍保护计划和民国文献保护计划，就是在国家文化行政部门领导下，由国家图书馆牵头，负责古籍和民国文献的各项普查、保护、开发工作的开展。在古旧文献收集工作中，公共图书馆之间的合作与协调，主要在于采购过程中信息互通、鉴别互助、特色资源互换与调拨等。信息互通，就是在采购过程中，相互之间对采购渠道、采购价格、采购文献信息等进行沟通，以了解古旧文献市场行情、业内古旧文献入藏状况，帮助公共图书馆形成对古旧文献状况的全面认识。鉴别互助，就是公共图书馆在遇到难以鉴别真伪和价值的古旧文献时，可以寻求其他有鉴别能力的公共图书馆的专业帮助。特色资源互换与调拨，是贯彻公共图书馆资源建设的合作协调。公共图书馆之间采取古旧文献收集专业分工、特色收集的方式。不同的公共图书馆，重点建设部分古旧文献类型，其他类型的古旧文献资源由其他馆去收集。或者公共图书馆收集后，与其他公共图书馆进行所需文献的交换。目前，古旧文献收集环节的合作协调工作，还没有受到各公共图书馆的重视，也有一些障碍和壁垒，缺乏常规的合作工作机制。

二、古旧文献整理

（一）分类

文献分类就是以文献分类法为工具，根据文献所反映的学科知识内容与其他显著属性特征，运用文献分类规则，分门别类地、系统地组织与揭示文献的一种方法。[17]

文献分类法有体系分类法与分面分类法两种基本类型。体系分类法是以科学分类为基础，依据概念的划分与概括原理，把概括文献内容与事物的各种类目组成一个层层隶属、详细列举的等级结构体系的文献分类法，亦称列举式分类法、枚举式分类法。中国图书馆分类法（简称中图法）、中国科学院图书馆图书分类法（简称科图法）、中国人民大学图书馆图书分类法（简称人大法）、杜威十进分类法、美国国会图书馆分类法等都是体系分类法。分面分类法是依据概念的分析与综合原理，将概括文献内容与事物主题的概念组成"分面—亚面—类目"的结构体系，通过各分面内类目之间的组配来表达文献主题的文献分类法，亦称组配分类法、分析-综合分类法。冒号分类法（CC）、布利斯书目分类法第2版（BC2）等就是分面分类法。

公共图书馆对文献资源进行分类的目的，在于组织分类排架与建立分类检索系统。分类排架，就是让海量的文献有一个明确的排列位置。分类检索系统，就是建立手工分类目录与计算机分类检索系统。公共图书馆古旧文献数量也是惊人的，少则几万册，多则几十万、几百万册，要将这些文献进行分类、组织，才能合理摆放，并便于查找。[18]

1. 古籍

古籍分类排架，可以采用传统的《四库全书总目》分类法。经部收录儒家经典；史部收录记载历史兴废治乱、各种人物以及沿革等历史书，如《史记》《汉书》之类，以及地理书、目录书；子部收录诸子百家及其学说的书籍，如《庄子》《韩非子》等，以及释家、道家作品；集部收录汇集几个作者或一个作者的诗文集及相关评论著作。公共图书馆就直接按经、史、子、集的部类排列，同一类目下可按作者的朝代顺序排列。因为《四库全书总目》分类法本身没有分配号码，有的图书馆就直接用类目名称按字顺排列，也有的图书馆自己配上号码代表相应的类目名称，如用阿拉伯数字"1、2、3、4……"或用干支"甲、乙、丙、丁……"、汉字数码"一、二、三、四……"等。考虑到古籍数字化检索的需要，在使用数字配号时，还是采用阿拉伯数字为宜，这样便于计算机处理。[19]

《中文普通线装书分类表》出自我国著名图书馆学家刘国钧先生之手。目前，国家图书馆及其他大型图书馆的普通古籍（含线装书）大多依据《中文普通线装书分类表》分类。1929年刘国钧先生编撰《线装表》，此为初版。1957年北京图书馆修订，此为二版。1999年中国国家图书馆普通古籍采组修订编印新版。1999年版"重印说明"中也明确说明新版《线装表》是重印，但是对分类表原编的十五门类的内容做了相应的调整。各版本之间只有二级类目的调整，没有发生根本性的变化。[20]目前我国图书馆界对于图书分类存在这样的一种共识：善本古籍以四库分类法为主（含以此为基础而修改的五部或者六部分类法），普通古籍（含线装书）采用《中文普通线装书分类表》的分类法。

2007年，文化部开展了全国古籍普查工作，并且由国家古籍保护中心建立了古籍普查登记平台。国家古籍保护中心编写了《全国古籍普查平台分类表》，并以此作为全国古籍普查平台的分类标准。全国古籍普查登记平台古籍分类的主要参考依据是国家古籍保护中心所制定的《汉文古籍分类表》。该分类表采用目前已被普遍认可的准六部分类法，具体是在五部法基础上，一方面从"子部"提出"类书类"并入"丛部"，扩充为新的"类丛部"；一方面又附设了与五部并列的"新学"，虽无六部之名，而有六部之实。这种准六部法也是人们对古籍及其分类认识深化的结果，其出现符合时代潮流，被誉为中国目录学的又一重要发展。[21]"新学类"，《汉文古籍分类表》中有详细的著录，包括史志、政治法律、学校、交涉、兵制、农政、矿物、工艺、商务、船政、格致学、算学、重学、电学、化学、声学、光学、气学、天学、地学、全体学、动植物学、医学、图学、理学、幼学、游记、报章、议论、杂著共计三十个小类，完全不同于此前五部所分设的类别。清代末年，西学不断东渐，产生了诸多不能纳入四库分类法的书籍。为了实现分类的科学性，便有了"新学类"。《全国古籍普查平台分类表》的出现，使古籍分类工作有了较为完善的、全国统一的分类标准，基本解决了古籍整理工作中的分类难题、各单位分类标准不统一的问题，使古籍普查工作得以顺利展开、全面进行。这种分类法主要应用于古籍普查数据中，而图书馆的现实古籍馆藏因为数量较大，且早已经完成了分类排架，难以更改，还是沿用以往图书馆各自采用的分类法。

2. 民国图书

调查结果显示，目前国内公共图书馆在实践中对民国图书采取的分类方法不尽相同，主要有"刘国钧分类法""科图法""人大法""中图法"等。

刘国钧分类法，由刘国钧先生于 1929 年创制，时称"中国图书分类法"。中华人民共和国成立初期，全国约有 200 家图书馆采用这种分类法，影响较大。1957 年，北京图书馆曾对其进行部分修订。至今，仍有国家图书馆、重庆图书馆等采用此方法对民国文献进行分类。刘国钧是哲学专业的，他对哲学源流及当时社会的哲学倾向十分了解。在编制分类法的过程中，他十分重视以哲学上的知识分类体系为基础的、带有强烈哲学理念的图书分类体系。在中国图书分类法中，在其大类设置中可以看到：0. 总部；1. 哲学部；2. 宗教部；3. 自然科学部；4. 应用科学部；5. 社会科学部；6. 史地部；7. 语言部；8. 美术部。其主要框架是孔德的先自然科学后社会科学顺序，其中吸收了杜威的分类思想。另外，"宗教部"吸收了斯宾塞的思想；将"史地部""语言部""美术部"分列于最后。[22]他根据社会的、科学的、技术的因素考虑，主张"经部"分散处理，按学科内容各入其类，较好地解决了当时思想领域在图书分类中反映出的根本矛盾——对经学的处理问题，同时又兼顾当时图书馆界的实际情况，为确实不便入类者立个类，以便灵活处理。国家图书馆藏民国文献，一部分采用刘国钧分类法，总量约 14.3 万册。社会科学部类图书藏量最高，约占 30%，该部类中政治、经济（含财政）、军事类图书占较大比重；语言与文学部类图书藏量位列第二，约占 20%，该部类中文学类图书占较大比重；总部部类图书藏量位列第三，约占 14%，其下子类目较多，各类目图书分布较为平均；历史与地理部类图书藏量位列第四，约占13%，其中历史类图书占较大比重。

黑龙江省图书馆使用的是"科图法"。这种分类法，1958年由中国科学院图书馆编成，分为马列主义毛泽东思想、哲学、社会科学、自然科学、综合性图书等五部25类，标记采用阿拉伯数字，号码分两部分：大类及其主要类目采用00~99的顺序数字，细分类目采用小数制。这种分类法主要为中国科学院系统的图书馆、国内部分科研机构以及高校图书馆所采用。"科图法"是体系分类法，类目采取层层划分、详细展开的方式，形成一个等级分明的类目体系。据统计，1979年前后，"科图法"的使用单位有千余个。

湖南图书馆采用的则是"人大法"。"人大法"是中华人民共和国成立后编制的第一种新型的图书分类法。"人大法"分作马克思列宁主义毛泽东著作（后改为"马克思主义、列宁主义、毛泽东思想与哲学"）、社会科学、自然科学、综合图书等四部17类，标记采用阿拉伯数字。该分类法自1952年编定初稿以后，先后经过了六次增订。"人大法"分类表总的分类顺序是：马克思主义、列宁主义、毛泽东思想与哲学→社会科学→自然科学→综合性科学、综合性图书。各类体例大体一致，分为两部分：凡属于本类总的理论、学科概况、学科史、综合性的标准和规范、通用技术与方法等的类目都列于本类的前面，用圆括弧把号码括起来；凡属于本类其他的同等类目，列于前述类目的后面，只标明类号，不用圆括弧，以示区别。"人大法"的使用范围较广，1956—1987年间，我国的统一书号曾采用该分类法标识新出版图书的学科类别。

吉林省图书馆的民国文献，采用的是中小型图书馆图书分类法（简称"中小型分类法"）。这种分类法由文化部社会文化事业管理局主持编制，由刘国钧、杜定友等组成编辑组。1957年正式公布后，很快为全国藏书在10万册以内的中小型图书馆所普遍采用，成为五六十年代用户最多的图书分类法。"中小型分类法"以马列主义、毛泽东思想为指导，首创"五分法"，即设置马克思主义、哲学、社会科学、自然科学及综合性图书五大部类，为其后所编分类法所仿效。

辽宁省图书馆采用的是东北图书馆图书分类法，又称"东北分类法"。"东北分类法"于1948年8月创制，是东北解放后编订的第一种图书分类法，颇有

地方特色，是一种"暂时的图书分类法"。这种分类法共分十个大类，其序列
如下：

0 总类	5 应用科学
1 哲学	6 语文学
2 宗教	7 文学
3 社会科学	8 艺术
4 自然科学	9 史地

"东北分类法"从体系结构来看，酷似近代后期的图书分类法，这是与当时
的历史条件分不开的。㉓

"中图法"是一种大型综合性分类法，1975 年由国家图书馆等编撰，1981
年被正式批准为国家标准的图书分类法。1988 年，我国出版物开始改用"中图
法"的分类号。为了适应文献信息分类、检索不断发展的需要，"中图法"经多
次修订，当下通行的是 2010 年公布的第五版。"中图法"是国家推荐统一使用
的分类法，使用范围最广泛。不仅图书情报部门类分文献使用，图书发行、各类
数据库乃至互联网行业也在应用。"中图法"有五个部类 22 个大类，类号采用
英文字母与阿拉伯数字的混合号码，用一个字母代表一个大类，以英文字母的顺
序反映大类的序列，在字母后用数字表示大类下类目的划分。由于历史原因，国
家图书馆民国文献有一部分采用此分类方法，总量约 12.3 万册：政治、法律部类
图书藏量最高，约占 18%，其中政治类图书占有较大比重；文学部类图书藏量位
列第二，约占 14%；经济部类图书藏量位列第三，约占 12%；历史、地理部类图
书藏量位列第四，约占 10%，其中历史类图书占有较大比重。㉔山西省的民国文
献也是采用此种方法。

国内公共图书馆和高校图书馆，分别采用不同的分类法对馆藏民国图书进行
分类标引。这些分类法，或界限不清，或类目略粗，或应用范围不广，与现代读
者的检索习惯差异过大，与文化大繁荣、大发展的内在需求也不相适应。在民国
文献保护计划中，规定民国文献的分类标引都采用"中图法"，在数据库平台进
行重新分类，形成统一的分类标准体系。

3. 民国期刊

期刊作为一种特定类型的文献，人们通常把它定义为：具有固定名称，按照一定编辑宗旨和内容范围，将众多作者的作品汇集成册，用卷、期或年、月顺序编号出版的连续出版物。自 1665 年法国创办世界上第一种期刊——《学者杂志》以来，期刊已经经历了三百多年的发展历史。期刊分类以每种期刊为对象，是因为在期刊的管理与开发利用工作中，常常以"种"为单位，但它与图书的"种"含义不同。期刊尽管每期成册，内容与作者却不尽相同，往往只称之为"一期""一册"或"一本"，总括称该刊时才以"种"为单位。期刊分类就是依据一定的标准和规则，对每种期刊内容的学科或专业属性及其他有关特征进行分析，加以区分，给予分类标识，借以提供按学科或专业系统地组织期刊和检索期刊的手段。

在 20 世纪 30 年代，公立图书馆对当时的民国期刊就进行了分类实践活动。原国立中央图书馆筹备处于 1936 年 2 月创刊的馆刊《学觚》，曾开设"馆藏期刊目录"专栏，逐期分类报道该馆采访订购的各种期刊和报纸，每期报道数十种。第一卷第一期分四类报道，即：普通类、社会科学类、应用科学类和文学艺术类。第三期改为六类：总类、社会科学类、自然科学类、应用科学类、历史地理类、文学艺术类。到第四期和第五期，又在上述六类基础上增加"哲学类"，扩充为七类。但当时限于期刊种数，类目划分很粗。在当时，切合实际提出并建立实施一套完整分类制度的当属安徽省立图书馆。该馆正式成立于 1913 年 2 月 10 日，到 1935 年 7 月，其总馆和分馆合计收藏期刊 802 种 1554 册。同当时全国各公共图书馆收藏期刊种数相比，当位居前列。

该馆类分期刊最初于 1930 年采用自编的"十分法"。该法采用不久，又于 1931 年用展开制，分为二十四大类，另一说分为二十五大类。后又再次结合实际参考了国内外一些图书馆的类目设置情况，对原来的二十四类做了很大调整，不仅合并或单列出一些类目，而且对类列次序也做了调整。新法于 1933 年提出，共分二十六类。在具体分类过程中，安徽省立图书馆还对同类刊物分类办法及标识做了研究。规定以刊名前四字的四角号码为刊次号的依据，刊次号与类号连写。当刊名为一字时，取该字之四角号码；刊名为两字时，取每字之一、二两角号码；刊名为三字时，取其第一字之一、二两角号码及其余二字之第一角号码；

刊名为四字时，取每字之第一角号码；刊名逾四字者，只取其前四字之第一角号码。

中华人民共和国成立后，公共图书馆对馆藏民国期刊的分类，往往采用刊名字母、字顺、期刊年代、粗略的主题类分自行排架。也有一些单位参照图书的分类法自行编拟了一些分类表，应用于实践中，或直接使用图书分类法对期刊进行分类。1955 年云南图书馆编印的《期刊分类法及连环画图书分类法》《云南省图书期刊分类表》等，是我国图书馆界自编的较早的期刊分类法。20 世纪 80 年代，比较有影响的期刊分类表有两个，即《全国报刊索引》分类表和《外国报刊目录》分类表。《外国报刊目录》分类表是 1961 年根据中国科学院图书馆图书分类法的基本大类和主要类目，结合期刊的特点，做了必要的增删和调整而编定的，共 230 个类目。这个分类表吸取了图书分类法的长处，考虑了期刊分类的需要，根据期刊情况对原有类目做了调整、合并，类号比较整齐，通用性比较强。我国一些大中型图书馆、情报机构采用这种分类表。《全国报刊索引》是一本综合性的报刊文章检索工具书，由上海图书馆编辑出版。该索引的分类表是 1980 年按照"中图法"分类体系及基本大类，并结合报刊文章的特点编制的。

1985 年《中国图书馆分类法》（简称《中图法》）编委会在北京图书馆、福建省图书馆以及湖南省科学技术情报研究所等单位提供的期刊分类表基础上，经过综合整理和试分编制成《中国图书馆分类法·期刊分类表》，并于 1987 年正式出版。之后，又在《中图法》（第三版）出版以后，根据广大用户意见和要求对其做了进一步修订、增补、扩充，于 1993 年出版了第二版。这是在我国公开出版的第一部供全国各类型图书馆和信息情报单位专门用于分类和检索期刊的分类表。全部类目按"马克思主义、列宁主义、毛泽东思想""哲学""社会科学""自然科学"和"综合性刊物"五大基本部类编列，并在此基础上编列出 22 个基本类。该分类表出版以后，颇受欢迎，许多单位纷纷采用。1993 年和 1994 年，在文化部关于县以上公共图书馆评估定级标准中，均明确规定将该分类表作为组织期刊分类目录的必用工具书。[25]

4. 民国报纸

报纸是以刊载新闻和评论为主的定期连续出版物。我国近代报纸产生以来，经历了一百多年的历史。其间有资产阶级报纸的兴衰消长时期，也有无产阶级报纸从无到有，走向繁荣的时期。记载了近代社会阶级斗争和社会生活的近代报纸，也是公共图书馆一份不可缺少的历史遗产。

中华人民共和国成立后，公共图书馆对民国报纸的分类，没有统一的标准体系，往往根据本单位情况自行编制分类方法。报纸装帧形式特殊，比较零散，为便于分类，要对报纸进行装订，形成合并本。对于综合性报纸，一般不按其内容进行分类标引，而是按照"地区—刊名—年代"或"刊名—年代"进行排架或组织目录，也有采取四角号码进行组织的。对于专业报纸，可采用《中国图书馆分类法·期刊分类表》进行标引。

《解放前中文报纸联合目录草目》（北京地区部分图书馆藏，油印本）中，收录北京市部分图书馆入藏的中文报纸，粗略分为：解放区、国统区中国共产党及全国总工会的报纸和其他旧报纸，港澳及海外地区报纸。

国家图书馆的报纸种类丰富，分类也根据实际情况，各有选择。中华人民共和国成立以前出版的解放区报纸，按报名笔顺排列；中华人民共和国成立前各省报纸，按北京、上海、天津及各省顺序排列，市、省下按报名笔顺排列。中华人民共和国成立后出版的报纸，先按《中华人民共和国行政区划简册》的市、省顺序排列，然后按报名笔顺排列；各省、自治区兄弟民族文字报纸，排在该地区各汉文报纸目录之后；香港、澳门及华侨报纸，先按洲排，后按国排。[26]

上海图书馆《上海图书馆馆藏中文报纸目录 1862—1949》中，按报名字顺组织。简化字以中国文字改革委员会 1946 年编印的《简化字总表》为准，按报名首字笔画多寡排列。笔画相同者，按首字字顺排列；报名相同者，按出版地名称笔画多寡排列；报名、出版地均相同者，按馆藏日期先后排列。[27]

《湖南图书馆民国图书期刊报纸目录》也是按刊名笔画笔顺组织，先按刊名首字笔画多少排列，笔画相同的按照首字笔形排列，刊名相同者按照刊名下第一册卷年月先后排列。

5. 其他特种类型文献

地图，古称"舆图"，是用一定的线条、符号和文字，描绘地球表面的事物和现象的一种图形文献。这种文献，主要借助于独特的图形，反映事物、交流思想、传播知识。地图最好单独典藏、单独组织目录，收藏不多的图书馆可以并入普通图书目录。单独组织目录时，一般只编制主题目录（地区目录）与分类目录，因为地图的名称一般都大致相同，不易区别，地图绘制者往往也不是读者要查寻的对象。实际上，读者查阅地图，总是从某一地区或某一类目出发，查明某地方的地图或某一种地图。比如，湖南图书馆在《湖南图书馆单幅文献目录》中将舆图大致分为综合性舆图与专业性舆图两部分。综合性舆图按照世界舆图、中国舆图、行政区划舆图排列，同类舆图按照时间先后顺序排列。专业性舆图主要包括历代沿革图、形势图、水利交通图、山图、城市街道图、军事图等，同类舆图相对集中。

金石拓片是古代器物、刻石上的文字经捶拓方法保存下来的一种特殊的历史文献资料。金石拓片的组织方法主要有两种：按时间顺序组织排列，这是最普通、方便、科学的排列方法，无年月或经考证仍不能确定年月的，可以排在后边；从省到县按地点组织排列，这种方法比较精细，更便于查考利用。

字画也是图书馆收藏的珍贵文献资源。这方面，公共图书馆在馆藏组织时，也没有统一的规范，通常以实际经验加以简单分类组织。湖南图书馆所藏字画以流水号简单排列，没有进行分类。《湖南图书馆单幅文献目录》中，将书画按照作者生年依序排列；生年不明的，按照卒年先后排列；生卒年不明的，依其科举中式时间排列；如生卒年、科举中式时间均无据者，再依其书画作品本身年代特征排列，时代相同的依地域排列，地域相同的依创作时间先后排列。

文献分类主要目的在于对文献进行组织排列，以便后续的加工管理。文献分类方法因为载体形式、内容差异各不相同，而且文献分类的方法也是不断发展进步的。所有文献的分类，都要基于需要分类的文献状况进行选择，要符合文献在组织排架、编制目录等方面的现实需求。最初的分类方法比较简单，没有统一标准，经过发展渐渐产生数量众多的分类方法，然后又经过实践慢慢淘汰和改进有缺陷的分类方法，形成成熟科学的分类标引体系。古籍、民国图书的分类方法逐步规范，但在全国范围内推行统一的标准也还有困难。原有分类涉及文献数量巨大，要全部更换也不是一朝一夕可以完成。科学规范的分类标引对于文献的数字化建设和开发利用更具现实意义，因此在很多公共图书馆，文献典藏分类和数字化分类采取了不同的分类体系。

（二）编目

文献编目是指根据一定的著录格式和规则对馆藏文献进行著录，并按多种方法将各种款目组织成不同目录的工作过程。第一步是文献的项目著录，第二步是款目编排，两者合一，就称为编目。编目工作的基础是文献著录，它利用若干著录事项，把各种文献的基本特征和内容准确无误地揭示出来，以备识别某一文献。著录出来的款目，通过组织成为有机联系的各种目录，以供检索之用。编目这个环节，也有两道工序。章学诚说的"辨章学术，考镜源流"，既是对中国传统目录著作功能的高度概括，也是对编制这种传统目录的明确要求。"辨章学术"，主要指的是图书的学科分类；"考镜源流"，主要指的是同类图书的排列体系。两者一横一纵，纲举目张，条分缕析，目录著作的学术性也就表现出来了。

我国的文献目录编制已有两千多年的历史。封建时代，我国馆藏目录以书本式分类目录为主。在这阶段，著录方法逐渐完备，出现了论及编目理论的著作。清乾隆时期，我国最后也是最大的古典官修书目《四库全书总目》由纪昀主持完成。书前列凡例20条，评论了前代官私书目的收书、分类和著录方法，进而确定了《四库全书总目》的编纂原则。晚清至中华人民共和国成立，在外来西方编目思想的冲击和影响下，为满足大众检索文献的需要，卡片式目录、书名目录、著者目录和主题目录应运而生，具有中国特色的中文文献著录条例逐步形成。20世纪80年代以来，我国文献著录工作重新与国际文献著录标准化工作接轨，先后颁布了一系列文献著录标准。

图书馆目录组织方法，主要有系统组织法和字顺组织法两种。系统组织法是按文献的学科性质体系进行组织，形成分类目录，也叫分类目录组织法；字顺组织法则是按标目的字顺对款目进行组织而形成目录，题名目录、责任者目录、主题目录等都属于字顺目录。

1.古籍

图书馆古籍编目工作，就是对其所收藏的古籍按一定的标准进行著录、鉴定版本、分类、标引、典藏，对每一种古籍的内容及载体形态进行详细而准确的记录，以此作为文献存取和检索的标志，并借助现代计算机技术建立数据库，以方便读者快速准确地检索到所需文献。[28] 1987 年由国家标准局批准出版的《古籍著录规则》（GB 3792.7—87）依据《文献著录总则》（GB 3792．1—83），参考《国际标准书目著录·古籍》［ISBD（A）］，结合我国古籍特点及著录传统制定，较好地体现了古籍著录的客观性原则，把我国传统的古籍著录引上了现代化、标准化的轨道。在之后的古籍编目实践中，著录规则经历了多次的修订与再版。2008 年国家标准化管理委员会颁布的《古籍著录规则》（GB/T 3792.7—2008）遵循了继承性、实用性修订原则，更新了著录规则的体系结构和部分内容。[29]《古籍著录规则》（GB/T 3792.7—2008）使古籍编目从著录项目的设置、排列顺序和著录用标识符号三个方面直接与《国际标准书目著录》（ISBD）原则接轨，为中国古籍进入中外文献书目信息交流体系创造了条件。国家图书馆、上海图书馆等单位在实施《古籍著录规则》（GB/T 3792.7—2008）方面也做出了不懈的努力。

1996 年，在全国情报文献工作标准化技术委员会和中国图书馆学会的支持、推动下，《中国文献编目规则》制定发布。《中国文献编目规则》为适应国际文献工作一体化的发展趋势，顺利实现中外文献书目信息交流，坚持以《国际标准书目著录》（ISBD）和中国文献著录国家标准为依据。由黄俊贵主编的《中国文献编目规则》古籍著录分则，一问世就得到了全国古籍编目工作者的极大关注和普遍欢迎，并被全国情报文献工作标准化技术委员会和中国图书馆学会向全国各类型图书馆、情报机构推荐使用。2005 年，《中国文献编目规则》（第二版）由国家图书馆修订面世。

目前我国图书馆的古籍编目通用的格式标准是《汉语文古籍机读目录格式使用手册》。2001 年 10 月国家图书馆根据《古籍著录规则》（GB 3792.7—87）和《中国机读目录格式使用手册》等文献的基本原则以及古籍编目的实践和经验，选用了适合于汉语文古籍的字段和子字段，并增加了有关的内容说明和应用实例，编写了《汉语文古籍机读目录格式使用手册》一书，供编制古籍机读目录数据时参照使用。该书为中国各书目机构与其他国家书目机构之间，以及中国国内古籍典藏和使用单位之间，交换汉语文古籍书目数据提供了标准的计算机识别格式，为汉语文古籍书目数据库的建立和汉语文古籍书目数据处理提供了参考或依据。考虑到广泛的使用范围和古籍机读目录要求的多样化，本手册包括了可能使用的所有字段、子字段以及古籍类型，在具体内容说明和举例方面根据机读目录的基本原则提出了通用格式注释和古籍的主要类型样例。各古籍收藏单位和专题机读目录编者，必须严格按照 2008 版《古籍著录规则》和中国机读目录格式著录，中国机读目录格式是我国唯一的具有普遍意义的机读目录标准格式，而且无论将来的古籍机读目录格式如何制定，在格式及字段的选择和确立上，必须以中国机读目录格式为依据。

2009 年，国家古籍保护中心发布了《中华古籍总目编目规则》。该规则为著录汉文古籍而制定，旨在全面、准确地反映中国汉文古籍的保存状况。《中华古籍总目》是现存中国古籍的总目录，包括汉文古籍和少数民族文字古籍。它以全国古籍普查登记为基础，据目验原书而立目，并规范著录了各书书名、著者、版本及收藏等信息，兼具联合目录功能，各书版本项后还附注了收藏机构简称。

2014 年发布实施的中华人民共和国文化行业标准《古籍元数据规范》，和同年出版的《国家图书馆古籍元数据规范与著录规则》，其著录事项都是基于 DC 元数据（都柏林核心元数据）而加以扩展的。《国家图书馆古籍元数据规范与著录规则》规定了国家数字图书馆描述古籍内容和形式特征的专门元数据元素集，以保证国家数字图书馆古籍元数据在功能、数据结构、格式、语义语法等方面的一致性和整体性，方便在今后更大范围内实现与其他系统或数字图书馆的互操作和数据共享。国家古籍保护中心于 2009 年建设的全国古籍普查平台，也是以 DC 元数据为基础设计的。[30]

古籍编目的复杂性在于，古籍的类目与现代出版物有差异，更具有复杂性。古籍繁体字、异体字分辨，古籍版本辨异，出版者著者不明，稿本字迹辨认，等等，都成为古籍编目过程中的困难问题。全国公共图书馆古籍馆藏编目已基本完成，由于时代发展条件的限制，各图书馆采用的编目规则不尽相同，馆藏目录难以标准化、规范化，仅能满足本单位分类排架和典藏需要。在推进图书馆古籍数字化的过程中，古籍机读目录的编制需要科学、统一的标准，以实现网络数字资源的联合编目、共建共享。

金石拓片类文献，可以参照《中国文献编目规则》第五章"拓片"进行著录编制。还有舆图类文献的编目著录，图的种类很多，成分复杂，有散页的图，有装订成册的图，有附于某一文献的插图、折图、彩图、照片、肖像、图解等等。一般的图，在载体形态上与普通图书有明显区别，在内容上也有很大差异。但对图的著录方法，一般是按照普通图书著录规则著录，并将图的有关特征在载体形态项中加以描述说明。舆图类文献著录的规则有：《国际标准书目著录（地图资料）》[简称 ISBD（CM）]、《地图资料著录规则》（GB 3792.6—86）、《中国文献编目规则》第六章"测绘制图资料"。

2. 民国图书

民国时期图书在整个中国图书发展史上占有很重要的地位。民国时期处于中国传统的出版方式向现代出版方式过渡基本完成时期。五四新文化运动后，中国图书馆界发起"图书馆运动"，一些有志之士争相翻译、介绍西方的编目理论和方法。中华图书馆协会向全国征集编目条例，任北平图书馆编纂部主任的留美归国学者刘国钧先生投入五年心血编成《中文图书编目条例草案》，发表在《图书馆学季刊》1929 年 3 卷 4 期上。《中文图书编目条例草案》发表后，北平图书馆、中央图书馆及一些大学图书馆纷纷采用。这标志着我国的统一著录工作终于迈出了坚实的第一步。同期，还先后出版了一些编目专著和译著，如《图书目录学》（杜定友）、《简明图书馆编目法》（沈祖荣译）、《中国图书编目法》（裘开明）、《普通图书编目法》（黄星辉）、《图书编目学》（金敏甫）、《现代图书馆编目法》（金敏甫译），以及《中文图书编目法》（楼云林）等，为中文编目的统一起到了促进作用。**31**

民国图书本身的特点，使其与现代图书的编目工作相比具有更高的难度。民国图书与现代图书在印刷方式、装帧设计、出版发行信息记载等方面都存在诸多差异，其版权页虽然已基本包含了现代图书版权页涵盖的主要项目元素，不过在当时尚未形成统一的版本记录格式及相关标准，每一个版权页的项目元素不一定完整。这种特点要求数据制作人员既要坚持标准化的编目操作，又要根据文献的特点，具体问题具体分析，灵活运用规则和格式。与此同时，由于当时的印刷和存藏条件有限，不少图书还存在损毁现象，导致著录信息源缺损，给民国文献编目工作带来诸多困难。民国图书已经具有现代图书的学科分类和版本形式，在没有发布民国文献编目的专业性文件之前，可以采用现代中文图书的编目著录方式。但是也还有一些和现代出版的中文图书有差异的地方，只能在编目过程中酌情处理。各公共图书馆采用不同分类方法，参照现代出版物的编目规则，对馆藏民国图书的目录编制已基本完成，并正在加快进行出版目录和联合目录的编制。

1978年由北京图书馆负责编撰的《民国时期总书目》，收录从1911年到1949年9月止约10万种我国出版的中文图书，是一部大型的回溯性书目。这部书目，主要收录了北京图书馆、上海图书馆和重庆图书馆收藏的中文图书，并补充了其他一些图书馆的藏书，基本上反映了这个时期中文图书出版的面貌。

2012年，国家图书馆针对民国时期文献损失严重、面临断层的情况，推出了"民国时期文献保护计划"，全面开展民国时期文献普查工作，对全国图书馆民国图书的收藏状况进行了摸底和梳理，依托全国图书馆联合编目中心，对民国时期文献保护试点单位上传的民国书目数据进行查重、质检后灌装到民国时期文献联合目录系统。在此基础上，国家图书馆策划编纂了《民国时期文献总目》。这是一部收集、整理民国时期文献的大型工具书。根据文献普查进度，国家图书馆拟先期编纂完成《民国时期文献总目·图书卷》，并实现按学科分册出版。仅这部分书目，在收书数量与收录文献种类上与已出版的同类书目相比就实现了显著突破。《民国时期文献总目》拟原则收录从1912年1月至1949年9月我国（含外国驻华使馆、驻华机构）出版的中文图书、期刊、报纸和外文图书、少数民族文字图书、线装图书等。按照普查工作整体进度，根据成熟一项实施一项的原则，先期出版《民国时期文献总目·图书卷》。《民国时期文献总目·图书卷》主要收录截至2015年12月底"民国时期文献保护计划"普查项目所收集各文献存藏单位中文图书目录，在收书数量与收录文献种类上与《民国时期总书目》相比将实现较大突破，是一部继承与发展《民国时期总书目》、反映最新民国文献普查工作成果的大型回溯性书目。《民国文献总目·图书卷》拟著录流水号（或普查号）、题名、责任者、版本、形态、丛书、附注、提交单位等八个项目；各项目的著录依次为版权页、封面、书脊、卷端、序言和后记；原书著录项目缺漏，由编者考证添加的著录内容，加方括号以示区别。本书目参照《中国图书馆分类法》（第四版），按照学科类目分类编排，各类分册编辑出版。收书多的，一个学科编成一册或数册；收书少的，由几个学科合成一册。在学科分类的基础上，再依据"出版时间""责任者""题名"三项进行编排，选择其中一项为主要依据，其余项为辅助。根据类目的不同，排列方式则有所不同，具体排列顺序在分册编辑说明中注明。《民国时期文献总目·图书卷》采用拼音索引法，分为总索引、分册索引、著者索引和题名索引几类。除了必须使用的繁体字和异体字外，均以现在通行的汉字形体为标准。除了习惯使用的汉字数字，一般使用阿拉伯数字。㉜但各图书馆和藏书机构在对馆藏民国文献进行馆藏编目时采用的分类体系不尽相同，主要有四种情况：一是采用中国图书馆分类法；二是采用刘国钧分类法；三是采用中国科学院图书馆图书分类法；四是采用中小型图书馆图书分类法等其他分类法。采用不同分类法编制书目数据给基于学科类目进行分卷造成了一定的困难。

在民国文献普查工作启动之初，国家图书馆组织专家制定了《民国时期图书联合目录数据暂行标准》（简称《暂行标准》）和《民国时期图书联合目录数据制作阶段性要求》作为成员馆提交数据的标准规范。《暂行标准》规范了民国图书著录的格式，使民国图书的著录工作有了明确的依据。该标准中涉及民国图书版本信息的字段，主要有 091 统一书刊号、205 版本项、210 出版发行项、215 载体形态项、300 一般性附注、305 版本与书目严格附注、306 出版与发行附注、307 载体形态附注、310 装订及获得方式附注等。著录的对象是民国平装书，在实际工作中，基本是把民国平装书作为现代图书进行处理。按照《暂行标准》对民国平装书进行著录，与按照《中国文献编目规则》（第二版）和《新版中国机读目录格式使用手册》对现代图书进行著录一样，只是在表述上考虑了民国平装书的特点，例如货币单位、版次、出版发行者等。

"革命文献与民国时期文献联合目录"是"民国时期文献保护计划"的普查数据发布展示及服务平台，于 2012 年建设开发，同年投入使用。该联合目录系统是各个成员馆提交的书目数据和馆藏数据的集中展示平台，为普查工作提供数据检索查询服务。截止到 2015 年底，普查平台共汇聚国家图书馆、上海图书馆、南京图书馆、重庆图书馆等 14 家单位的民国文献书目数据 30 余万种，馆藏数据 66 余万条，其中国家图书馆的 2 万余种文献可以提供全文阅览与目次检索。

3. 民国期刊和报纸

期刊编目分为期刊著录和目录组织两步。期刊目录也是一种报道和检索期刊的工具。在期刊的发展初期，其著录内容、著录格式都采用与图书相同的方法。在很长一段时间内，图书馆按照传统的图书馆学观念，并没有把期刊当作书刊文献的一大部类来看待，而是采取了与图书相同的编目方法。期刊著录的依据主要有《中国文献编目规则》、《连续出版物著录规则》（GB/T 3792.3—85）、《中国机读目录格式使用手册》、《CALIS 联机合作编目手册》等。

随着我国编目事业的发展，国家标准局根据中华人民共和国国家标准《文献著录总则》（GB 3792.1—83），并参照《国际标准书目著录（连续出版物）》即 ISBD（S）的原则制定了中华人民共和国国家标准《连续出版物著录规则》（GB 3792.3—85），该规则 1985 年 2 月发布，并于 1985 年 10 月 1 日开始实施。《连续出版物著录规则》（GB 3792.3—85）规定了包括期刊在内的连续出版物的著录项目、项目顺序、项目标识号，用以组成统一的著录格式，并用于编制连续出版物目录。与图书相比，连续出版物著录项目设置的主要特点是，增设了"卷、期、年、月或其他标识项"，删除了"提要项"和"排检项"。这些改动是与连续出版物本身的特点相适应的。

民国期刊目录的编制原则与编制方法，基本上与图书目录相一致，但也有它的特点。目前，大多数图书馆都使用字顺目录和分类目录，目录组织的依据是标目。期刊刊名字顺目录与图书书名目录一样，其汉字排检方法主要有汉字笔画笔形法、拼音法和四角号码法三种；期刊分类目录则因所采用分类法不同而有所区别。还有的藏量不多的公共图书馆，直接采用编号的方法对馆藏民国文献进行编目排架。

报纸是连续出版物的另一重要类型。与期刊相比，在内容上它以报导新闻、消息、动态为主，这是报纸的一大特征。从形式上看，报纸是不装帧的，不仅没有封面，也没有刊名页、目次等。从出版频率来看，报纸的出版周期更短，一般为日报、周报、旬报等。民国报纸属于过期刊物，一般按月装订，也有的将两个月或三个月同一种报纸，按月份以从小到大的顺序清点齐全，然后装订成册进行编目。其著录格式与期刊基本相同。报纸款目中载体形态项只著录开本，馆藏项只著录年、月，不计期数。

参 考 文 献

［1］卢子博 . 南京图书馆志：1907—1995［M］. 南京：南京出版社，1996：53-55.

［2］刘俊 . 国家图书馆近年古籍采访的现状与思考 . 新世纪图书馆［J］.2018（06）：26.

［3］高军善 . 论图书馆整体捐赠文献资料的系统性及相关工作［J］. 图书馆学研究，2019
（03）：39.

［4］孙凤玲，安勤 . 民国时期图书馆文献捐赠探析［J］. 上海高校图书情报工作研究，
2018，28（04）：40.

［5］苏全有，张亚楠 . 民国时期图书馆图书的捐赠主体述评［J］. 山东图书馆学刊，2016
（06）：1-6.

［6］李明杰 . 简明古籍整理教程［M］. 武汉：武汉大学出版社，2018：55.

［7］全勤 . 南京图书馆馆藏民国文献源流、建设及特色［J］. 国家图书馆学刊，2013（3）：
92.

［8］杨健，程仁桃 . 浅谈馆际古籍复本交换［J］. 图书馆工作与研究，2008（11）：46.

［9］卢子博 . 南京图书馆志：1907—1995［M］. 南京：南京出版社，1996：56.

［10］［13］全勤 . 南京图书馆馆藏民国文献源流、建设及特色［J］. 国家图书馆学刊，2013
（3）：93.

［11］陈桂香 . 重庆图书馆馆藏民国文献源流、特色及数字化[J]. 数字与缩微影像，2014（3）：
25.

［12］张辉 . 图书馆馆藏资源建设与文献采购招标工作全书：中［M］. 北京：中国教育出版社，
2009：384.

［14］马国庆 . 中国传拓技艺通解［M］. 北京：人民美术出版社，2012：9.

［15］李海燕 . 山西省图书馆保护民间石刻的探索［J］. 晋图学刊，2015（03）：58.

［16］汪涛，尚丽，张艳利，等 . 信息时代图书馆文献资源建设理论与实践［M］. 天津：天
津科学技术出版社，2014：182.

［17］俞君立，陈树年 . 文献分类学［M］. 武汉：武汉大学出版社，2015：2.

［18］俞君立，陈树年.文献分类学［M］.武汉：武汉大学出版社，2015：56.

［19］李明杰.简明古籍整理教程［M］.武汉：武汉大学出版社，2018：61.

［20］黄建年，胡唐明，侯汉清.古籍分类的典范：《中文普通线装书分类表》源流、演化与
　　　时代的适用性［J］.上海高校图书情报工作研究，2018，28（03）：81.

［21］韩春平.全国古籍普查平台分类问题试析［J］.图书馆学刊，2019，41（12）：90.

［22］吴稌年.图书馆活动高潮与学术转型　古近代［M］.北京：兵器工业出版社，2005：
　　　186.

［23］周继良，周绍萍，张燕飞，等.图书分类学［J］.湖北省高等学校图书馆工作，1985（05）：
　　　126.

［24］荣杰.国家图书馆藏民国文献调研与分析［J］.国家图书馆学刊，2012，21（04）：
　　　30-34.

［25］《中国图书馆图书分类法》编委会.《中国图书馆图书分类法·期刊分类表》实用指南［M］.
　　　北京：北京图书馆出版社，1998：19.

［26］北京图书馆报纸期刊编目组.北京图书馆馆藏报纸目录［M］.北京：书目文献出版社，
　　　1981：1.

［27］上海图书馆.上海图书馆馆藏中文报纸目录1862—1949［M］.上海：上海图书馆出版社，
　　　1957：2.

［28］张显慧.图书馆古籍编目工作若干问题探讨［J］.河南图书馆学刊，2015（7）：55.

［29］沈蕙.对古籍著录工作的几点思考——以《中国古籍总目》为例［J］.大学图书馆学报，
　　　2020，38（03）：105.

［30］姚伯岳.我国图书馆古籍编目工作存在的问题及建议［J］.图书情报工作，2020（5）：
　　　29.

［31］刘苏雅.中文文献编目［M］.北京：书目文献出版社，1994：32.

［32］李婧.民国文献普查工作实践与研究［J］.新世纪图书馆，2016（06）：19.

古旧文献安全管理

一、古旧文献典藏

文献典藏就是将已分类、编目、加工、整理好的文献，按照一定的馆藏分布原则，进行合理的保存和管理。典藏是对已经入库的文献即藏书进行组织管理。

（一）馆藏布局

馆藏布局就是把入藏的全部文献按学科性质、文献类别、读者对象、文种等特征划分成若干部分，形成各种功能的书库（包括阅览室），为每一部分文献找到最适当的存放位置。各文献收藏机构有类型和方针任务的差别，又有规模大小的不同，因而其文献的布局是不尽相同的。但是尽管如此，在划分文献布局时，还是应当遵循一些共同原则，才能建成一个科学的文献收藏体系。

馆藏文献布局主要有三个原则：方便用户利用的原则、充分发挥文献功能的原则、文献运转灵活的原则。目前我国图书馆的藏书模式主要以三大块模式和三线制模式为主。三大块模式是我国图书馆的传统布局模式，按照文献的利用率及服务方式把文献库分为基本库、辅助库、专门库。基本库收藏所有类型的文献，辅助库入藏具有现实针对性、利用率较高的文献，专门库保存一些需要特殊保管的文献。三线制模式是按照文献利用率高低、新旧程度、服务方式，将馆藏文献依次划分为三个层次：一线为开架辅助库，存放利用率最高、针对性最强及最新出版的文献，供读者开架借阅；二线书库为闭架式或半开架辅助书库，存放利用率较高、参考性较强及近期出版的文献，供读者借阅；三线书库为典藏书库，存放利用率低、过期失效、内部控制的各类文献。

　　按照我国图书馆的三大块模式，古旧文献要入藏专门书库。按照三线制模式，古旧文献应放在典藏书库，属于利用率低、内部控制的文献。在文献布局的空间结构上，现在公共图书馆使用面积越来越大，藏书总量越来越大，功能越来越多，文献空间布局多采用复杂混合的交叉模式，古旧文献保存书库与阅览室位置水平或垂直都是可以的。但是由于古旧文献的特殊价值，特别是珍本善本书库、字画库等，出于安全的考虑，应该选取公共图书馆馆舍中相对隐秘的位置，避开读者人流多的地方。

　　古旧文献不同于现代出版物，不能开架流通。公共图书馆应该设置特别的书库来保存，通常称为特藏文献库。特藏文献库也称专门文献库，是为适应某一类型出版物和某类特藏文献在管理与使用中的特殊要求而设立的。特藏文献库的收藏范围包括珍本、善本、手稿、地方文献、民国文献等，它们可在一定程度上反映文献情报机构的收藏特色，多是长期积累起来的。特藏的文献主要用于专门参考，一般是特种文献，对其使用往往有特殊规定，一般不外借。

　　公共图书馆的古旧文献，可按文献的类型设立特藏文献库，如金石库、舆图库、善本库、报刊库等。也可以按文献内容特征来设立，比如地方文献库、名人文库等。公共图书馆可按照本馆古旧文献的实际情况来设置书库，把同类型的古旧文献与其他类型的古旧文献区分开来，以方便分类排架。同时，数量有限、不形成特色专藏、不具备单独设立专藏条件的古旧文献，可适当选择存放方式。如国家图书馆设有手稿专藏及抄本、刻本、善本专藏等。上海图书馆典藏历史文献的书库有善本书库、普通古籍书库、碑帖书库、家谱书库、近代文献珍本库、近代文献流通库等。大中型公共图书馆有地方文献专藏、历史文献专藏、古籍善本专藏等。

古旧文献设立分类典藏书库，可以便于分类排架，便于库房设施设备建设，便于库房条件控制，也便于工作人员查找利用。同时，古旧文献特藏书库也要适当预留空间，为将来补充入库的文献留下存放位置，以免造成倒库的压力。

（二）文献排架

文献收藏机构将所收藏文献按一定的次序存放在书架上的工作活动，称文献排架。文献排架的目的是将馆藏文献有序地排列在书架上，并形成一定的检索系统，使每一种文献在书架上都有固定的位置，工作人员和读者根据排架方法，能准确地查找到所需文献并将文献归架。馆藏文献排架方法，按文献的特征，可分为两种类型：一种是以文献的内容特征为标志的内容排架法，包括分类排架、专题排架，其中，分类排架是主要的；另一种是以文献的外在特征为标志的形式排架法，包括字顺排架、登记号排架、固定排架、年代排架、书型排架、文种排架和文献装帧形式排架等。其中，字顺排架、登记号排架、固定排架是最常见的几种排架法。**1**

古旧文献采取不同的方法进行分类，其作用之一就是便于馆藏分类排架。给古籍排架，如果选用的是《四库全书总目》分类法，就直接按经、史、子、集的部类排列，同一类目下可按作者的朝代顺序排列。因为《四库全书总目》分类法本身没有分配号码，有的图书馆就直接用类目名称按字顺排列，也有的图书馆自己配上号码代表相应的类目名称，如用阿拉伯数字"1、2、3、4"或用干支"甲、乙、丙、丁"、汉字数码"一、二、三、四"等。考虑到古籍数字化检索的需要，在使用数字配号时，还是采用阿拉伯数字为宜，这样便于计算机处理。如果选用的是《中国图书馆图书分类法》等新式分类法，则有下列两种排架方法。

一是按古籍的内容属性排架，即分类排列法。它是依《中国图书馆图书分类法》等新式分类法对古籍进行分类，按分类号依次对古籍进行排列；同类的古籍，再依种次号排列。所谓种次号，就是表示同类书排列先后次序的号码，可按著者姓名字顺、书名字顺、出版年代顺序或登记号顺序排列；同一古籍的复本、注释、考订之作，再在种次号后面加上其他区分符号，如复本号等。分类排架法是图书馆采用比较普遍的一种古籍排架方法。其优点是：藏书排列有一定的逻辑体系；同一类古籍及其复本、不同版本可以集中在一起，便于按内容系统取书和归架。其缺点是：索书号由分类号、种次号、复本号或其他区分符号组成，显得过于冗长；有的分类号下并没有古籍，但必须预留书架的位置，造成书库空间的浪费；每增加很少的几种古籍，都有可能造成倒架。不过由于古籍是历史遗留物，其品种和数量的增加都极为有限，大多数图书馆都采用这种排架方法。

二是按古籍的形式特征排架，主要有登记号排架法、固定排架法、字顺排架法、年代排架法、地区排架法、版型排架法等。登记号排架法，就是直接把古籍的财产登记号作为索书号，依次上架的排列方法。它又可以分为一部一号与一册一号两种。实践证明一册一号优于一部一号，原因是前者更符合财产登记的规范，而且对于大部头的多册次古籍而言，按原有的卷次顺序加上登记号排列，操作相对简单得多。固定排架法，即按古籍到馆的先后顺序，编成固定的排架号上架，其索书号由架号、层号、列号组成。如 254/7，表示该书固定放置在第 25 排书架的第 7 层第 4 列（摞）。字顺排架法，就是按照古籍书名或著者姓名的字顺排列。年代排架法，就是按照古籍出版的时间顺序来排列。地区排架法，是按照古籍出版地区的划分来排列。版型排架法，就是按照不同的版本类型（如写本、拓本、刻本、活字本等）分类排列，同一类型下再按其他顺序排列，如出版时间等。按照书籍的形式特征来排列古籍，操作方法相对简单，便于清点管理古籍，且节约书库空间，不存在倒架的问题，但缺点也很突出，主要是藏书组织缺少系统逻辑性，同类书和同种书的复本及不同版本不能集中在一起，不便于流通与利用，尤其是无法开架阅览：因此只适合古籍馆藏量较少的图书馆采用。[2]

公共图书馆的民国图书采用多种类型分类法排架，如"人大法""刘国钧分类法""科图法"等，在分类法下再依据种次号进行排列。因为民国图书存世数量大，很多公共图书馆藏量较多，用学科分类法组织排架能够反映文献的学科属性，构成完善的分类体系，也便于直接从架上检索。

民国的报纸期刊，一般读者习惯按题名查找，可采用题名字顺法排列，同种刊物再按年代排架法排序；也可以按照地区排列，再按照题名字顺或者拼音排列。也有的公共图书馆对民国期刊采用和图书一样的分类法，或者自行编制了本单位的分类表，进行学科分类排架。民国报纸分类相对简单，有的公共图书馆按地区分类或者年代分类，然后按照报名字顺排列。字顺排列可以采用汉语拼音法、四角号码法、笔画笔形法等。

其他特殊类型的古旧文献，比如舆图、字画、契据、碑帖、家谱等，公共图书馆收藏不多的情况下，可以根据登记号排架或者采用固定排架法。登记号排架法，是按照馆藏文献的个别登记顺序排架的方法。对于古旧文献来说，就是图书馆为入藏的古旧文献编制的个别财产登记号。固定排架法，是按照文献资料的固定编号顺序排架的方法。图书馆给每件入藏的文献资料，按到馆先后次序分别编制一个固定的排架号，这个固定排架号由四组号码组成：库室号、书架号、格层号、书位号。这两种方法优点在于号码单一，位置固定，易记易排，节省空间，不会产生倒架现象；缺点是同类同复本文献不能集中在一起，不便直接在书架上浏览文献。这些文献还可以采用地区分类法、年代排架法进行分类排架，然后采取字顺法进行下一步排列。

不论是哪种排架方式，都存在优缺点。公共图书馆要依据文献实际状况，合理分析，谨慎选择，因为被采用的排架方法将会在很长一段时间内影响馆藏文献的保护和利用，影响公共图书馆后续人力、物力的投入。如果出现不适应现实发展的状况，要全部进行转换，也是非常困难的事情。

（三）文献保管

收藏文献的目的是利用，而利用则必须以文献资源的有效保管为前提。有效地保护好馆藏文献，延长其使用寿命，为现在和将来的人们利用这些文献资源创造条件，发挥文献资源潜在的使用价值，是文献保管单位的重要任务。各种类型的文献载体都会受其保存环境的影响。热量、水分、光照和各种污染物可能会制造并催化一些破坏性的化学反应，温暖或潮湿的环境可能会加速霉菌及昆虫的繁殖，这使得文献资料，尤其是纸质品，容易受环境影响而损坏。依靠对各种环境因素的控制，构建适当的文献保存环境，可以在一定程度上减缓文献的损坏速度，延长文献的保存及使用寿命。对文献载体产生影响的主要环境因素包括温度与湿度、光照、空气污染、生物侵害等，因此，构建文献保存环境也需要从这几个方面综合考虑。

古旧文献书库的建设，可供借鉴的标准规范有：《图书馆古籍特藏书库基本要求》、《民国时期文献库房建设规范》、《室内空气质量标准》（GB/T 18883—2002）、《公共图书馆建筑防火安全技术标准》（WH0502—96）、《建筑照明设计标准》（GB 50034—2018）以及《信息与文献 图书馆和档案馆的文献保存要求》（GB/T 27703—2011）等。

1. 温度与湿度

温度是表示物体冷热程度的物理量。温度是物质分子、原子无规则运动的宏观表现，是用来衡量物体冷热程度的状态参数。文献保存环境中所提到的温度，指的是环境中空气的温度。目前，国际上常用的温度衡量标尺有摄氏温标、华氏温标和绝对温标。绝对温标也叫热力学温标，是目前国际上通用的一种温标，单位为开尔文（Kelvin，K）。欧美国家常用华氏温标，单位为华氏度（℉），而我国习惯使用摄氏温标，单位为摄氏度（℃）。文献保存环境中的空气温度以及文献自身温度过高过低都会加速文献的老化甚至毁坏文献。湿度用来表示空气潮湿或干燥的程度，有不同的表示方法。单位体积空气中实际所含的水蒸气的量称为绝对湿度，一般以 g/m^3 为单位。相对湿度是指空气实际含水量与饱和状态含水量的百分比，可以反映空气含水量距离饱和量的程度。因此，相对湿度的概念可以说明空气潮湿的程度。温度与湿度是紧密联系、相互影响的，一般温度高，湿度就会降低，但部分地区存在高温潮湿并存的局面。保存环境的温湿度条件是影响文献保存及利用的重要因素，不适宜的温湿度会大大缩短文献的使用寿命。

加速文献载体的变质老化。脆化是纸张和其他一些有机材料（如皮革、纺织品、磁带等）发生化学变质的表现之一，温湿度在材料脆化过程中起主要作用。温度过高时，文献载体因辐射变质的活化分子较多，变质反应速度就会加快。一般来说，温度每上升 10℃，反应的速度就会加倍。而纤维素相关实验证明，即使在完全排除光照、污染物以及其他影响因素的情况下，温度每上升 5℃，材料的变质速度也会加倍。文献载体因受热，水分也会蒸发，造成脱水、脆化和变形，胶黏剂也会因发干而失去粘贴的功能。同时，空气中含水量不变的情况下，温度突然降低会造成水汽凝结，进而形成液态水凝聚在温度下降的载体表面。这种温差变化幅度越大，频率越高，文献载体变质老化的速度也越快。低温环境有利于延缓文献材料变质，但相对湿度太低并不利于文献的保存。纸张在湿度太低时，会变得非常脆弱易碎，不能触碰。

导致文献载体的形变。环境温湿度的波动对文献保护具有极大的破坏性。包括纸张在内的很多文献载体材料具有吸湿性，非常容易吸收和释放水分。这意味着当环境温度升高、相对湿度降低时，纸张会将水分释放到空气中以保持相对平衡的状态；当环境温度降低、相对湿度升高时，纸张又会从空气中重新吸收水分。在这个过程中，环境含水量的变化会导致材料膨胀和收缩，从而产生物理性应力，引起纸张起皱、油墨脱落、书籍封面扭曲变形、胶片上的感光乳剂剥落等现象。有些文献载体是由几种不同的材料加工组合而成的，不同的材料膨胀系数不一，随温度波动膨胀或收缩时，还可能导致复合性载体结构破裂。实验证明，当相对湿度在 40%~70% 时，纸张的耐折强度最好；相对湿度在 30%~60% 时，纸张的耐拉强度最佳。为使古籍纸张保持较适宜的含水率和较好的机械强度，书库的相对湿度应为 40%~65%。

引起生物侵害。水分对有害生物的生长、繁殖有着重要的意义。当环境湿度较高时，有害生物容易获得水分，维持体内含水量，保证其生长及发育的速度。如果环境湿度低于一定标准，昆虫体内的水分会经由体表蒸发，体内含水量降低，导致发育停顿甚至死亡；微生物孢子在较干燥的环境中也会进入休眠期。一定的温湿度条件下，生物、微生物的繁殖和发育的速度会加快，文献表面容易生成酸性物质，同时也间接地增加了虫蛀、鼠啮和霉变的可能。水分是昆虫维持生命的必要物质，古籍中的害虫大多喜湿趋暗就是这个原因。当相对湿度在 70% 以上时，昆虫就会大量繁殖。所以为防止虫害对古籍的侵袭，书库的相对湿度也应控制在 65% 以下。此外，过湿环境也会使纸张变潮发生水解，使得耐水性差的字迹褪色，模糊不清，从而使文献损坏加速。[3]

我国《图书馆建设设计规范》规定：基本书库的温度不宜低于 5℃ 和高于 30℃；相对湿度不宜小于 40% 和大于 65%。特藏书库温度应保持在 12~24℃，日较差不应大于 ±20℃；相对湿度应为 45%~60%，日较差不应大于 10%。缩微胶片库的温、湿度应按胶片保存时间（长期、短期）、胶片性质（母片、拷贝片）、胶片种类（黑白、彩色）、胶片类型（银盐醋酸片基、银盐聚酯片基）的不同分别确定；长期或永久保存的胶片库，温度应低于 20℃，中期保存的胶片库，温度不应超过 25℃，并应避免温度、湿度在短时间内的周期性剧烈变化。

因此，古旧文献库房应该设置恒温恒湿中央空调系统，或者恒温恒湿空调机组。不具备条件的公共图书馆，应该配备空调、除湿机和加湿机等设备以控制环境温度和湿度。恒温恒湿是文献保护最理想的状态。温湿度调控设备一旦启用，温湿度条件达到文献保护标准后，就应保持稳定。如果设备开关频繁或经常变动设置，会引起温湿度反复急剧变化，非常不利于文献的保存。

2. 光照

光是电磁波的一种形式。可见光的波长位于电磁波谱的中间位置，为 780~400 纳米；紫外线的波长比可见光略短，在 400 纳米以下；红外线的波长比可见光略长。这几种类型的光对文献都有损害作用，其中，紫外线的能量最高，破坏性也最强。光按照来源不同，可以分为自然光和人造光。自然光也就是阳光中，紫外线含量约为 5%，可见光约为 40%，红外线为 55%。比起大多数人造光来说，自然光太过明亮、强烈，对文献的损害极大，因此图书馆和档案馆都应避免自然光照射。在文献保藏机构中，目前使用的两种主要人造光源是白炽灯和荧光灯。随着制造技术的发展，不断有新型光源推出。

光照对文献的破坏程度主要取决于光照强度和光照时间两个因素。文献暴露于光照强度越大、时间越长的环境中，受到的破坏程度就越大，文献载体也更容易变色、发黄、脆化，颜料也会褪色。光照对文献载体的危害，一般认为是光热作用与光化学作用造成的。光热作用容易造成纸张纤维素的断裂，紫外线短波对纸质文献危害最为严重。光化学反应会逐渐破坏文献材料属性与外形。文献载体尤其是纸的主要原材料是植物纤维，在光照作用下会发生光氧化反应，降低文献载体的拉伸强度，造成载体的抗拉强度、弹性模数和透明度等下降。新闻纸主要由机械木浆制成，纸张中含有大量木质素。木质素容易氧化，尤其在光照条件下氧化得更快，造成纸张发黄变脆。值得注意的是，人工照明有时也会产生这样的效果，如荧光灯、氙气灯等。光照对文献的破坏最为广泛和持久，且不易察觉。

我国图书馆、博物馆等文献收藏机构的建筑设计规范中规定的自然采光标准不低于《建筑采光设计标准》（GB 50033—2013）中的规定。在古旧文献书库的照明设计上，应选用绿色节能光源，不宜采用白炽灯和高压汞灯。缩减可见光照时间，能够减少对文献的长期损害。因此，文献平时可以保存在避光的贮存区域，需要时才取出使用。专门的贮存空间在建造时可以不设窗户，或是将所有的窗户密闭。自然采光的库房，应该采用紫外线玻璃和遮阳设施，防止阳光直射。贮存空间的照明应选择白炽灯，并在不用时保持关闭状态。库房照明和采光应消除紫外线或减轻紫外线对文献的损害。库房紫外线含量应小于 $80 \mu W/lm$。常用的紫外光过滤材料包括丙烯酸树脂、醋酸纤维素薄膜等。阅读文献时，应尽量使用白炽灯。如果需要使用荧光灯，则必须与紫外线过滤器配合。紫外线过滤器有一定的使用寿命，使用过程中应定期测量环境中的紫外线强度，以确定过滤器是否需要更换。有条件的，尽可能为文献配备装具，比如函套、夹板、木匣、箱柜等。密闭的装具可以防尘、防光、防污染。在文献使用区域，窗户应有窗帘遮挡，避免阳光直射。这样做也可以减少室内外热交换，有助于环境温度的控制。

　　3. 空气和灰尘

　　空气是构成地球周围大气的气体，主要成分是氮气和氧气，还有极少量的氦、氖、氩、氪、氙等稀有气体和水蒸气、二氧化碳、甲烷、笑气（氧化亚氮）、臭氧、氢气等。大多数文献需要保存在充满空气的环境中，空气质量是影响文献保存的重要因素之一。空气中的污染物主要分为两个类型：有害气体和尘埃微粒。

　　有害气体主要来源于燃料的燃烧、工业污染、汽车尾气排放、动植物腐烂及文献保存环境中的设备及家具。文献载体一般具有吸附空气中有害气体的能力，有的载体材料还具有吸留能力。这些有害成分聚集在文献载体的表面，逐渐渗透到载体的内部，并发生化学反应，从而破坏文献。有害气体主要是酸性和氧化性气体。酸性气体在载体内部形成酸，酸化载体材料。氧化性气体通过氧化作用造成载体变质。二者都具有强烈的腐蚀作用，能破坏载体材料，使文献的机械强度和物理性能发生改变。有害气体对文献载体的危害过程往往与温度、湿度等因素相关，高温高湿环境下危害程度更深。尤其是现代工业废气中最常见的二氧化硫，对古书的危害最大。它被纸张吸收后，可以生成破坏纸张纤维的硫酸

（H₂SO₄），而硫酸能切断纸张纤维素分子的合链，引起纤维素分子的水解，从而大大降低纸张的机械强度。被硫酸破坏的古籍，书页发脆，经不起折叠，甚至一触即碎。其他如三氧化硫、硫化氢、氯等溶于水后都呈酸性，氨溶于水后在细菌的作用下会转化成亚硝酸和硝酸，也是酸性的，它们对古籍的损害过程大体与二氧化硫相似。氨和臭氧还能使古籍的纸张变色。

尘埃微粒来自自然界变迁和人类生产生活两个方面。尘埃微粒呈固体状态，形状不规则，容易磨损文献；微粒本身构成复杂，且容易吸附气体分子，具有不同程度的酸性或氧化性，易腐蚀文献；尘埃微粒还具有吸湿性，在环境湿度较高的情况下大量吸附水分子，形成微小水滴，使文献受潮；尘埃微粒也为有害生物的生长、繁殖提供了有效的掩护，甚至可能成为微生物（尤其是霉菌孢子）的传播者。空气中的尘埃微粒甚多，腐蚀性和营养性的颗粒都有。沉积在书面上的灰尘，时间长了会形成一层难以消除的灰黑色物质，既会腐蚀古书，也容易滋生微生物。灰尘中的黏土在湿度超过70%时，会使纸张粘连在一起形成饼状，难以揭开。空气中的有害气体和尘埃微粒含量可以参照国家标准《室内空气质量标准》（GB/T 18883—2002）中的方法进行采样和比对，判断是否达到了空气污染程度。空气自由流动，其质量控制相对比较困难。公共图书馆能做的是努力减轻室外空气对室内文献的危害，并杜绝新的污染源产生。

公共图书馆选址应尽可能避开工业园、大型厂矿、码头、繁华街道等污染较重的地区，这是减轻文献保存环境空气污染程度最有效的办法。虽然空气污染物会随着空气的流动四处扩散，但离污染源越远，污染物的浓度就会越低。提高文献存放空间的密闭程度有助于阻挡室外空气污染物进入室内。在设计时应选择密闭性好的门窗，并加装密封条，如果有条件可以安装双层门窗以提高库房的密封性。需要注意的是，缺乏通风的长期密闭，反而有可能使库房内空气污染物浓度增加，因此，密闭措施须与适时通风换气相结合。还有一项措施是将文献资料存放在密闭装具中，减少空气污染物与文献的接触机会。一些新型的装具制作时采用了活性炭或沸石等分子筛材料，可以吸附污染物，对文献保护尤其有效。

古旧文献书库的通风系统和空调设备应该设置粗效和高中效两级空气过滤装置，并安装化学过滤器，以过滤空气中的灰尘和二氧化硫、二氧化氮等酸性气体，以及挥发性有机化合物。过滤器的滤料应经常更换或者清洗。库房内不放置缩微胶片以及其他可能释放酸性物质或氧化物质的物品。库房内不能使用会产生臭氧的静电空气过滤器。

4. 有害微生物

对文献有害的微生物主要是部分细菌与霉菌，它们能够在库房的一般条件下生存。有害微生物在代谢中分泌出能够分解或液化文献制成材料的酶，使载体失去原有的物理和化学性质，降低纸张的机械强度，使淀粉黏胶失效。有害微生物还会生成多种有机酸，使纸张酸度增加，给纸张带来极大的危害。有害微生物在代谢过程中能吸收环境中的水分，使纸张含水量增加，有时还会出现水滴。水滴与纸张中的胶类物质作用，可使纸质文献黏结并呈浆状。如果纸质文献在经雨水浸泡后，又受到有害微生物长期浸染，尘埃堆积，一段时间后就会砖化。霉菌与大部分纸张中含有的微量元素作用时，会在纸张表面形成浅褐色霉斑。这些霉斑能遮盖文献中的字迹，严重时会影响阅读。

有害微生物的预防指的是采取一定措施，防止或抑制以霉菌为主的微生物在文献保护环境内的繁殖和生长，避免对文献材料的破坏。霉菌等微生物繁殖和生长与环境的温湿度有关。要预防霉菌等有害微生物，就要将环境温湿度长年控制在不适宜其生长的范围内。一般来说，温度控制在21℃以下，相对湿度控制在55%以下（最好能低于45%），能够有效地预防微生物的侵害。保持文献保存环境的洁净也是预防微生物侵害的重要措施。要做好文献保存环境的日常清扫工作，可能接触文献的工作人员也须严格遵守库房清洁制度，减少文献受污染的机会。文献保存区域的空气也应经常进行过滤和净化。新入藏文献必须经仔细检查，进行灭菌处理后方可上架，排架时避免放置于地板、墙壁、天花板附近，不应排列太紧，并保持通风。在文献保存区域、文献装具上施放化学药物，以影响有害微生物的生理活动和代谢机制来达到抑制有害微生物生长繁殖的目的，也是文献保藏机构常用的防治方法。

物理灭菌法是利用物理因子对文献有害微生物菌体作用，使其机体死亡的方法。常用的物理灭菌法主要有冷冻真空干燥灭菌、微波辐照和 γ 射线照射三种。冷冻真空干燥灭菌就是将温度逐渐降到冰点，使菌体细胞原生质内的水分变成许多小晶体，破坏原生质的胶体状态，造成菌体破裂死亡。同时抽去空气使环境呈低氧或绝氧状态，抑制正常呼吸，导致菌体脱水和盐分浓度增高，抑制菌体代谢活动正常进行。利用微波辐照，使有害微生物脱水、蛋白质凝固，进而死亡。利用 γ 射线照射，使有害微生物活性酶失活、DNA 降解或其他物质分解，从而使其死亡或发生诱变。化学熏蒸法也可防治有害微生物。常用药物为甲醛，它是一种无色气体，有特殊刺激味，易溶于水。作为一种原生质毒剂，甲醛具有强烈的杀菌防腐作用，其杀菌机理是凝固菌体蛋白质，使菌体脱水后死亡。**4**

5. 虫害

大部分侵害纸质文献的昆虫对纸张本身并不感兴趣，而是以文献中的涂料、黏结剂、糨糊等材料为食，这些材料比纸张中的纤维素更容易消化。也有些昆虫以纤维素（主要存在于纸张和硬纸板中）和蛋白质（主要存在于羊皮纸和皮革中）为食。昆虫不仅蛀蚀纸张，而且在纸质文献中钻洞、筑穴、排泄，这些行为都会损害文献。侵蚀文献最常见的昆虫主要有毛衣鱼、书虱、皮蠹和衣蛾以及多种蚁类等，这些害虫蛀蚀文献载体、破坏装具甚至毁坏建筑，其排泄物还会污染文献。

现代防治虫害的方法有预防和治理两种思路。预防是依靠日常维护和库房内部清洁工作，清除适合昆虫生活的环境，从而控制害虫在文献保护环境中的生长繁殖，达到限制或消除虫害的目的。主要措施包括建筑巡查及维护、气候控制、限制馆内的食物和植物、定期保洁、合理储存、新入藏文献的检查，以及对害虫的常规监测。治理主要是对已经发生的虫害进行消杀，包括化学杀虫法和物理杀虫法两类。化学杀虫法是使用化学药剂引起害虫生理机能严重障碍以至死亡的方法。目前常用的化学杀虫法有熏蒸、辐照等法。熏蒸法灭虫见效快，范围大。常用的熏蒸剂有磷化铝、溴甲烷、环氧乙烷、敌敌畏、硫酰氟等，将生虫的书放入密封的房间，每立方米放 7 克磷化铝片剂，6 天虫子即可被杀死。一些大型的文献机构在对将入库的文献进行消毒时，多采用溴甲烷在真空器内熏蒸杀虫。采用 γ 光线进行辐射杀虫，这种方法不会对纸张、字迹色彩及装帧材料产生损害，也不存在放射性污染，是一种较为先进的驱虫方法。物理杀虫法是指利用物理方法破坏害虫的生理机能，使之不育或死亡，以达到防治害虫的目的。目前使用的多种物理杀虫法，效果最好的是低温杀虫法。低温杀虫法已经被文献保藏机构广泛采用，效果比较令人满意。具体操作方法是将遭受虫害的文献密封在袋中，置于冷冻设备中，迅速降温，要求温度在4小时内达到0℃，8小时内达到-20℃。然后再慢慢升高到室温。可以将以上整个过程重复几遍以保证除虫效果。低温杀虫法不使用任何化学药品，不会给工作人员带来健康问题。

6. 鼠害

鼠害也对文献长久保存构成严重威胁。老鼠通常有非常锐利的牙齿，终生保持生长，需要通过不断啮咬的动作将牙齿磨短。一旦有这种动物进入文献保存环境，文献、装具、家具、设备、电线甚至建筑本身都容易遭到破坏。它们还会在文献保存环境中到处觅食，随地排泄。各种分泌物如唾液、粪便等将严重污染文献，使字迹褪变、洇化，形成各种斑迹，难以清除。文献纸张被撕咬缺损，并伴有鼠尿侵蚀造成的生霉、粘连现象，容易形成"书砖"。

预防主要采取物理隔离的方法，避免老鼠进入书库。比如，对库房地板、墙壁、天花板、门窗进行填充和加固，阻碍昆虫和老鼠进入。库房门缝隙不大于5cm，可开的外窗设置纱窗。库房内不存放食物，禁止饮食等。治理过程主要是对已经发生的鼠害进行消杀。灭鼠方法有很多种。化学灭鼠法使用药物使鼠中毒死亡，经济迅速，目前使用较多，但使用时须注意安全。物理灭鼠法使用各种器械捕鼠，主要有鼠笼、鼠夹两类。出现较为严重的鼠害的公共图书馆，可以请专业治理鼠害的外包公司进行全面治理。

7. 突发灾害

水灾、火灾、盗窃是突发性的灾害，难以预计和防范，比自然环境对古旧文献的损害更迅速、更严重。古代文献的散佚很多都与突发灾害有关，造成了不可估量的文化财产损失。

对古旧文献造成危害的水灾是由自然和人为两种因素造成的。自然因素主要是洪水、暴雨、海啸等引起的突发性水灾。据统计，我国自宋至近代，有23家私藏文献机构毁于水灾。2002年的中欧水灾给德国、波兰的文献机构造成了重大损失。我国一些落后地区的基层公共图书馆，馆舍条件不佳的情况下，要预防此类自然灾害对古旧文献的损害，比较理想的处理方式是，对本单位的古旧文献进行托管或者寄存，放在保管设施先进的城市公共图书馆。人为因素主要是对书库的设计、维修及管理的失误而造成屋漏地渗、水管爆裂，以及搬运时突然遇雨和发生火灾时用水扑救，致使文献遭到雨淋水浸。对这种灾害的预防，要采用国家标准，加强库房建设。库房设置水灾自动报警器。库房灭火不采用水喷淋的方式。库房内不应有给排水和空调、热力、消防等水管线通过，库房也不应与给排水、空调、热力、消防等水管线相通。地下书库的防水防潮设计要符合国家标准，防水标准要达到一级。库房的底层书架距地面不得少于15cm，等等。

火灾对文献的破坏比任何灾害都要严重，是致命的、毁灭性的。古旧文献以纸质为主，库房一旦起火，火势蔓延迅速，不仅难于扑灭，即使抢救及时，其他灭火的化学剂及水等对古籍的损害也是惨重的。历史上藏书毁于火灾的事例屡见不鲜，历代积累毁于一旦，令人惋惜。据不完全统计，仅从晋葛洪藏书至近代的私家藏书，就有81家毁于火灾。宋真宗大中祥符八年（1015年）三馆秘阁文献36 280卷，失火后全部焚毁。公共图书馆对防火工作必须重视，库房防火首先要远离火源，严禁火种进入库房。库房内不设置插座，不使用电器，不开放时间应完全关电关闸。库房电路要经常检修，线路老化要及时整改。建筑防火应符合国家标准，库房建筑的耐火等级应为一级。库房与其他部分的隔墙应为防火墙。库房及内部防火墙上的门应向疏散方向开启，并且应为甲级防火门。库房内设置火灾自动报警器。库房内配备灭火系统，但不应采用水喷淋、干粉及泡沫灭火系统。库房内要配备合格的二氧化氮灭火器。

古旧文献很珍贵，且轻便容易携带，防盗是古旧文献安全保存的重要一环。公共图书馆是公益性文化机构，古旧文献属于国有资产，加强古旧文献防盗是守护国家公共财产的职责所在。古旧文献书库要设置在馆舍建筑内有利于防盗区域，善本珍本库房尤其要隐秘。书库布局和内部结构要对外保密，非工作人员不打听，不宣传。公共图书馆的古旧文献要设立专职的管理岗位，由专人管理。要建立严格的古旧文献出入库手续，对文献和人员的进出进行严格管控。任何文献进出都要有全程跟踪记录，落实管理责任。古旧文献要建立完整详细的财产登记目录，管理人员交接时要进行全面清点。库房应采用甲级防盗门，并设置自动防盗报警系统。库房入口应设置门禁系统，入口和库房主要通道应设置视频监控装置。库房窗户应设置防盗设施和安全监控系统。

二、古旧文献修复

古旧文献是以物质载体记录知识信息，物质载体存在形成、发展、衰退的自然过程。加上难以预料的各种自然灾害和人为因素，古旧文献经常会出现破损，慢慢破旧，处于趋于毁灭的境地。对古旧文献进行修复，就是要采用传统的手工修复技艺，结合现代科技方法，把古旧文献损坏部分进行修补，恢复其原来面貌，挽救濒危文献，延长古旧文献的寿命。古旧文献载体形式不一，修复方式方法也存在较大差异。

（一）古籍修复

古籍最主要的载体是纸张。古籍用纸多通过手工，将植物纤维原料经由石灰或碱处理制成，因其含碱性高，加以韧皮植物纤维韧性较强，因此耐久性较好，具有保存时间长的特点。所谓"纸寿千年"，一些古文献历经数百年甚至上千年，仍能完好地流传于世。但是随着时间的推移，多重因素造成了文献损坏。为了保护这些宝贵的文化遗产，千百年来，人们进行了不懈的研究探索，总结出了许多精湛高超的修复破损古籍的技艺，古籍修复逐渐成为一门独立的专业技术。明万历时期，出现了专门讲述书画、古籍、碑帖修复装潢的著作——周嘉胄的《装潢志》。清乾隆年间孙从添编撰的《藏书记要》、1911 年叶德辉编撰的《藏书十约》分别介绍了几种古籍修复技术。20 世纪中期以来，中国古籍修复工作发生了较大变化，古籍和古籍修复人员都向大中型图书馆集中，古籍修复的规模化和集体化成为常态，修复师修复古籍的目的由原来书店的销售转向图书馆的保存和利用。**5**一些高校也开设了古籍修复专业，比较系统地培养修复技术人才，古籍修复工作的科学化、标准化和规范化正在逐步推进。2007 年中华古籍保护计划实施以来，中国古籍修复及其技术应用都是政府主导的。国家古籍保护中心承担着古籍修复标准的制定、古籍修复经验的总结、古籍修复教科书和标准使用手册的编制以及古籍修复实验和研究的职责。《古籍修复技术规范与质量要求》（GB/T 21712—2008）的颁布实施，把中国古籍修复技术体系的构建推进到了一个新的阶段。该标准分为六部分，以明确、具体的规定构建了古籍修复工艺、检验和质量等级等核心技术的指标体系，指导了全国的古籍修复工作。古籍修复的相关标准还有《古籍特藏破损定级标准》（WH/T 22—2006）、《图书馆古籍修复人员任职资格》等。截至目前，我国已公布全国古籍重点保护单位180家。为进一步加强古籍修复工作，在各地申报和专家实地考察、评审的基础上，经审核，国家图书馆、上海图书馆、南京图书馆、浙江图书馆等12家具备较好修复工作条件的全国古籍重点保护单位被文化部确立为国家级古籍修复中心，承担国家珍贵古籍的修复工作。

1. 修补法

古籍常因使用保管不当而破损，如撕裂、虫蛀、鼠咬等都是常见的肇因。遇到这种情况，必须将之修补完整。古籍修补即用与需修文献的纸质、颜色、厚薄相同的纸将破损处修补好，使其完整无缺。修补技能是古籍修复中最基本、最重要的技能，是学习古籍修复必须掌握的一项技能。修补包括溜口技法、补洞技法、挖补技法。

溜口技法：古籍翻阅久了或受到磨损，版心的中缝部位就会开裂，慢慢地一张书页就会变成两张单页，读起来很不方便，也容易撕坏、粘连。用薄棉纸和浆水等把开裂的书口粘接起来，叫"溜口"。溜口技法除了用于修补书口之外，也适用于书页撕裂的修补。

补洞技法：用修补纸将被虫蛀鼠咬等造成孔洞的书页修补完好。

对于书页霉坏的补破，要视具体情况而定。如果霉坏的书页字迹全无，则无法修补了。对于字迹尚可辨认者，如果是全页霉坏，可经漂洗后用托裱法修复；如果是局部霉坏，可在漂洗后用补破法修复。

挖补技法：也称"搓补"，对原件拼接，或对原被挖款、移动印记的部分作恢复等，都可使用挖补的方法进行修复。

2. 托裱法

托裱加固技术是于纸张背面粘贴一张完整补纸的修复方式。适合修补单面印字的纸质文献，因而尤其适合对中国古籍图书、画作的纸张进行加固处理。根据字迹的水溶性情况，托裱可分为湿托和干托两种。古籍在修复时，如遇原件风化焦脆、发霉发酵，纸的纤维失去韧性，或蛀孔连成一片等情况，均需采用托裱的方法进行修复。托裱，即在破损书页的背面裱托上一整张新纸。它可以起到加固书页，延长古书寿命的作用。但是，裱过的书页加厚、发挺，会失去原书纸张的柔韧性。所以，只有当书页老化或糟朽、霉烂、焦脆、虫蛀严重，其破损面积超过50%时，才进行托裱。

托裱有湿托（也称直托）、飞托（也称干托）、覆托（也称搭托）几种。采用托裱方法修补的书籍，书页纸硬发挺，且易被虫蛀，因此在古籍修复过程中，能用修补或衬纸的方法修复书页，则尽可能用修补或衬纸的方法修，要尽量少用托裱的方法。用于书法墨迹装裱的材料多种多样，托裱之前，先要弄清原件的材质及色彩，按不同的类型，采取相应的托裱方法并注意操作程序。■ 湿托适用于非水溶性字迹，是常见的中国书画的加固方法。湿托是托裱过程中，将稀糨糊刷抹在补纸上，等待修补的书页应尽量维持干燥。干托适用于字迹遇水易扩散、洇化、褪色和破损比较严重的纸质文献。干托的操作步骤和湿托类似，只是干托法是指将糨糊刷在托纸上而不是待托裱的纸张上，然后使用吸水纸吸去一定水分，再将待托裱的纸张和托纸粘贴在一起的方法。

3. 揭裱法

纸质文献保存多年以后，由于受潮、虫害、霉变、自然灾害等环境、生物、人为的各种因素相互作用，部分文献的纸张发生粘连，严重的黏结成块，形成像砖块一样的粘连体，难以分离，人们常称之为"书砖"。揭裱技法其实有两道工序，一是将原件揭开或将原先修裱的托纸揭去，二是将原件重新进行修补托裱。

揭裱有干揭、湿揭两种方法。对于黏结不太严重，纸张之间有一定间隙，字迹遇水易扩散的"书砖"，一般采用干揭法。我国传统上使用扁平竹签插入纸张之间的空隙，紧贴纸页向四周轻轻移动，使之慢慢分开的方法。有时甚至可以用双手将黏结不太厉害的纸张慢慢搓开，但是注意用力要均匀，并要随时关注黏结情况，避免揭粘时损坏纸质文献，进而影响其使用。如果文献纸张粘得较牢，可采用湿揭的方法。水冲法，将"书砖"用无纺布包好，斜放在一块平板上，然后放到水池中，用开水冲洗，直至整本纸质文献完全润湿。开水会带走"书砖"表面的泥土、灰尘等杂质，同时溶解部分黏结物，从而方便揭开"书砖"。水泡法，将"书砖"用无纺布包好，浸泡在温水或开水中，使水慢慢渗透进纸张之间的细小缝隙，其间可以用软刷轻按，帮助水进入纸张。蒸汽渗透法，先将"书砖"放入清水中浸泡，使纸张纤维吸水膨胀，使纸张变疏松而便于水蒸气进入，然后用无纺布将其包好放入蒸笼，隔水蒸 1~2 小时。高温水蒸气更易于溶解黏结物，使厚度大、板结硬度大的"书砖"变软脱胶而被揭开。采用湿揭技法修复文献，须加倍小心，操作前首先要观察原件的质地、破损程度，判断画面是否会褪色，然后确定揭裱方案。古籍最好少揭裱或不揭裱，因为揭裱要经历热水闷烫、清水淋洗、化学药品洗霉去污和修补等多道工序，不仅耗时，还会损伤古籍。

4. 去污法

书页的污染分多种情况：有的是在阳光照射、有害气体和灰尘的侵蚀下泛黄或变黑、发灰；有的是受墨汁、羹汤、汗渍、茶水、油蜡等的玷污；有的是在霉菌作用下产生了霉斑；还有的是因受到了蠹鱼或其他有害生物排泄的粪便、虫卵污染。被污染的范围，也有整页被污染和局部被污染两种情况。去污办法很多，应该尽可能分析形成污渍的原因，并结合纸质文献中纸张、字迹的情况确定去污方案。在进行去污之前，应选择一些对使用影响不大的、处于较为边缘的区域进行试验，确认方案的安全性和有效性。如果无法确定修复方案的安全性，最好不要在珍贵的文献上使用。

机械去污法。机械去污主要用于纸张强度较好、灰尘或污斑较厚且易于清除的纸质文献，也可结合溶剂去污一并使用。机械去污主要借助橡皮擦、毛刷、手术刀等工具，依靠机械力量将灰尘和污斑除去。需要注意的是，有些纤维较长的手工纸，在使用机械去污方法时，容易起毛，要尤其小心。除尘是修复的一项基础工作，无论选择何种修复方案，最好对文献先进行除尘处理。这样既可避免修复或使用文献时灰尘再次污染纸质文献，又可避免修复人员受到不明组成成分的灰尘或不明微生物的侵害。纸质文献保存过程中，书口书脊可能积聚大量灰尘，此时可以用羊毛软刷或者排笔等工具将灰尘轻轻刷去。为了修复人员的健康，建议修复人员戴上防尘口罩、手套等防护用具，最好能用通风橱将刷出的灰尘排出室外，或者尽量选择在通风良好的地点进行。有些古籍上的小污点，如蝇屎，较浅的圆珠笔印、墨印等，可以用锋利的小刀轻轻刮去，即刀刮去污。

溶剂去污法。溶剂去污即利用溶剂溶解污渍、污斑以淡化斑渍。水是一种常用的溶剂，属于极性溶剂，具有较强的溶解力，能溶解泥斑、水渍等，对淡化霉斑也有一定作用，并且残留物对纸质文献影响小，不易于损害纸质文献的耐久性。水洗时，一般应先将纸质文献用无纺布分离，避免粘连，再将其放入装有70~80℃温水的容器内，用软毛刷轻刷污斑直至污斑淡化，如有必要应多次换水直至纸质文献表面清洁。对于某些不溶于水的污斑，如油斑、蜡斑、漆斑、黏性胶带残留物等，可以用汽油、无水乙醇、丙酮、苯、甲苯、四氯化碳等有机溶剂去除。使用化学试剂去污时，因有些化学试剂对纸质会起破坏作用，不利于古籍长久收藏，因此非必要时尽量不要采用这种方法。同时去污时要根据配方按比例配制洗污溶液，不可用量过多、漂洗时间过长，珍本古籍等不宜使用化学试剂去污。

氧化去污法。由于霉斑中的色素用水和有机溶剂难以去除，氧化去污法成为去除霉菌生长过程中分泌出的不同颜色的色素的有效方法，但由于氧化剂对纸张中的木质素以及字迹均可能造成影响，损害纸张的强度和耐久性，使字迹变色或者褪色，其残留物从长期来看也会对纸质文献造成一定影响，因而在选择氧化剂、调制氧化剂的浓度时，都须审慎。氧化去污主要采用氯胺T、过氧化氢、二氧化氯、次氯酸盐、高锰酸钾等氧化剂溶液，淡化污斑或者使污斑中的色素氧化后变为无色，从而达到去污目的。氧化剂的氧化能力从强到弱依次为：高锰酸钾 > 次氯酸盐 > 二氧化氯 > 过氧化氢 > 氯胺T。

（二）民国文献修复

我国民国期间印刷出版的文献损毁现象较为严重，其中纸张酸化造成的文献损毁尤为典型。相较于宋元明清时期的文献，民国文献存世不长，但它们却比古籍文献更趋近"死亡"，约70%酸化严重，部分已经无法利用。古籍所用的宣纸大部分采用植物纤维制作，纸张呈中性或碱性，并且在制作时就考虑到了防虫、防蛀等问题，加入了中草药成分，成书一般还有函套在外保护，因此保存相对要好得多。民国正是手工造纸向近代机械造纸过渡的时期，造纸材料混杂，机械造纸制浆工艺落后，文献用纸多为机械磨木浆纸和酸性化学浆纸，酸性强，质量差，保存期短。另外，这一时期的图书装帧形式多数是西式装订，即装订线放在书皮里面，但由于当时的这种装帧工艺还很落后，在使用过程中很容易造成破损。由于资金、场地所限，时至今日，大部分民国图书仍裸露放置在非恒温恒湿、不避光、不防尘的书库中，与当代普通图书"享受同等待遇"。在一些革命老区和基层图书馆里，保管条件甚至更差。根据研究，民国普通报纸的保存寿命一般为 50~100 年，图书的保存寿命为 100~200 年。一些大型文献机构的民国文献库中许多图书的纸张已发黄变脆，严重的已经散成一堆，无法装订。因此，纸张去酸是民国文献保护工作中的重要内容。

1. 脱酸法

目前处理纸张酸化的方法主要是脱酸，包括液相脱酸法（水溶液脱酸法和有机溶液脱酸法）、气相脱酸法、固体脱酸法。这些方法的基本原理是使用碱性物质中和纸张中的酸性物质：将弱碱渗入纸页内部，中和掉已经产生的游离酸，并使脱酸后的纸页保留一定的弱碱性，抑制纤维进一步水解，防止或延缓保存环境中可能的酸性气体对纸张的侵蚀，尽可能恢复纸张的柔软度和耐折度。这对延缓纸张老化大有帮助。

为开展民国时期文献原生性保护，国家图书馆民国时期文献保护中心开展了一系列科研工作。2015 年，国家图书馆古籍保护科技重点实验室在民国时期文献保护计划的支持下，承担了"民国时期文献脱酸研究与脱酸设备研制"项目，2016 年成功研制出一套有效的脱酸工艺和设备，自主研发去酸液并应用于批量文献的去酸。文化部组织的 2015 年度国家文化科技提升计划项目，由南京博物院与南京工业大学、南昌八一起义纪念馆、南京瑞升激光技术有限公司合作承担了"智能化脱酸技术在整本图书保护中的应用研究"项目。该项目以整本图书为研究对象，以具有脱酸、加固、固色等功能的纳米级碱性物质为脱酸剂，采用自动翻页和雾化喷涂相结合的技术，实现对整本图书的智能化脱酸。图书、档案、文物等领域近几年相继都在开展纸张去酸的研究，研究内容主要包括去酸剂的筛选、设备的开发和应用效果的研究等，去酸剂的研制是其中的核心。[7]

液相脱酸法。纸质文献的纸张呈酸性，主要是因为含有较多的氢离子，因此，去酸实质是去除氢离子。液相脱酸法一般采用碱性水溶液或碱性有机溶液，如碳酸氢镁溶液、碳酸氢钙溶液、氢氧化钡甲醇溶液、醋酸镁甲醇溶液、甲氧基甲基碳酸镁溶液等，使之同氢离子中和而达到去酸目的。上述两种碱性水溶液去酸方法一般用于实验室，优点是对环境对人都比较安全，去酸后纸张纤维上有碳酸钙、碳酸镁等碱性残留物，能起到一定的抗酸效果，进一步防止纸张酸化，而且成本低，便于小规模操作。但水溶液去酸一般要先将图书拆成单页，处理完成后再重新装订，周期长，人力花费大，去酸效率较低，不利于规模化处理。而且去酸溶液不能用于水溶性字迹的纸质文献，不能用于严重酸化而过于破碎的纸张，不能用于湿润后容易膨胀变形的纸张，纸张晾干后也容易变形、皱缩、粘连、脱色。有机溶剂脱酸法一般是用氢氧化钡甲醇溶液、醋酸镁甲醇溶液、甲氧基甲基碳酸镁溶液等去酸剂和有机溶剂混合而成的碱性溶液对纸质文献进行去酸处理，由于选用的有机溶剂不含水，能克服部分水溶液去酸的缺点。有机溶剂脱酸法中，纸质文献的纸张干燥迅速，相对不易起皱。但是有机溶剂去酸也存在缺点，例如，有机溶剂一般易燃，有的对人体、环境均有毒性，从而在操作中存在较水溶液去酸更大的危险性，同时，可能与纸张上的印墨、字迹起反应，造成字迹洇化。

气相脱酸法。一般使用碱性物质，如环己胺碳酸盐、吗啡啉、二乙基锌等。使用氨蒸气去酸是利用呈弱碱性的氨气能与纸张中的氢离子作用，生成铵的特点。氨蒸气去酸时间为 24~36 小时。氨气是一种容易购置且价格便宜的化学物质，去酸操作也较为简单。实践证明，氨蒸气去酸法是一种价格低廉、适合大规模处理纸质文献的方法，对文献上的字迹影响甚小。但是，由于去酸后的纸张上没有碱性残留物，又容易恢复酸性。气相脱酸法的特点是可对纸质文献进行大批量处理，处理过程中纸张保持干燥，不会出现皱缩现象，对水溶性字迹也不会产生影响，同时蒸汽能充分渗入纸张纤维中，无需拆装文献，从而能大幅提高去酸效率。但是气相脱酸法的工艺条件要求高，对仪器设备及操作人员的技术水平要求较高，投资大，且一般反应物有毒性，存在安全隐患。

固体脱酸法是指在书页中夹入脱酸纸、碳酸钙、碳酸镁、白垩粉等固态碱性物质，中和纸张酸性的方法。由于一般固态物质难以充分均匀地接触纸张表面，难以渗透纸张纤维，中和纸张酸性的效果较差，一般较少采用，只作为延缓纸张继续酸化的临时性措施。[8]

2. 加固法

民国文献因为酸化，纸张的强度下降，文献上的字迹也可能因磨损而消失。因此，修复人员开始考虑采用加固技术提高纸张以及字迹的耐久性。

托裱法是针对脆化书页而普遍使用的修补方式。民国图书由于纸张老化，书页变脆、变黄，甚至脱屑、掉渣儿，只能利用托裱法将脆化的书页整页托裱起来，利用托纸的拉力强度增强被修复书页的强度。但是民国书基本属双面印刷，正反面均有文字，这时选取的托裱纸张一定要注意其白度、透光度、厚度等因素，以保证托裱后的书页依然可以辨识，既达到保护的目的，又不影响可读性。[9]

薄膜加固技术。薄膜加固是指在单张纸质文献的正反两面或者一面加上一层透明的塑料薄膜，以保护字迹和纸张、方便利用的方法。一些破损比较严重或者暂时难以处理的单页文献，可以采用这种方法进行加固。薄膜加固技术主要有热压加膜和溶剂加膜两种。热压加膜是使用热加膜机在纸张的一面或者两面热压上一层棉纸和热塑性树脂薄膜（如醋酸纤维素薄膜、聚乙烯薄膜或聚酯薄膜），在热和压力的作用下，薄膜变软并渗入纸张和棉纸内，三者形成一个整体。溶剂加膜法是指使用有机溶剂，将透明薄膜黏合在纸张上的方法。薄膜加固技术的缺点是可逆性差，不透气。

丝网加固技术能解决两面有文字且不能用传统托裱法修补的脆弱纸质文献加固问题。使用的丝网由单根蚕丝织成，丝网上喷涂热熔胶（如聚乙烯醇缩丁醛胶黏剂），在一定温度和压力下，使丝网与纸张结合在一起。使用时可按照丝网—待加固纸张—丝网的次序排列，放入两张氟塑料薄膜之间，用电熨斗熨烫，使三者粘连，然后取出摊凉并揭下氟塑料薄膜即可。蚕丝的主要成分是蛋白质，由纤维状丝素蛋白组成，耐热、耐酸，不易被酶分解。此技术操作简便，材料耐老化，纸张加固后手感较好，可逆性也好，用酒精水溶液浸涂后可以揭下来，应用于一般的纸质文物保护具有一定的效果。

3. 补缺法

纸浆补书机由国家图书馆善本部图书修整组研制，主要用于修补破洞多的单页书页面。纸浆补书机修补有破洞的书页时，把需要修补的书页放入补书池中的托架上，然后再注入纸浆，补书机就会利用书页下方的负压抽吸作用，加速纸浆溶液下泄的速度，提高纸浆溶液下泄的力量，使纸浆附着在书页上。十几秒之后，书页上的纸浆排净，所有的破洞都被纸浆填满了，原本千疮百孔的书页，便完好如初。用纸浆补书机修补书页，既不会遮挡字迹，又能增强纸张强度。与传统的手工修复方法相比，纸浆补书机修补技术具有快速、美观及与原纸质同质融合性好等优点。纸浆补洞材质的选择，对于修复后文献的美观、稳定和保存有着至关重要的影响，修复用胶黏剂常作为纸浆补孔材料使用。

（三）特殊形式文献修复

1. 唱片

发现唱片受潮后，应及时使用绒布或者棉花小心擦拭干净，并放在通风处风干，但不宜使用吹风机或者其他设备烘干，以防温度过高将唱片烘变形。应使用专用的唱片刷或脱脂纱布顺声槽方向轻轻擦拭，将尘埃扫去。如果能蘸上抗静电液使用，效果更好。也可使用唱片防护涂膜（可形成固体润滑型薄膜的喷雾剂），增加唱针和声槽间润滑度，减少静电产生和灰尘的吸附。唱片表面出现指纹、水渍、油渍或其他污渍时，可使用唱片黏膜（一种涂在唱片上的专用清洁液体）涂抹在唱片表面，待干透后将薄膜撕下，即可带走尘埃和污渍。金属模板唱片出现锈迹、斑点和氧化膜后，可及时用软刷蘸汽油洗涤，清洗干净，重新涂油包装；取拿模板时戴上手套，不能用手触摸板面的声槽，以防手上汗渍污染腐蚀模板。当发现唱片翘曲后，应立即停止使用，用两块厚玻璃夹住唱片，用夹子固定放置一段时间，使唱片恢复平整。但注意玻璃不能太重或夹得太紧，以防压力过大压裂唱片，同时由于唱片对热敏感，不能加温，否则虽然形状恢复，但是对长久保存不利。如果唱片表面声槽出现杂质、鱼眼，声槽明显发白、发亮，唱片表面有线状拉毛现象，都会影响音质。可选用清除器（一种特殊的电路装置）以补偿划伤部分的信号损失，滤去杂音。

2. 缩微胶片修复

胶片文献是由透明软片为支持体（片基）的感光材料制成的，是记录声像信息的重要文献。公共图书馆藏有的胶片文献主要以缩微胶片为主。胶片文献在保管和利用过程中因自身制作材料和工艺、使用和保存等因素，可能会出现扭曲、变形、表面擦伤、撕裂、孔洞、乳剂层脱落等机械损伤，灰尘、油污、霉斑等污损，胶片上也可能出现影像密度下降、色彩变暗、胶片粘连等。根据不同的受损原因和损害程度，应采用不同的修复方法。

除尘。用软毛刷扫下尘土，用棉花球蘸酒精轻擦，注意不能用棉花干擦，以免尘土划伤胶片的乳剂层。用流动清水将胶片冲洗干净后晾干。

去油脂。用棉花球蘸 20% ~25% 汽油与 75% ~80% 甲苯的混合液，轻轻擦除。积年油脂流水漂洗 15 分钟后，用冰醋酸漂洗 1 分钟，用棉花球轻轻擦除油斑，或流水漂洗后用 5% 亚硫酸钠溶液漂洗 30~40 分钟，然后清水再洗 10 分钟后晾干。

去霉斑。用脱脂棉蘸除霉液（1% 的五氯酚钠溶于 85% 乙醚和 15% 酒精的混合液）轻轻擦除霉斑。冲洗法适用于霉斑较严重的情况。一种是将 5 g 五氯酚钠、0.5 g 硼砂加入 1 000 mL 水中溶解，制成冲洗药液。首先将胶片放在清水中冲洗 5 分钟，然后将胶片放入 18~24 ℃的冲洗药液中冲洗 5~8 分钟，最后用清水冲洗 8~12 分钟。在冲洗过程中，冲洗药液的 pH 应保持在 9 左右，否则应加入少量硼砂调整。也可用超声波清洗。可利用超声波机器对放置其中的胶片进行非接触性清洗，这是比较安全有效的清洗方式，能较好地避免机械划伤。

胶片粘连。底片与底片袋粘连，将胶片与底片袋一同放入清水中浸泡，待黏结处松软分离后，将胶片放入清水中浸泡 5 分钟，使用脱脂棉轻轻擦除附在胶片表面的粘印，冲洗干净，过润湿液（将皂角素 5 g、丙三醇 5 mL、95% 酒精 20 mL 溶于 750 mL 温水中，然后加 30~40 ℃水至 1000 mL 制成），取出晾干。底片之间粘连，放入清水中浸泡使其自然脱落分离。霉菌粘连底片，放入清水中漂洗 15 分钟，使乳剂层膨胀，再放入 5% 碳酸钠溶液（或 D-72 显影液）中浸泡 5 分钟，去掉底片上的霉菌和杂质。[10]

参 考 文 献

［1］汪涛，尚丽，张艳利，等.信息时代图书馆文献资源建设理论与实践［M］.天津：天津
　　科学技术出版社，2014：493.

［2］李明杰.简明古籍整理教程［M］.武汉：武汉大学出版社，2018：62.

［3］陶建强，陶伟成，陶仁和.历史文献修复保护理论与实践［M］.广州：广东人民出版社，
　　2015：97.

［4］陶建强，陶伟成，陶仁和.历史文献修复保护理论与实践［M］.广州：广东人民出版社，
　　2015：110.

［5］王国强.中国古籍修复技术体系构建的原则、思路和框架［J］.图书馆论坛，2019，39（10）：
　　134.

［6］彭敏.古籍概述［M］.芜湖：安徽师范大学出版社，2018：36.

［7］张美芳.民国文献去酸技术中的纳米材料应用研究［J］.大学图书馆学报，2018，36（03）：
　　88

［8］林明，周旖，张靖.文献保护与修复［M］.广州：中山大学出版社，2012：161.

［9］邢君.浅谈民国文献的原生性保护［J］.数字与缩微影像，2019（01）：13-17.

［10］林明，周旖，张靖.文献保护与修复［M］.广州：中山大学出版社，2012：183.

一、缩微复制

"缩微"是高倍缩小的意思。缩微技术，是一种利用摄影的方法，把经过编排和整理的原始文献缩小并记录在感光胶片上，经过冲洗加工制成拷贝的技术。采用缩微复制方法对历史遗留的古旧文献和稀有珍贵文献进行拍摄，是进行文献保护的有效手段，可赋予那些濒临绝迹的传世珍本新的生命，重新提供给用户使用。1985 年由文化部图书馆司组织成立的全国图书馆文献缩微复制中心（简称"缩微中心"），协调全国公共图书馆对 1949 年以前出版的期刊、报纸、古籍善本开展抢救工作。该中心有计划地开展了普通古籍、少数民族古旧文献、外文古旧文献、传世稀少的金石善拓、古旧地图、旧平装书、革命文献、地方文献、中华人民共和国成立后报刊等文献的调研和缩微工作。自成立之日至今，缩微中心在全国公共图书馆建立了 23 个缩微点，为几十个图书馆添置了上百台缩微设备。截至 2018 年底，共抢救各种文献 187 808 种，其中善本古籍 32 177 种 2131 万拍，普通古籍 5402 种 263 万拍，期刊 15 232 种 1849 万拍，报纸 2812 种 2131 万拍，民国时期图书 132 185 种 1492 万拍，总拍摄量 7500 万余拍。[1]利用缩微技术保护复制古旧文献，可以将上万册纸质文献压缩为几张胶片，节省存储空间。由于缩微技术采用直接拍摄成像的记录方式，可以将古籍或其他纸质文献中的生僻字、繁体字、批注、图像等真实完整地记录在缩微胶片中。这不仅有利于读者查询检索，还有利于文献资料的出版等二次应用。同时，由于缩微胶片的使用，大大减少了古旧文献原件的翻阅率，减少了古旧文献的人为磨损概率，有利于文献的保护。把古旧文献通过缩微技术制作成的缩微胶片，形成了新的文献资源形式——缩微文献，可以满足用户的各种信息需求。

（一）缩微复制的特点

1. 存贮密度大，便于存贮和传递。

用缩微胶片代替普通纸张载体存贮，可将原件按一定的缩小比例记录在胶片上。一般缩率为 1/7~1/48，超高缩小比率可达 1/100~l/250，按其面积可将原件缩小至 1/10000~1/62500，这给现代社会档案、图书和情报资料的存储提供了方便，可以节约 90% ~98%的库房面积。由于缩微品的体积和重量比原件小，因此存储和传递十分方便，即使有战争或其他意外，转移缩微品也十分方便。

2. 规格统一，查找方便迅速

普通文献的尺寸规格和形状各式各样，保管比较困难。而各种不同幅面、不同底基、不同形状的原件均可以缩摄在同一规格或仅有几种规格的缩微胶片上，不仅便于存贮，而且便于自动化检索。采用机械检索或计算机辅助检索，查找十分方便迅速。

3. 记录准确，能保护原件

缩微胶片不仅能将文献原件的形状、格式、内容等真实地记录下来，还能再现文献原件的细微部分。当转录时不需要字字校对，绝不会出现遗漏现象，具有较高的可读性，其解像力和清晰度等指标远远超过其他的存贮复制技术。

缩微品代替文献原件使用，可以起到保护文献原件的作用，可以延长文献原件的寿命。不易长期保存的各类文献资料一经制成缩微品后，只要是经过合理的加工是能长期保存的。

（4）复制速度快，便于传递和使用

运用缩微技术能在短时间内拍摄大量原件的图形、文字和数据。例如：轮转式摄影机每分钟在规格统一的缩微胶片上可连续拍摄 600~700 页。文献资料的缩微品，只要配备一定设备，就能拷贝多代复制件，包括放大阅读和复印，方便易行，速度又快，可供大量分发和交流，从而大大提高了文献资料的利用率和经济效益。

缩微品的容量大、体积小，邮寄传递十分方便，便于国内外传送和相互交流。缩微品能把分散在全国各地的文献资料信息集中起来，相互交换使用，也能把失落在国外的文献搜集回来。

5. 成本低，保存寿命长

采用缩微品存储信息，节省了空间和时间，因而也获得了较好的经济效益，缩微品拷贝的价格要比硬拷贝低得多。文献缩微后，所需库房面积大大缩小，因而可以更有效地改善保管条件，延长缩微胶片的保存寿命。在保存时间上，现阶段没有可以超过缩微胶片保存时间的媒介。相关资料显示：醋酸片基缩微胶片的预期寿命超过 100 年，聚酯片基缩微胶片的预期寿命超过 500 年。

文献资料摄制成缩微品存储，不仅可以保护原件和原底片的安全，还可以拷贝成多个副本，以便分散保存和利用，从而避免由于人为或自然的损害造成无法挽回的损失。

6. 不足之处

需要专门的缩微摄影、冲洗加工、阅读复印、质量检查等设备，因此一次性投资较大。缩微胶片影像细微，必须借助于缩微阅读器或放大还原后才能阅读，在光学屏幕上阅读缩微文献，眼睛容易疲劳，需要一个习惯过程，操作阅读器进行阅读也不方便。在阅读纸质文件、书刊时，读者可随时在上面加批注，而缩微品就无法满足这些要求。

缩微品是可以长期保存的，但是需要符合要求的保管条件，如果在湿度大、温度高的环境中保存，缩微胶片可能很快被损坏。一般来说，同纸质档案和书刊的保管条件相比较，缩微胶片的保管条件更高，对库房及环境条件要求更严格。

（二）缩微复制品的形态

1. 卷式缩微品

卷式缩微品是以卷式胶片摄制，并最终以卷式胶片使用的，卷绕在片芯、片盘中的缩微品。它是缩微品的主要形态，使用历史也最久，至今仍在广泛使用。卷式缩微品按其宽度的不同可分为 16mm 卷式缩微品、35mm 卷式缩微品、70mm 卷式缩微品和 105mm 卷式缩微品等。[2]

古籍缩微以每页（即左右两个半页，下同）古籍为一个全格（以往亦有以每页古籍为半格者，现已很少再用），每卷 35mm 缩微胶卷可摄制 600~900 页。每卷 16mm 缩微胶卷可摄制 1200~1500 页。目前国际标准逐渐趋于 16mm 宽度。

2. 片式缩微品

片式缩微品是指以单张胶片为单位进行管理和使用的散页缩微品。由于使用的目的和要求不同，常用的片式缩微品可以分为条片、封套片、开窗缩微卡片和缩微平片等几类。

平片的贮存、检索都比胶卷更科学合理。每张平片上都有肉眼可以识别的标头或题款，标明每张平片的书名、著者、版本、卷次、平片号等，标头或题款在白色突起的导耳衬下可以看得很清晰。平片可以装在订成书本式的封套中，读者可以通过标头很顺利地将需要的资料取出或放回封套中。其检索的范围要比胶卷小得多，因而速度也就快得多。一张平片在平片阅读机上可以被上下、左右任意查询，加快了检阅速度。同时平片还可免去胶卷倒片、装片等繁琐劳动。

国内有关缩微制品的国家标准，可查阅由全国文献影像技术标准化技术委员会编写的《文献影像技术国家标准汇编》。该书汇集了截至 2007 年 6 月发布的现行国家标准、国家标准指导性技术文件共计 63 项，共分为两卷：《文献影像技术国家标准汇编：方法卷》收集国家标准 26 项、国家标准指导性技术文件 7 项；《文献影像技术国家标准汇编：基础、质量、设备卷》收集的均为国家标准，其中基础标准 11 项，质量标准 15 项，设备标准 4 项。

受国际文化遗产保护大环境的影响，以及我国文献保护行业理论和实践的深入，规范保护技术操作程序的重要性和必要性逐渐凸现出来，图书馆、档案馆和博物馆等文献保藏机构开始加快标准化建设的步伐，力图通过标准和规范，使各种文献保护技术、质量和安全有章可循并得到保障。在缩微复制品的制作方面，除了文献影像技术国家标准之外，还颁布了行业标准《缩微摄影技术在 16mm 卷片上拍摄档案的规定》（DA/T4—1992）和《缩微摄影技术在 A6 平片上拍摄档案的规定》（DA/T5—1992）加以规范。2002年11月29日，国家档案局发布了行业标准《档案缩微品制作记录格式和要求》（DA/T29—2002），对档案缩微品制作过程中记录的种类、基本内容及其构成和填写方法加以规范。所谓档案缩微品制作记录，是指在档案缩微品制作过程中产生的，记录各道制作工序实际工作状况的原始文字、表格等，其记录内容包括工序种类、使用设备型号及其参数、出现的问题及处理、缩微品质量检测、各工序负责人等。《档案缩微品制作记录格式和要求》包括11个资料性附录，规定了缩微拍摄前档案整理编排记录、缩微拍摄档案制作记录、缩微胶片冲洗制作记录、档案缩微品质量检测记录、档案缩微品拷贝制作记录、档案缩微品剪接加工制作记录、档案缩微品拍摄任务批准书、缩微拍摄档案原件证明书、缩微拍摄档案说明、缩微拍摄档案更正补拍说明、档案缩微品移交清单等的格式。

（三）缩微品的数字化

缩微技术及其文献具备的优势相对凸显，但是在利用效率上有待提高，所以要将其和计算机先进技术、网络先进技术加以融合，提供缩微技术长久应用的动力支撑。缩微胶片数字化技术是利用专门的胶片扫描仪、计算机软件将缩微胶片上记录的图文信息转换为数字图像的技术，即将缩微胶片上的文献资料进行数字化处理，直接存储到数字化存储介质中，以便于读者查阅和出版利用。该技术优势在于将缩微技术与数字技术融合在一起，一方面可以继续发挥缩微胶片长期保存的优势，另一方面可以满足当下读者对数字图像的需求。[3]

近年来，全国各大文献收藏单位利用现有的缩微品资源，通过缩微胶片数字扫描系统，使胶片上的模拟影像数字化，从而转存到光盘等其他数字介质上，并开发了诸多缩微古籍数据库，大大增强了缩微文献抢救工作的活力。中国国家图书馆的缩微文献数字化工作1998年即已开始实施，已经建立起一套缩微影像扫描系统，为读者提供了快速检索、浏览及资源共享、远程信息传递等便捷服务，使文献的利用率大幅度提高。全国图书馆文献缩微复制中心自2003年开始，仔细调研并引进了整套缩微胶片扫描设备，从2005年开始改进缩微传统技术，应用数字技术，启动了图书馆的缩微胶片数字化专项任务。在转换实验和实际工作中，缩微中心建立了一套具体而实用的缩微胶片数字化工作流程和严格、细致的加工操作规范。目前缩微中心正在全面开展民国期刊的缩微胶片数字化项目，是以缩微胶片上的文献内容为蓝本进行全部转换，最终呈现出近乎原始文献的全部数字图像。广东省立中山图书馆作为全国图书馆文献缩微复制中心的成员馆之一，自 1998 年即开始引进缩微数字化设备，对缩微文献进行数字化，文件保存为图片格式，建成缩微文献全文数据库，使大量的缩微文献实现了计算机和网络利用。该数据库目前有民国时期旧报纸 400 多种，古籍善本 300 多种，共 65 万多幅图片，存储量达 280GB。天津图书馆缩微文献影像数据库收录有民国期刊、民国报纸和古籍文献等缩微文献的全文影像。湖南图书馆缩微文献目录查询系统可以实现该馆缩微品文献目录检索，读者可在该馆局域网或互联网检索该馆缩微品文献目录数据。此外，江西省图书馆缩微品目录查询系统、重庆图书馆缩微目录查询系统也都很有特色。[4]

二、信息检索

信息检索，指将信息按照一定的方式组织和存储起来，并根据信息用户的需要揭示、查找、传递相关信息的过程。狭义的信息检索仅指信息的查找，是指从信息集合中找出用户所需要的有关信息的过程。狭义的信息检索包括三个方面的含义：了解用户的信息需求；掌握信息检索的技术或方法；满足信息用户的需求。[5]

公共图书馆的古旧文献要提供给用户使用，需要建立起检索的途径和方法，在古旧文献和用户之间充当媒介。通过检索工具，使用户需要与文献内容相匹配。查找古旧文献需要用的工具书种类繁多，主要包括书目、索引、字典、辞典、年鉴、手册、年表、图谱、政书、类书和百科全书等。公共图书馆通过自行对馆藏文献进行组织，形成的检索工具主要有书目和索引。随着计算机技术和网络通信技术的发展，公共图书馆还可以建立古旧文献书目、文献资源数据库等网络检索系统，以满足互联网用户在数字终端检索的需要。

（一）古旧文献检索工具

1. 书目

书目是图书目录的简称，是把一批相关文献按照一定方式编排起来并进行系统著录的检索工具，可以用来检索各类型、各时期的国内外文献的出版和收藏情况。作为一种检索工具，书目的基本功能就是描述和揭示文献以供检索，这是设立书目的宗旨。书目不仅著录书名，还描述文献的主要信息，从而提供篇名、主题、分类、著者等多种检索途径。随着书目向数字化、网络化过渡，书目的检索功能日益增强。书目有很多类型，适用于不同的文献收藏机构和文献类型。与公共图书馆古旧文献相关的书目主要有登记目录、馆藏目录、联合目录、地方文献书目等。

登记书目是为全面登记和反映一个时期、一定范围或某一类型文献的出版、收藏情况而编制的书目。国家书目是登记书目的主要类型之一，是全面系统地揭示与报道一个国家出版的所有文献的总目，反映了一个国家的文化、科学和出版事业的水平。我国数十名学者曾在 1925—1942 年续修《四库全书总目》，著录《四库全书》未收及其后出的古籍 3 万余种。查找辛亥革命时期出版的图书可以看《民国时期总书目》。这是一套大型回溯性书目，收录 1911—1949 年 9 月我国出版的中文图书 12 万余种，主要是北京图书馆、上海图书馆和重庆图书馆的藏书，按学科分为哲学、宗教、艺术、历史、理、医、农、工等，各册均附有汉语拼音书名索引。登记目录可以为公共图书馆的古旧文献资源建设、管理等工作提供参考，为用户服务提供借鉴，公共图书馆也经常参与登记目录的编写工作。

馆藏目录是揭示和报道一个图书馆或其他信息机构所收藏各种文献的一种书目，主要是为读者利用图书馆文献指引门径。过去以卡片目录为主，现在多通过联机公共检索目录（OPAC）提供服务。目前，大型公共图书馆对古旧文献各类资源的目录编制工作非常重视，编制了全面记录馆藏的卡片目录、财产登记目录、联机公共检索目录、书本式目录，等等。联机公共检索目录最大的特点就是比纸质目录更加方便快捷，为用户提供了更加迅速的网络检索服务。上海图书馆古籍书目查询系统，收录上海图书馆收藏的中文古籍，包括刻本、活字本、抄本、稿本、校本，民国年间出版的石印本、影印本、珂罗版印本及普通古籍阅览室开架陈列的影印本，共计 12.9 万余条。其中普通古籍 8 万余条，丛编子目 28 万余条，善本古籍 1.3 万余条（其中开架陈列的影印古籍 10 678 条）。著录项为文献题名、责任者与责任方式、写刻出版地、写刻出版者、写刻出版年、版本类型、丛书名、批校题跋、存佚、补配、附件责任者、馆藏号。著录字体用标准繁体字。分类采用四库分类法。支持基本检索和高级检索两种检索方式，用户可通过导航区中的超链接进行选择。■6公开出版的书本式目录，可以作为馆藏古旧文献的全面记录，为众多用户提供随时检索，有利于文献信息的传播，提高馆藏资源的利用率。《国家图书馆藏民国时期抗战图书书目提要》收录抗日战争文献8000 余种，包括统计资料、调查报告、年鉴、人名录、索引等工具类材料，以及笔记、日记、回忆录、访问记等纪录性材料；不仅收录正式出版物，还收录当时涉密的内参和国民政府出版物、抗日根据地文献及伪政权、伪组织出版物。《国家图书馆藏民国时期毛边书举要》收录国家图书馆藏民国时期毛边书 900 余种，每种书都有题录，配有一幅书影。■7

联合目录是揭示和报道全国或某一地区或某一系统若干图书馆所藏文献的一种书目，作用是将分散在各处的藏书从目录上联成一体，开展馆际互借。近年来，公共图书馆参与编制联合目录成为一种趋势。查阅联合目录能够摸清楚地区珍贵文献的收藏现状，更广泛地满足地区用户的信息需求。2011 年出版的《中国抗战大后方历史文献联合目录》收录重庆 11 家机构所藏中国抗战大后方文献目录，涉及图书、期刊、图纸和报纸（包括缩微胶卷）。2013 年出版的《全国图书馆民国文献缩微品联合目录》收录全国图书馆文献缩微复制中心成立以来制作的民国文献缩微品 10 万余种，涉及图书、期刊、报纸。

地方文献书目是为收录有关某一地区历史、自然和社会状况等文献而专门编制的一种书目。地方文献目录可以是公共图书馆的馆藏目录，也可以是多个公共图书馆联合编制的联合目录，如《广西桂林图书馆馆藏广西地方文献目录》（上下册）。

2. 索引

索引，我国古代又称玉键、针线、检目、韵检、通检、备检、引得，最先出

现于明代。今知最早的索引，是明代张士佩所编《洪武 正韵玉键》，分类检索
《洪武正韵》所收各字，明万历三年（1575）刊行。现代意义的索引，始于 20
世纪初。"索引"一词，原是从日语引进的。一度据英文 index 译为"引得"，
但通行和规范的术语是"索引"。我国最早提出"索引"这一术语的，是林语
堂。1917 年他在《科学》杂志上发表《创设汉字索引制议》，不仅论述了索引的
功用，还阐述了索引与学术演进的关系："近世学术演进，索引之用愈多，西人
治事，几于无时不用索引以省时而便事。" **8**

　　索引是以多种书刊文献里的知识单元或事项为记录和检索单元。如字、词、
人名、书名、刊名、篇名、内容主题名等分别摘录或加注释，记明出处页数，按
字顺、汉语拼音或分类排列附在一书之后，或单独编成册，称为索引。索引的类
型可从不同的角度和不同的标准来划分。按索引的标引对象，可分为篇目索引、
内容索引、书目索引、分类索引、主题索引、著者索引、语词索引、来源索引、
号码索引、专名索引和引文索引。

　　中华人民共和国成立后，我国的古籍索引事业得到了迅速发展。尤其是改革
开放以后，古籍索引工作受到国务院的高度关注，取得了重大进展。截至 21 世
纪初，我国编制了 80 余种各类型的古籍索引。如《北京天津地方志人物传记索
引》（北京大学出版社 1987）、《广西方志传记人名索引》（广西人民出版社
1989）。广西大学古籍整理研究室（后改为研究所）从 1984 年开始编制《古今
图书集成索引》，经过 20 多年的艰苦努力，从油印本、印刷版到电子版、网络
版，取得了多项阶段性的成果。《中国古籍善本书目索引》是 2009 年 8 月上海
古籍出版社出版的图书，作者是南京图书馆。《中国古籍善本书目》是一部中国
大陆地区所藏古籍善本的总目录，分经、史、子、集、丛五部，著录了 6 万种 13
万部善本古籍。为更好地方便研究者利用这部大型书目，南京图书馆组织人员历
时数载，编纂了"书名索引"和"著者索引"。两种索引的编成，无疑是对《中
国古籍善本书目》的补充和完善。

　　20 世纪 90 年代后，计算机技术与古籍索引编制结合，古籍索引研究出现了
前所未有的机遇，古籍索引的编制也迎来了电子化时代。古籍索引电子化是指古
籍索引编制过程的计算机化，其内涵包括两个方面：一是用计算机编制的各种纸

质形态的古籍索引；二是用计算机表达的古籍索引系统。电子版古籍索引具有容量大、体积小、检索效率高等诸多优势，其一出现就受到索引界的高度重视。有关古籍文本的索引编制和自动化工作的探索活动一直在持续、稳步发展。1991—1995 年，由栾贵明等人编著的《全唐诗索引》30 种由中华书局陆续出版，该书是在中国社会科学院计算机室所编《全唐诗数据库》基础上编成的逐字索引，按作者分册，逐字标引该作者诗作，注明出处，非常方便查找唐代诗人诗作。这是大规模利用数据库编制索引的较早实践之一。[9] 1988 年广西大学在《古今图书集成索引》出版后就开始进入该书电子版的制作。经过十年的辛苦工作，1999 年广西金海湾电子音像出版社出版了电子版《古今图书集成索引》。2005年北京大学《全宋诗》分析系统问世，标志着古籍电子索引编制进入了智能化阶段。[10]

（二）古旧文献检索的常用工具

1.《四库全书总目》

该书亦称《四库总目》《四库提要》，清永瑢、纪昀等撰，成书于 1781 年。中华书局 1965 年据乾隆六十年（1795）浙江刻本影印出版，由王伯祥断句，附书名及著者姓名索引。另附录《四库撤毁书提要》《四库未收书提要》和《四库全书总目校记》。此为通行本，后多次重印。在纂修《四库全书》的过程中，对收进《四库全书》的全部书籍和一些未收进《四库全书》的书籍均分别编写了提要。把这些提要分类编排所汇集而成的书目，就是《四库全书总目》。《四库全书总目》共 200 卷，著录书籍 10 254 种 172 860 卷，其中包括未收进《四库全书》的书籍 6793 种 93 551 卷，附于每类之后，谓之"存目"。《四库全书总目》所收书籍包括从先秦至清初传世的绝大部分。《四库全书总目》分经、史、子、集四部，大类下根据需要各分设若干小类。如史部又分"正史、编年、纪事本末、别史、杂史"等。《四库全书总目》的部、类前有大、小序，以说明该类书籍的学术源流，对"辨章学术，考镜源流"具有重要意义。

《四库全书总目》是对查找现存古籍、了解古籍内容十分有用的工具书。但它成书时间较早，收书较严，当时被禁毁、后来出现的古籍均未收录，同时，内容上也有不少错误，须查考其他著作或书目予以修改、补充。

　　《续修四库全书总目录·索引》，《续修四库全书》编纂委员会、复旦大学图书馆古籍部编，上海古籍出版社 2003 年出版。《续修四库全书》收录了《四库全书》编纂完成后迄于清末（大体止于民国初年）的学术著述，其中包括《四库全书》失收（遗漏、摒弃、禁毁）、存目而确有学术价值的古籍，以及《四库全书》所不收的有重要文学价值的戏曲、小说，新出土的简帛类古籍而卷帙成编者。《续修四库全书总目录索引》的总目按子目书名所属经、史、子、集四部分别编排。索引包括子目书名和著者人名两部分，均按四角号码分别排列。书名、人名后所标"第某某册"，为《续修四库全书》书脊所印之册次。

　　2.《中国丛书综录》

　　《中国丛书综录》是中华人民共和国成立后国家编修的首批大型古籍工具书之一，由上海图书馆编，顾廷龙主编，中华书局 1961 年出版，上海古籍出版社 1982 年新版。该书收集了北京、上海、南京、杭州、广州、武汉等 41 个中国主要图书馆（1982 年重印时增加了 6 个馆）所收藏的古籍丛书 2797 部共 7 万多种。全书分三册。第一册《总目分类目录》，分汇编、类编两大部分，附有丛书书名索引、全国主要图书馆收藏情况表；第二册《子目分类目录》，按经、史、子、集四部编排；第三册《子目书名索引》和《子目著者索引》，以四角号码检字为序。《中国丛书综录》比较完备地反映了历代出版的古籍丛书概况，是我国历史上收辑范围最广的一部古籍目录书。为使其更臻完善，湖北省图书馆的阳海清将多年所聚资料整理成册，编成《中国丛书综录补正》，江苏广陵古籍刻印社 1984 年 8 月出版。此后，阳海清又编成《中国丛书广录》，1999 年湖北人民出版社出版。《中国丛书广录》除了收录目前实存的古籍丛书外，也收录今已仅存书目的古籍丛书，还包括近几十年之整理本以及国外和中国港澳台地区出版的古籍丛书，共 3279 种，含子目 50 780 种。《中国丛书广录》踵武《中国丛书综录》而作，但又极力避免与其重复。凡《中国丛书综录》已收者，《中国丛书广录》不再收录（书名、著者、卷数、版本不同者仍予收录）。《中国丛书综录》和《中国丛书广录》两部书目索引是学者查找古籍丛书必备的工具书，合《中国丛书综录》与《中国丛书广录》二者，可以较完整反映我国古籍丛书的面貌。

3.《中国地方志联合目录》

《中国地方志联合目录》由中国科学院北京天文台编，是目前收录方志最多、最全而又检索非常方便的工具书，中华书局1985年出版。共著录全国各省、市、自治区190个单位所收藏的地方志8200余种。收录范围包括通志，府、州、厅、县志，乡土志，里镇志，卫志，所志，关志，岛屿志，以及一些具有志书体例和内容的方志初稿、采访册、调查记等，但山、水、寺庙、名胜等志则除外。《中国地方志联合目录》依全国各省、市、自治区分别著录，各省内以府、州、县、乡为序，乡土志、里镇志随所属县后，同一地区的方志则按编纂年代先后排列。著录项目有书名、卷数、纂修者、版本、藏书单位和备注。凡存佚情况、卷数分合、记事起讫、地名古今变迁、书名异称、内容详略、流落异域孤本的国别与收藏单位等都在备注内说明。书末附书名索引。

4.《中国古籍善本书目》

《中国古籍善本书目》由中国古籍善本书目编辑委员会编，顾廷龙为主编，著录除台湾地区以外大陆各馆所藏善本书目6万多种，分经（1985年出版）、史（1992年出版）、子（1996年出版）、集（1996年出版）、丛（1990年出版）五部，由上海古籍出版社陆续出版，除丛部专录丛书之外，其他各部所录大致以单刻本为主。凡是有历史文物性、学术资料性和艺术代表性并流传较少的古籍都在善本收录之列，著录项目有书名（含卷数）、著者和著作方式、版本等。每部书均有编号，书末附藏书单位代号及检索表，由此可检索出中国大陆现存任何一种古籍善本的馆藏、卷数及作者情况。为更方便读者使用《中国古籍善本书目》，南京图书馆又编纂了《中国古籍善本书目索引》（分"书名索引""著者索引"），将经、史、子、集、丛五部合编。该索引的编辑出版，为《中国古籍善本书目》的使用提供了方便，体现了书目的完整性。

5.《中国古籍总目》

该书由中华书局、上海古籍出版社2009—2013年出版，中国古籍总目编纂委员会联合编写，是目前收书最多的古籍目录。经部2册，史部8册，子部7册，集部7册，丛部2册，共26册。《中国古籍总目》以古代至民国初人撰著并经写抄、印刷的历代汉文书籍为收集范围，汇聚各家馆藏记录，分经、史、子、集、丛五部，分类著录各书的名称、卷数，编撰者时代、题名及撰著方式，出版者、出版地、版本类型及批校题跋等信息，同时标列各书的主要收藏机构。各部陆续付印告竣，随即推出全书索引。该书是现存中国汉文古籍的总目录，旨在全面反映中国主要图书馆及部分海外图书馆所存中国汉文古籍的品种、版本及收藏现状。

6.《民国时期总书目》

《民国时期总书目》由北京图书馆编，书目文献出版社 1986—1997 年陆续出版。它主要以北京图书馆、上海图书馆、重庆图书馆的藏书为基础编撰，收录了 1911 年至 1949 年 9 月间中国出版的中文图书 124 000 余种，基本反映了民国时期出版的图书全貌。按学科分成 20 卷，是收入数量最多、最具权威性的民国图书联合目录；上承《四库全书总目提要》《清史稿·艺文志》，下接 1949 年后全国总书目，是连续性书目中重要的一环；每种书都由编者亲见，有内容提要等著录项。《民国时期总书目》也存在一些缺憾，比如主要以北京图书馆、上海图书馆和重庆图书馆藏书为基础，导致书目不完整，仅南京图书馆就有约 2 万种图书未被收录。我国港澳台文献机构、外国驻华使馆等机构的相关书目，以及少数民族文字图书、线装图书也未纳入。

7.《1833—1949 全国中文期刊联合目录》

《1833—1949 全国中文期刊联合目录》是一部大型期刊检索工具书。全书收录了我国 50 个省市级以上图书馆所藏中华人民共和国成立前出版的中文期刊近 2 万种，同时注明各种期刊的收藏单位及收藏卷期。此书是原全国第一中心图书馆委员会全国图书联合目录编辑组编辑的，该组从 1957 年底开始征集资料，1961 年编成该书。第一版印行 2000 册，供内部使用。1981 年出版的《1833—1949 全国中文期刊联合目录》（增订本）补充了 1961 年版未收录的期刊，汇集 50 余家图书馆收藏的近 2 万种期刊目录，查明了出版年月和卷期，标注了创停刊年月，补充了刊物的变化、革新、改组、更名、迁地等信息，纠正了 1961 年版的错误。2000 年出版，由国家图书馆、上海图书馆主编的《1833—1949 全国中文期刊联合目录》（补充本），补充目录 16 400 条。其中包括珍贵革命刊物，国民党党、政、军刊物，抗日战争时期敌伪刊物，中小学教育刊物，儿童刊物，文艺刊物等。

　　8. 中华古籍索引库

　　2007 年初国家启动了"中华古籍保护计划"。其中，全国古籍普查登记工作是全面了解全国古籍存藏情况，建立古籍总台账，开展全国古籍保护的基础性工作。在古籍普查登记基础上，由省级古籍保护中心组织本地区各古籍收藏单位编纂出版馆藏古籍普查登记目录，从而形成"全国古籍普查登记目录"丛书。

　　各古籍收藏单位对馆藏古籍进行详细清点和编目整理，在"全国古籍普查登记平台"系统上登记古籍普查数据并导出为 Excel 文件，或者直接在 Excel 中录入古籍普查数据，并按国家古籍保护中心规定的著录规则、格式规范整理为 Excel 格式的古籍普查登记表格。在此基础上，经省级古籍保护中心审校、出版社编辑校对后，编纂出版为《××单位古籍普查登记目录》。

　　国家古籍保护中心考虑利用计算机技术，实现古籍目录索引的自动编制，由此专门开发了"中华古籍索引库"系统。各单位将 Excel 格式的古籍普查登记表格提交国家古籍保护中心后，国家古籍保护中心将其导入索引库，利用索引库中的导出功能，将古籍普查登记表格中各登记项目按照一定的规则组织起来，导出 Word 格式的《××单位古籍普查登记目录》。经过汉字拼音、部首笔画、四角号码信息的获取，对于重码字先后顺序、多音字的处理，索引库就可以顺利地自动编排索引条目了。[11]

三、整理出版

　　中国的文献整理，有着悠久的历史和传统。从孔子删《诗》、刘向校书，直到清人编定《四库全书》，大规模的古籍整理持续不断，影响深远。随着印刷技术的进步，中华书局、商务印书馆等近代著名出版机构，编纂出版了《百衲本二十四史》《四部丛刊》《四部备要》《丛书集成》等大型古籍丛书，在近代出版史上形成了一个古籍整理出版的热潮。

　　中华人民共和国成立后，党和国家对古籍整理事业给予了高度的重视和巨大的支持。1958 年，国务院专门设立了古籍整理出版规划小组。1960 年，第一个"国家古籍整理出版规划"，即《三至八年（1960—1967）整理和出版古籍的重点规划》正式制定。1981 年 9 月，中共中央发布《关于整理我国古籍的指示》，为古籍整理工作指明了方向，提出了明确的目标。此后，陆续颁布实施了《古籍整理出版规划（1982—1990）》《中国古籍整理出版十年规划和"八五"计划（1991 年—1995 年—2000 年）》《中国古籍整理出版"九五"重点规划（1996年—2000 年）》《国家古籍整理出版"十五"（2001—2005 年）重点规划》《国家古籍整理出版"十一五"（2006—2010 年）重点规划》，以及《2011—2020 年国家古籍整理出版规划》。2007 年，《国务院办公厅关于进一步加强古籍保护工作的意见》提出，进一步加强古籍的整理、出版和研究利用。据统计，中华人民共和国成立以来我国整理古籍近 2.5 万种，近年来平均出版 2000 多种。几十年来，推出了一大批能够体现国家水准、传之久远的精品工程，如点校本"二十四史"和《清史稿》《中华大藏经》《甲骨文合集》《敦煌文献合集》《新中国出土墓志》《中国古籍总目》《续修四库全书》等。[12]

中华人民共和国成立初期，人民出版社、上海文艺出版社影印出版了民国时期共产党进步刊物、文艺类进步刊物，以零星出版为主，不成体系。2000 年后，民国文献的整理出版日渐活跃，出版风格呈现大型化、规模化、专题化、系列化特点；资料来源从以期刊、图书为主，扩展到索引、日记、书信、手稿、调查报告、公报、法规、制度、公库、会议汇编、档案史料等多种类型。2007 年 8 月，国家图书馆专门成立民国文献资料编纂出版委员会，并以"民国文献资料丛编"和"民国期刊资料分类汇编"的形式，出版了《民国大事史料长编》《民国时期图书出版目录汇编》《文献丛编全编》等 40 余种丛书，收录民国文献书目 1000多种。[13]国家图书馆出版社与 200 多家公共图书馆、高校图书馆以及档案馆、博物馆还有社科院各个存藏机构建立了合作关系，截至 2016 年 10 月，陆续出版了330 种 7000 多册民国文献的专题资料，收录民国图书、期刊、报纸、档案、照片、日记、手札、红色文献等各类珍稀文献近万种，形成民国文献资料丛编、珍贵文献书目图录等六大系列。[14]总体来说，整理出版的民国文献占比偏低，目前出版占比还不足 0.4%。

（一）影印出版

在文献整理中，影印出版是一种重要的方式。影印文献忠实于文献原貌，使文献的真实性、完整性、原生态性得到高效、充分的揭示，对整理出版和研究传统文化典籍起着不可替代的作用，是对古旧文献进行再生性保护的重要手段。

1. 古籍影印

影印古籍是古籍整理的一部分，专指采用按原本照相或电脑扫描制版复印的方法出版的古籍。主要适合于珍本、善本和大型丛书，以及基本古籍的整理出版。有些古籍的孤本、善本，要采取保护和抢救的措施，散失在国外的古籍资料，也要设法复制，同时要有系统地翻印一批孤本、善本。对于研究者必需的大型古籍图书和丛书，有的不必标校整理，有的虽然需要标校整理，但非短期能完成，可采取影印的办法。

近代以来，随着西方照相技术的传入，通过拍照获得古籍文本图像，再以石印技术、珂罗版技术复制出版，解决了古籍易丢失、易损坏、难保管、难借阅的问题。近代商务印书馆便以石印技术影印了《四部丛刊》初、续、三编，百衲本廿四史等。与此同时，中华书局为了与商务印书馆竞争，也影印了《古今图书集成》等书。

古籍的影印可分为两大类型。一是保存古籍原貌的仿真影印，版框尺寸、开本大小、装帧形式还是和旧式保持一致。如中华书局 1974 年影印南宋淳熙八年（1181）尤袤刻本《文选》，即按照原版框尺寸影印线装。1983 年影印宋刻《忘忧清乐集》，不仅版框尺寸相同，装帧形式也仍采用蝴蝶装。另一类是偏重于学术需求的缩小影印。缩印不损害原书学术价值，但是能大大降低影印成本。上海古籍出版社影印的《续修四库全书》，收录清乾隆以后的著述 5000 余种，因为采用了四拼一的缩印方式，只有 1800 册。缩印最适合复制或者新编大型类书、丛书，如中华书局影印的《太平御览》《文苑英华》等。

中华人民共和国成立后，影印古籍开始零星发展。如中华书局影印《古今图书集成》，上海古籍出版社影印《宋本方舆胜览》《读史方舆纪要稿本》等。上海古籍出版社继影印文渊阁本《四库全书》之后，由中国出版工作者协会牵头，又编辑出版了《续修四库全书》，两书配套，共收中国古籍 860 余种。

20 世纪 80 年代以后，除了重印，也开始新编特大型综合丛书。1981 年中共中央下发《关于整理我国古籍的指示》，第五项指出："现在有些古籍的孤本、善本，要采取保护和抢救的措施，散失在国外的古籍资料，也要设法复制，同时要有系统地翻印一批孤本、善本。"在这个规划的指导下，首先是重印了一些大型古籍。如上海书店出版社重印了《四部丛刊》《道藏》《天一阁藏明代方志选刊》等，中华书局影印或重印了《古今图书集成》《全唐文》《明实录》《清实录》《明文海》《册府元龟》《四部备要》《永乐大典》《丛书集成》等，上海古籍出版社缩印了《文渊阁四库全书》，重印了《中国古代版画丛刊》等。这些大部头影印古籍，成为各大图书馆、科研院所的基本藏书，为读者查阅和研究提供了很大的便利。

存世敦煌遗书的影印渐成规模。上海古籍出版社在此领域颇为用心，推出了域外的《俄藏敦煌文献》17 卷、《法藏敦煌西域文献》34 卷，国内的《天津市艺术博物馆藏敦煌文献》7 卷、《北京大学藏敦煌文献》2 卷、《上海图书馆藏敦煌吐鲁番文献》4 卷、《上海博物馆藏敦煌吐鲁番文献》2 卷等。此外，四川人民出版社陆续出版了《英藏敦煌文献》（汉文佛经以外部分）14 卷，甘肃人民出版社出版了《甘肃藏敦煌文献》6 卷，浙江教育出版社出版了《浙藏敦煌文献》1 卷，文物出版社出版了《吐鲁番出土文书》4 卷等。

域外中文善本的影印回归成为新趋势。中华书局 2008 年出版的《古本小说丛刊》包含了大量海外珍本，2015 年出版《法兰西学院汉学研究所藏清代殿试卷》，2014 年出版《柏克莱加州大学东亚图书馆藏宋元珍本丛刊》，2016 年则出版了《海外中医珍善本古籍丛刊》等。广西师范大学出版社在近年海外文献出版中占有重要地位，中文古籍类出版有《日本所藏稀见中国戏曲文献丛刊》《美国哈佛大学哈佛燕京图书馆藏明清妇女著述汇刊》《美国哈佛大学哈佛燕京图书馆藏中文善本汇刊》等，2011 年又出版了方广锠教授编的《英国国家图书馆藏敦煌遗书》，近两年又出版了乐怡编《美国哈佛大学哈佛燕京图书馆藏稿钞校本汇刊》经部和史部等。国家图书馆出版社则配合国家古籍保护中心的工作，规划海外中文古籍书目书志丛刊，出版《文求堂书目》等多种海外中文古籍目录；对海外《永乐大典》进行仿真影印：已完成美国哈佛燕京图书馆、普林斯顿大学东亚图书馆、汉庭顿图书馆，英国牛津大学博德利图书馆、阿伯丁大学图书馆、大英图书馆，德国柏林国家图书馆等 7 家收藏的《永乐大典》51 册；与哈佛燕京图书馆合作出版了《哈佛燕京图书馆藏齐如山小说戏曲文献汇刊》《哈佛燕京图书馆藏韩南捐赠文学文献汇刊》《哈佛燕京图书馆藏稀见方志丛刊》《哈佛燕京图书馆藏古籍珍本丛刊·经部》等项目。

改革开放 40 年以来，在国家持续的古籍出版规划的指导和 30 多家专业古籍出版社的努力下，数万种古籍得以影印出版。2000 年以后，影印古籍因其技术的成熟和市场的急需异军突起，历代有名的丛书、类书、工具性图书基本都影印出版了，新创的专题文献类大型集成也层出不穷，实现了影印技术让古籍"化身千百"的目的，方便了全社会对传世古籍的搜求和利用。2016 年出版的《新中国古籍影印丛书总目》，共收录 1949 年至 2010 年 60 余年间的新编丛书 443 种，涉及子目近 5 万条。全书分目录和索引两大部分，较为全面地反映了中华人民共和国成立以后新编古籍影印丛书的成果。

（2）民国文献影印

1949 年以来整理、影印出版的民国文献共计 800 余种，其中 60 余种出版于 1950—1960 年，1980—1990 年出版近 150 种，2000 年后的整理和影印出版非常繁荣，共出版民国文献 600 余种。

比较有影响力的包括人民出版社在 20 世纪 50 年代至 80 年代影印的一大批民国报刊如《新青年》《每周评论》《北京大学（日刊）》《少年中国》《解放》《中国文化》《中国农民》《大公报》《解放日报》《汉口民国日报》《热血日报》《红色中华》等；上海书店 20 世纪 80 年代影印的《申报》《中央日报》《生活日报》《新语林》《夜莺》《烽火》等一批报刊，及 1989 年开始影印出版的《民国丛书》；中华书局 20 世纪 90 年代影印的《中国近代期刊汇刊》；全国图书馆文献缩微复制中心出版的《民国珍稀期刊》《民国佛教期刊文献集成》《抗日战争期刊汇编》《民国时事文献汇编》《民国画报汇编》《伪满洲国史料》等 40 余种专题影印文献；广西师范大学出版社出版的《美国哈佛大学哈佛燕京图书馆藏民国文献丛刊》《中日关系档案》等；大象出版社 2009 年出版的

《民国史料丛刊》；国家图书馆 20 世纪 50 年代影印的《人民日报》《新华日报》，以及 2007 年启动的大型的"民国文献资料丛编"工程等。[15]

2000 年以来，全国共有 30 余家出版机构参与民国文献的影印出版。国家图书馆出版社、全国图书馆文献缩微复制中心承担了这一时期绝大多数民国文献的整理、出版工作，共影印出版民国文献 400 余种 9000 余卷，占 2000 年以来全部 600 余种影印出版物的近 70%。

其中，民国艺术类文献的整理，主要是电影、戏剧、画报的汇编和出版，如《民国电影早期画刊》《民国早期戏剧画刊》《民国漫画期刊集粹》等；宗教类文献的整理出版以佛教文献为主，如《民国佛教期刊文献集成》及其补编、三编以及《民国时期佛教资料汇编》《民国密宗期刊文献汇编》等，还包括《月华》《希望月刊》《华西教会新闻》等少量伊斯兰教、基督教、天主教文献；图书馆学方面的文献整理，主要包括《中华图书馆协会会报》等民国三大图书馆学期刊以及《近代著名图书馆馆刊荟萃》一至五编等图书馆馆刊的影印出版，另外还整理出版了《民国时期出版书目汇编》《民国时期发行书目汇编》《国学论文索引》等一批书目索引资料；新闻出版类文献有《民国时期新闻史料汇编》《民国时期出版史料汇编》等大型汇编；历史类出版物主要有《民国史料丛刊》及其续编、《中华民国史料》一至四编等通史类文献，以及伪满铁、伪满洲国史料，辛亥革命史料，日本侵华史、抗日战争史及地方史资料。

另外，还有《民国教育公报汇编》《民国时期高等教育史料汇编》《民国教育史料丛刊》等教育类文献，《民国法规集成》《民国治藏法规全编》等法律类文献，《四联总处会议录》《国家图书馆藏民国税收税务档案史料汇编》等经济类文献，《辽宁省档案馆珍藏张学良档案》《朱峙三日记》等人物传记、书信、日记类文献，《内务公报》《外交文牍》等政治类文献，以及《中国共产党早期刊物汇编》《红色起点》等党史类文献。[16]

（二）校释出版

校释，主要是指对古代文言文的点校、注释、翻译、考论之类古籍整理工作。校释出版，主要是针对非白话文的古籍，使用白话文的民国文献一般不采用此类方式。同种古籍原文往往可以产生数十种乃至数百种不同的出版物。这是校释类古籍出版特有的现象。历代文献工作者前仆后继，在校释类古籍整理著作中投入了辛勤的劳动，取得了丰硕的成果。这类古籍出版，在保存和传播中华民族优秀文化遗产方面起到了重要作用。其中的注释体古籍在有关古籍的推广和普及方面所发挥的作用，更是其他体式的古籍整理著作所不能取代的。校释类古籍整理体式可以分为点校体、注释体、翻译体、总论体、考证体、释例体、图解体七类。

1. 点校体

点校体又称校点体。这类古籍整理以对古书原文进行标点、校勘为主要整理任务，只要完成预期的点校工作，不做别的整理工作。古人把标点古书称为"句读"，也叫"句逗"，是古人读书时所加的一套特有的符号，主要用来断句，和今天所说的标点功能还是有很大不同。现代标点符号是从西方引进并结合汉语的特点加以改造而成。标点是古籍整理最起码的工作，也是最基本的工作。重印古书，除了影印（影印书上也有加断句的），排印书一般都应该加上标点，至少也要断句。这项工作做好了，可以帮助读者读懂古书，排除一部分障碍，节省许多时间和精力。古籍因为年代久远，在传抄、传刻中往往发生错误。有时一个字错了，会影响文意的理解。校勘或是找出古籍在文字上的错误加以修正，或是找出古籍在文字上以至内容上的异同加以取舍，从而使人们获得较好的、较接近原稿的本子。一般校勘古籍都只注意字句异同以及讹、变、衍、脱之迹，这只能说是校书的起码工作。更重要的在于将文献资料的来源、真伪和写作时代，都通过校勘弄清楚，再进行重新写定的工作。校勘是古籍整理的基本任务，前人也称之为校雠。古书的情况各不相同，有的书问题多，有的书问题少，有的书版本情况复杂，有的书版本情况简单，因此有的书需要做详细的校勘，有的书只需要做一般的校勘，不能强求一致。

宋代，标点体、校勘体古籍整理著作陆续出现。可以想见，既标点又校勘的点校体著作应该也有，只是大都未能流传下来。到了明代末期，这类书籍逐渐增多。今天所能见到的崇祯年间秦镈订正的《九经》、金蟠校刊的《十三经古注》，都是既标点又校勘的丛书，不过体例粗疏，所用标点符号简单。20 世纪

20 年代以后，随着新式标点符号的应用和新文化运动的深入发展，点校体古籍整理著作开始大量出现，并且大都体例严密，版式醒目，点校精审，准确性高，而且印数多，发行量大。这类体式成为该阶段应用率最高、出书量最多的古籍整理体式。

中华人民共和国成立后，党和国家对古籍整理事业给予了高度的重视和巨大的支持。在毛泽东主席、周恩来总理等老一代党和国家领导人的直接指示和关怀下，"二十四史"和《清史稿》点校本出版。其中《史记》首先出版于 1959 年 9 月，向中华人民共和国成立 10 周年献礼。1977 年年底，《清史稿》出版。1978 年春，最后一种——《宋史》出版。至此，历经二十年，全国近百位专家学者和出版工作者协作完成的"二十四史"及《清史稿》新整理本全部出齐。"二十四史"的整理出版，完成了其从博古架上的"古董"到人人可取而读之的现代读本的转换，是新中国古籍整理出版的标志性成果。点校本"二十四史"出版问世后，成为海内外学术界最权威、最通行的版本，享有"国史"标准本的美誉，成为之后海内外学术界及广大文史爱好者普遍采用的版本。现在的古籍整理出版图书，除了影印本之外，大部分都是点校本，即对原书正文进行标点、校勘而形成的本子，如中华书局点校本"二十四史"。

2014 年中华书局出版的《古籍整理释例》中收录的《古籍标点释例》指出，1996 年 6 月 1 日实施的《标点符号用法》（GB/T 15834—1995），也适用于古代汉语，是古籍整理中使用标点符号的依据。2014 年，中华书局出版了我国首部大型古籍数据库《中华经典古籍库》，其所收书目均为经多层整理把关的点校本，具有极高的学术价值，是专家研究成果的集成平台。从第 4 期开始，该数据库除了收录中华书局的图书资源外，还建立长期战略合作机制，与天津古籍出版社、凤凰出版社、齐鲁书社、巴蜀书社等数十个专业古籍出版社强强联手，推出《册府元龟》《全元文》《郭店楚简老子集释》《三十国春秋辑本》《宋代序跋全编》《八旗文经》等精品力作。

2. 注释体

经过标点的古籍，虽然消除了阅读时断句的障碍，但对于一般读者而言，并不是所有的内容都能理解。因为在古籍流传过程中，随着时间的推移又产生了新的阅读障碍。一是记录古籍内容的文字在读音、字义、语法结构等方面发生了变化，同样的字、词和短语，其语义可能与今天有很大的出入。二是古籍中出现的专有名词和典制，都有着特定的历史背景和指向，脱离了具体的历史背景，今天的普通读者就很难理解其所指。这就要求古籍整理者为读者——作出解释，扫除这些阅读障碍，这就是古籍的注释。注释起源于解经，古代称为训诂。许逸民先生在《古籍注释释例》一文中，把古籍注释归纳为四个方面：校正文字；解字注音；阐释典故；解析文意。

解释文献，最早可以追溯到孔子。孔子以《诗》《书》《礼》《乐》教，对古代文献作了大量讲解。在汉代以前，注释体式较少，只有"传""解""记"等少数几种。汉代文献注释体式众多，不同注释模式并存，是中国源远流长的文献注释文化的主要源头。古籍注释的体式西汉有"传""内传""外传""杂传""杂议""传记""解""解故（诂）""说""说义""故（诂）""训""故（诂）训传""训纂""章句""微""微传""记""杂记"等（见《汉书·艺文志》）。

历代所出现的各类注释体著作中所反映出来的注释主要有 16 个方面，即标点、校勘、作序、释音、释词、解句、翻译、补叙故实、阐发思想、揭示语法、揭示写法、考辨疑误、论述有关问题、疏证旧训、发凡起例、图解。在具体的不同体式著作中，这些方面既不是单独出现，也不是全部出现，而是根据不同的注释目标和角度，出现其中的若干个方面。通过不同方面的注释工作，达到各自预期的注释目的，使历代注释体古籍整理著作呈现出千姿百态的局面。

1952 年 10 月，人民文学出版社出版了《水浒》（七十回本）的校注本，这是我国古籍整理出版起步的标志。中华人民共和国成立以后，新出版的古籍注释，大致可分三类。一是旧有注释，今加补注。如王蘧常先生的《顾亭林诗集汇注》（1983 年上海古籍出版社）、钱仲联先生的《韩昌黎诗系年集释》（1957年上海古籍出版社）、余嘉锡先生的《世说新语笺疏》（1983 年中华书局）等，都是有名的著作。二是不用旧注，另撰新注。这一类书中，当推杨伯峻先生的《春秋左传注》（1981 年中华书局）为第一。杨先生花了几十年的功夫，检读了几百种著作，才写成此书。此书的确是一部伟大的著作。三是本无旧注，编撰新注。这一类当以钱仲联先生的《人境庐诗草笺注》（1981 年上海古籍出版社）为代表。[17] 2014 年中华书局出版的《古籍整理释例》中收录了有关古籍整理的具体操作规范。其中《古籍注释释例》为古籍注释提供了规范化的样本。

历届中国出版政府奖、中华优秀出版物奖、全国古籍整理优秀图书奖等奖项都会评选出优秀古籍整理著作，其中不少著作在注释方面有独到的贡献。2017 年6 月揭晓的首届宋云彬古籍整理奖，《杜甫全集校注》获奖。凤凰出版社出版的《李太白全集校注》《文选旧注辑存》受关注度高，呈现了经典历久弥新的内在价值。

《李太白全集校注》是李白研究大家郁贤皓先生 40 多年的治学心血结晶，除精选底本、考据谨严之外，更融合了现代的学术方法，还原历史情境，为李白画像，勾勒出李白的生平轮廓，从而将李白的诗文创作置于由繁复史料标示出的坐标体系中，呈现其立体、真实、人性化的创作心路。该书除传统的文字内容外，还收入了李白的书法、画像、书影、居所、祠堂等图片，予人耳目一新的阅读体验。《李太白全集校注》出版后，获得了极高的评价，被誉为"代表 20 世纪 70 年代以来李白研究的最高成就""20 世纪李白研究的里程碑"，呈现了版本、考据、义理之上的研究新貌。

《文选旧注辑存》则是西为中用的典范。《文选旧注辑存》全书共 20 册，1000 多万字，中国社会科学院文学研究所刘跃进先生历时八年而成。该书将英美新批评派的诗歌批评理论"文本细读"应用于古代文学研究之中，不单重视语义分析，更在文献搜集方面强调要细、要全，能收尽收。同时，《文选旧注辑存》还力求打通从文献学到文学的演进之路，以版本为基础，以校勘为路径，版本搜集与文字校勘并行推进，真正做到了以文献为缘起，以文学为归途，出版后被誉为"经典古籍文献整理与研读的新示范"[18]。

3. 今译

今译，也是古籍整理的诸多方式之一。它是对古籍使用的语言进行整体转换，把原书的古代汉语转换成现代汉语，同时尽可能保持语义不失真、不增损。1912 年民国建立以前的著述，和 1912 至 1919 年间，以传统著述方式研究中国传统文化，并具传统装订形式的汉文典籍，可称为古籍。古籍今译就是把古籍文言文翻译成白话文。因此，民国文献不需要进行今译。今译源于注释，两者关系密切，但发展到后来又有所区别。翻译强调的是从整体上复述古籍内容，要求忠于原文，不能添加或遗漏任何文献信息。注释强调的是对古籍局部内容进行解释，以训音释义为主，虽也涉及对古籍内容的解释，但可以对原文内容进行补充、辨正和评论，因此相对来说要灵活得多。古籍翻译对于普及和弘扬传统文化具有重要意义。

中华人民共和国成立后，古籍今译工作普遍展开，出版了一大批质量较高的译著。如余冠英《诗经选译》，郭沫若《屈原赋今译》，杨伯峻《论语译注》《孟子译注》，陆侃如和牟世金《文心雕龙译注》，沈玉成《左传译文》，阴法鲁《古文观止译注》等。

在改革开放新时期，随着国家和学界对古籍今译重要性认识的逐步深入，古籍今译事业也有了突飞猛进的发展。1986年，在《古代文史名著选译丛书》编委会上，章培恒、安平秋、马樟根等专家学者指出，古籍今译的意义是"发扬我国民族文化的优良传统，进行爱国主义教育，普及文化知识，建设具有民族特色的社会主义精神文明"。1990年，周林等人更进一步指出古籍今译是"弘扬民族优秀文化，激励爱国主义精神"的"最好桥梁"，"是'存亡继绝'的工作"。

诸多出版社积极规划出版古籍今译著作，全译、选译、节译、译注等应有尽有，成就辉煌。大型的古籍今译丛书就有数十种。如岳麓书社的《古典名著普及文库》，巴蜀书社的《古代文史名著选译丛书》《中国古代哲学名著全译丛书》，吉林文史出版社的《中国古代名著今译丛书》，中华书局的《中国古典名著译注丛书》《中华古典小说名著普及文库》，上海古籍出版社的《中华古籍译注丛书》《中国古代科技名著译注丛书》《国学经典译注丛书》，贵州人民出版社的《中国历代名著全译丛书》，线装书局的《国学读本精注精译精评》等。和这些大型古籍今译丛书相媲美的还有专门类的古籍今译，如《十三经译注》《四书五经译注》《二十四史全译》《资治通鉴全译》等。[19]

（三）编辑出版

整理编辑加工后出版主要指对某一类文献进行整理，通过选辑、摘录、重新排印等方法，将文献重新组织后出版。绝大部分编辑类书籍所收只是原文、原书，编者一般不做或很少做加工处理。编辑类出版的著作主要有汇编、丛书两大类。

1. 汇编类

比较受人关注的古籍汇编出版种类有文学典籍类，包括诗文、小说等。《诗经》《楚辞》《先秦汉魏晋南北朝诗》《全上古三代秦汉三国六朝文》《两汉全书》《全唐诗》《全唐文》《全唐五代诗》《全唐五代词》《全宋诗》《全宋词》《全宋文》《全辽文》《金文最》《全金元词》《元诗选》《全元文》《全元戏曲》《全明诗》《全明词》《全明文》《六十种曲》《全清词》《清文海》等断代诗词文曲总集的编纂或出版，表明自先秦至清的历代文学作品均可大致搜罗完备，不但可以把某一代的文学作品汇集于一书，从而窥见一代的文化风貌，而且便于全面研究。总结一代文献性质的新编总集或资料汇编如《敦煌经部文献合集》《中华律令集成》《中国兵书集成》《古本小说集成》《吐鲁番出土文书》《清人别集总目》等，也都是古籍整理史上前无古人的新成果。2010年上海古籍出版社出版《清代诗文集汇编》，收录清人诗文集4000多种。国家图书馆出版社先后出版了《历代地方诗文总集汇编》500册。

传统子部书的汇编，如四川大学古籍所编的《诸子集成续编》《诸子集成补编》《诸子集成新编》，钟肇鹏选编的《续百子全书》，刘永明辑《增补四库未收术数类古籍大全》，谢祥皓、刘申宁辑《孙子集成》，解放军出版社、辽沈书社出版的《中国兵书集成》等。

年谱、家谱等传记文献和传统史籍史料的汇编。巴蜀书社先后推出了《中国野史集成》《中国野史集成续编》《中华族谱集成》。北京图书馆出版社出版了《北京图书馆藏珍本年谱丛刊》、《北京图书馆藏家谱丛刊·闽粤（侨乡）卷》、《二十四史订补》（徐蜀编）。岳麓书社出版了《二十五史三编》（张舜徽主编）。天津古籍出版社出版了《二十四史外编》（吴树平编）。其中《北京图书馆藏珍本年谱丛刊》为收书最多者，共收1212种年谱。而《二十四史订补》收书160多种，其编选原则极为科学：（1）凡与二十四史有关之订补著作，1949年以前编撰或出版的稿本、抄本、刻本、影印本等均在选择的范围之内；（2）为免重复，《二十五史补编》已收之书不再选入；（3）所收之书以影印的方式制版，在内容和文字上未作任何改动；（4）所收之书的底本，侧重稿本、抄本、初刻本与足本。

近年来越来越多的民国专题文献经整理后出版，如《民国学术经典文库》《民国学案》《民国边政史料汇编》《近代中国教育史料》等。此外，以某一事件或某一地区为题材就有关文献汇总后整理出版的情况也屡见不鲜，如《南京大屠杀史料集》《北平表情——荷兰女摄影师镜头里的民国世相》等。同时，出版界也整理出版了一批民国人物全集、文集、日记、年谱、笔记等，如三联出版社的《陈寅恪文集》和《钱穆文集》，中华书局的《胡适文集》和《徐志摩日记》等。2000 年以来的民国文献整理及出版，包括一大批期刊汇编出版物，如《民国体育期刊汇编》《中国早期国学期刊汇编》《五四时期重要期刊汇编》《中国近现代女性期刊汇编》《中国少数民族旧期刊集成》等。湘潭大学出版社的《红藏：进步期刊总汇（1915—1949）》《上海文献汇编》，上海辞书出版社的《中国近代中医药期刊汇编》，云南人民出版社的《护国运动文献史料汇编》，同济大学出版社的《中国近代建筑史料汇编》，等等。

2. 丛书类

丛书是按一定目的，在一个总名之下，将两种及两种以上著作汇编于一体的一种集群式图书，又称丛刊、丛刻或汇刻。丛书一般以南宋《儒学警悟》为鼻祖，明清之际尤多。许多丛书既收独立的单部著作，又收小型丛书，即丛书中套丛书。

1959—1962 年，上海图书馆主编《中国丛书综录》著录历代丛书 2797 种，后来施廷镛《中国丛书综录续编》著录 1100 余种，阳海清主编《中国丛书广录》著录 3279 种。丛书将相关著作汇刻，为读者提供了搜集资料的便利，同时也保存下来了大量不见单行的著述。[20] 20 世纪八九十年代，一些新编的丛书陆续出版，如中华书局开始影印《古逸丛书三编》《琴曲集成》《宋人著录金文丛刊》《宋元方志丛刊》《古本小说丛刊》《清人书目题跋丛刊》，上海古籍出版社出版了《瓜蒂庵藏明清掌故丛刊》《古本戏曲丛刊五集》《中国古代版画丛刊二编》《清人别集丛刊》《宋蜀刻本唐人集丛刊》《唐五十家诗集》《善本丛书》《玉函山房辑佚书续编三种》《道藏要籍选刊》《天一阁藏明代方志选刊续编》，上海书店出版社开始编印《中国历代印谱丛书》《清代历史资料丛刊》，天津古籍出版社出版《北京大学图书馆馆藏稿本丛书》，北京图书馆出版社开始编印《北京图书馆古籍珍本丛刊》《日本藏中国罕见地方志丛刊》，山东友谊出版社开始出版《孔子文化大全》，中国书店出版社开始编印《海王村古籍丛刊》《中医基础丛书》，兰州古籍书店出版了《中国西北文献丛书》，中医古籍出版社开始出版《中医珍本丛书》《北京大学图书馆馆藏善本医书》《中国科学院图书馆馆藏善本医书》，上海科学技术出版社出版了《中国医学珍本丛书》《明清中医珍善孤本精选》，上海三联书店出版了《历代中医珍本集成》，文物出版社出版了《宋刻算经六种》《明成化说唱词话丛刊》，农业出版社出版了《中国农学珍本丛刊》，等等。

　　上海书店出版社 1994 年出版的《丛书集成续编》踵继商务印书馆的《丛书集成初编》，选取明清及民国时期的丛书 180 部，删除各丛书相重复以及与《丛书集成初编》相重复的书，共收古籍 3200 余种，按经、史、子、集分类编排。1997 年齐鲁书社出版的《四库全书存目丛书》1200 册，收录散藏于国内外 116 家图书馆、博物馆及少数私人藏书家的四库存目书 4508 部，其中宋刻本 15 种，宋写本 1 种，元刻本 21 种，明刻本 2152 种，明抄本 127 种，清刻本 1634 种，清抄本 330 种、稿本 22 种，有三成以上为孤本或稀见本。同年，北京出版社推出的《四库禁毁书丛刊》分为十辑，收书 644 种，《四库未收书辑刊》收录典籍近2000 种，也是分十辑影印。由此，加上之前重印的《文渊阁四库全书》，俗称的"四库系列"构架基本形成。[21]

　　民国文献的丛书出版也不少，如中华书局的《中华民国史资料丛稿》，人民出版社的《中国现代革命史资料丛刊》，中央党校出版社的《中共中央文件选集》，第二历史档案馆编印的《中华民国史档案资料汇编》《中华民国史档案资料丛刊》《日本帝国主义侵华档案资料选编》，中国国民党中央委员会党史史料编纂委员会编印的《革命文献》《中华民国重要史料初编》《中华民国史料丛编》等。[22]

（四）数字出版

数字出版是建立在计算机技术、通信技术、网络技术、存储技术、显示技术等高新技术基础上，融合并超越了传统出版内容而发展起来的新兴出版产业，它将所有的信息都以统一的二进制代码的数字化形式存储于光盘、云盘中，信息的处理与接收借助计算机等终端设备进行。它有两种保存和传播方式。一是电子出版，数字化内容在光盘等介质上存储或读取，比如全国古籍整理出版规划领导小组办公室编的《新中国古籍整理图书总目录》，就随书附赠了存储全书内容的光盘，还有以 U 盘的形式出版的张希清等主编的《宋会要辑稿数据库》等。二是互联网出版，也叫网络出版，是一种在线传播行为，互联网信息服务提供者将数字化内容通过互联网发送到客户端，供公众浏览、使用或下载。比如中华书局的《中华经典古籍库》，所收全部为经过整理的点校本古籍图书，可全文检索，与既有的单纯图像文件互为补充，是今后多元开发的重要基础。而且有镜像版、网络版（在线版）、微信版等形式，不仅可以阅读、检索，还将文字与原书图像进行对照，方便读者了解版式信息。[23]

20 世纪 90 年代，随着我国电子出版业的快速发展，大量古籍数据库被开发出来。参与古籍数据库出版的单位主要有图书收藏单位和古籍数字化企业，其中古籍数字化企业参与研发的数字化资源最为引人关注。企业在开发数字化古籍的时候主要根据市场需求来考虑，因此多以使用面较为广泛的大型丛书或经典文献作为选题。如北京书同文数字化技术有限公司（简称书同文公司）开发的《四库全书》《四部丛刊》全文检索电子版光盘，北京加利华电子工程有限公司制作的《唐诗三百首》光盘、《宋词三百首》光盘，青苹果数据中心制作的《全宋词》全文检索版光盘等。

自 2003 年以来，北京爱如生数字化技术研究中心（简称爱如生公司）先后开发了《中国基本古籍库》《中国类书库》和《中国史学库》三个大型古籍数据库。其中，《中国基本古籍库》于 2005 年出版，共收书 10 000 种 170 000 卷，版本 12 500 个 20 万卷；《中国类书库》于 2008 年出版，收录《古今图书集成》《永乐大典》等历代类书 300 部；《中国史学库》于 2017 年出版，收录上起先秦、下迄民国之历代史书、诸家史评以及诏令、奏议、政书、传记、笔记等史料，共计 2000 种。国家图书馆已经建成包含 36 个子库（中华古籍资源库、古代典籍、四部丛刊等）的古籍资源库；北京大学建设了数字图书馆古文献资源库——秘籍琳琅；全国 24 家重点高校图书馆共建高校古文献资源库——学苑汲古；中华书局开发了中华经典古籍库等。[24]上海图书馆 1996 年启动古籍善本全文光盘工程，将馆藏古籍善本全部数字化，并分期实现上网服务。目前首次上网的善本共 20 种 19 794 页，有宋代刻本 17 种及元代刻本 1 种、稿本 2 种，皆为海内外稀见珍品。2008 年，《人民日报》及时报道了重庆图书馆民国图书期刊数字化的消息，备受关注的重庆图书馆"镇馆之宝"——近十万册民国文献（其中数千册为孤本）电子版正式对外开放。读者通过电脑可以浏览民国时期尘封的历史，而不必担心损毁那些脆弱的书刊。

随着 5G、人工智能、大数据等新技术的应用，古籍整理出版事业从多角度发掘长尾市场，以技术赋能满足读者的阅读需求。自 2018 年以来，各类场景式的古籍读物层出不穷，如 VR 版四大名著、VR 版《清明上河图》等，读者可通过 VR 场景徜徉于古籍中，增强了临场感，达到了沉浸阅读的目的。2018 年 6 月，中国 VR 动画平台工作室根据《淮南子》《路史》《山海经》等古籍制作 VR 短片——《烈山氏：幻觉》，将古籍繁冗、晦涩的文字内容转化为可视化的阅读场景，并通过与读者实时交互，实现提升读者沉浸阅读体验的服务目标，获得了国内外读者市场的一致好评，实现了经济效益与社会效益的高度统一。[25]

四、数字化建设

古籍数字化就是从利用和保护古籍的目的出发，采用计算机技术，将常见的语言文字或图形符号转化为能被计算机识别的数字符号，从而制成古籍电子索引、古籍书目数据库和古籍全文数据库，用以揭示古籍文献信息资源的一项系统工作。[26]数字化对图书馆等古旧文献保存机构来说解决了保护和利用的难题，以较低的成本扩大和丰富了馆藏，提升了图书馆的服务能力；对研究者而言则可以使他们获得更多文献，特别是能利用一些稀缺文献，同时，从海量文献中提取和整理信息也更为方便，因而受到了广泛欢迎和重视。

自 20 世纪 70 年代末开始，古籍数字化研究与实践迄今已走过了近 40 年的历程。在现存约 15 万个品种 50 万个古籍版本中，目前已完成大约 3 万个古籍品种的数字加工，超过 20 亿字的全文文本格式及数千万兆图像格式，并形成了较为成熟的古籍数字化技术和标准。从最初的文本录入、索引编制，到大规模建设各种类型的古籍数据库（如书目型、全文型和影像型数据库等），再到今天利用计算机信息处理技术对古籍数字文本进行各种深加工，如自动标点、自动校勘、自动注释、语义标引、文本聚类、知识挖掘等，人们对古籍数字化的认识也在不断发展。

和古籍数字化起步较早不同，民国文献的保护在很长一段时间内没有受到重视。民国文献因为产生年代比较近，其文献价值没有被认识，直到新世纪以来，才逐渐受到图书馆界重视。2000 年，国家图书馆启动民国图书数字化项目。2004 年，上海图书馆开始民国期刊数字化项目。2005 年开始，民国文献的保护现状受到媒体的关注。2005 年，《北京晚报》发表了《国图 67 万册民国文献亟待抢救》。2006 年，《重庆日报》又发表了《谁来拯救重庆图书馆的"镇馆之宝"？》，这使民国文献的现状第一次受到全社会的普遍关注。2006 年 3 月，重庆图书馆开始对馆藏所有民国图书期刊开展全文数字化的工作。2011 年 3 月 8 日，全国政协委员、国家图书馆馆长周和平在政协十一届四次会议文化艺术界委员联组会上提出，民国时期文献抢救保护已经刻不容缓。2012 年"革命文献与民国时期文献保护计划"项目正式启动。自此，民国文献数字化工作在全国范围推动开展。

（一）古旧文献数字化的内容

1. 编目索引数字化

在一些信息技术发达的国家，各种索引都利用计算机编制。在我国，利用计算机编制索引也已相当普及，用手工编制索引已越来越少。用计算机编制索引有两种方式：一种方式是手工编制索引稿，再输入计算机编排和生产各种索引产品；另一种方式是直接在计算机上制作索引数据和生产各种索引产品。用计算机生产的索引产品有多种载体形式，其中以数据库（数字化索引）和印刷型索引为多见。随着数据技术的产生与发展，索引由传统书目式向数据库式转变。

张琪玉曾作出现代索引就是数据库的论断。数据库在功能上相当于传统索引的一个索引体系。数据库包含许多字段，一部分字段相当于文献款目的各种著录事项，另一部分字段相当于文献的各种检索标识项（如分类号、主题词、题名、著者等）。后者一般是每一字段生成一个索引，通过索引对数据库进行检索（但也可不通过索引直接对数据库的相应字段进行检索）。所以，一个含有分类号、主题词、题名、著者字段的数据库相当于分类索引、主题索引、题名索引、著者索引共四套卡片式索引，或相当于一种按详细分类排列正文并附有主题、题名、著者三种索引的检索工具。[27]

数据库索引实质是一种二次文献数据库，但随着电子化资源的日渐丰富，数据库检索技术的进步，信息系统"文、检分离"一体化的实现，二次文献数据库在形式上逐渐淡化，数据库索引更多地作为一种检索途径存在于信息检索过程中。全文数据库、引文数据库、语义数据库等类型数据库的出现，使得数据库索引不再是传统图书索引等可查阅的文本实体形式，更多地是以技术手段或检索系统形式在数据库检索中发挥其作用，目前常用的全文数据库、引文数据库、语义数据库等的使用过程就是使用全文索引、引文索引、语义索引等索引技术对数据库进行检索的过程。此外，大数据环境下，数据库处理对象不再局限于文本信息，以地理信息系统为代表的空间数据库和以音频库、视频库为代表的多媒体数据库发展迅速，数据库索引对象也相应地从文字扩展到地图、音频、视频等非结构化的数据。利用数据库进行计算机检索和网络检索，不但可以千百倍地提高检索速度，还可以使用各种检索技术，大大提高检索效果。

书目式数据库索引最早是对卡片式书目索引的电子化，即将原有手工查询索引方式改进为直接在计算机中制作成索引数据库。书目式数据库索引编制方式同原始卡片式索引编制方式一致，通常为字顺索引或主题索引，索引字段主要来自书目或题录信息中的题名、作者、机构等，按字段首字母顺序排序形成字顺型题名索引、作者索引或机构索引等，抑或根据中图法与主题词先分类再按字顺排序形成分层书目索引。最为常见的书目式数据库索引在各图书馆的馆藏书目数据库中，按资源来源可以分为联合书目数据库和独立的馆藏资源查询系统；按资源类型可以分为文献书目索引、报刊书目索引、期刊书目索引。

全文数据库集文献检索与全文提供功能于一体，免除了检索一般书目索引或引文索引后仍需费力查找全文的工序。虽然目前很多书目数据库亦提供全文传递功能，但全文数据库是完全意义上的提供全文索引供全文字段检索。全文数据库方便检索和无需再次查找文献原文的特点使得其在科研工作中被广泛使用。[28]

图谱数据库不仅具备文献图谱索引的检索性、工具性和资料性等基本功能，同时也具有文献图谱索引所无法比拟的优势，即检索速度快、准确度高。

20世纪70年代，欧美地区相关机构开始尝试利用计算机编制汉文古籍索引。美国当时就已经开始利用电脑这一现代化的科技手段编制中国古籍索引，如伊凡霍埃等人早在1978年就利用计算机编制了《朱熹大学章句索引》《朱熹中庸章句索引》《王阳明大学问索引》《王阳明传习录索引》《戴震孟子字义疏证索引》《戴震原善索引》等一系列古籍字词索引。当时在德国汉堡大学任职的吴用彤于1975年编制出版了《诗经索引》，这是首次用电脑编制英译本《诗经》索引，也是华人首次利用电脑编制中国古籍索引。

自20世纪90年代以来，日本学者已普遍使用电脑编制索引，在汉文古籍索引自动化方面成果卓著。东京大学东洋文化研究所研制成功"汉籍善本全文影像资料库"。该资料库为由丘山新负责、于2002年立项的东洋学研究情报中心重点计划——"贵重汉籍之修缮与数字化"的研究成果之一，资料库中的"书名笔画顺序""四部分类顺序"即相当于书名的笔画索引、四部分类法索引。另外中国石刻文物研究会于2003年根据明治大学气贺泽保规编撰的《新编唐代墓志所在总合目录》《西安碑林全集》和高桥继男所编撰的《中国五代十国时期墓志·墓碑综合目录稿》构建了"唐·五代十国时期墓志·墓碑数据库"，其检索结果提供了题名、作者以及URI排序功能，输出的各种检索结果实即相当于各种索引。

东北师范大学古籍整理研究所从1986年起承担全国高校古籍整理研究工作委员会下达的应用微机进行古籍整理研究的试验任务，于1988年编制完成了

《〈贞观政要〉综合检索》。1989 年中国社会科学院语言研究所姚兆炜利用汇编语言编制出机编索引系统，以《寒山子诗》为语料，编制出《寒山子诗》的全书索引。90 年代以后，中国索引学会成立。1991—1995 年，由栾贵明等人编著的《全唐诗索引》30 种由中华书局陆续出版。该书是在中国社会科学院计算机室所编《全唐诗数据库》基础上编成的逐字索引，按作者分册，逐字标引该作者诗作，注明出处，非常方便查找唐代诗人诗作。这是大规模利用数据库编制索引的较早实践之一。

　　1995 年以来，利用电脑编制古籍索引的便利已经为越来越多的古籍研究者所熟知，也加大了古籍索引编制自动化研究的力度，同时也加快了古籍索引编制的进程。出现了专门的古籍索引系统，如湘潭大学研制了古籍索引自动编辑系统——RPSYBJ 系统，可自动编制古籍的逐字索引、句子索引、人名索引、地名索引及其他专题索引。陕西师范大学历史系编制的《二十五史全文检索系统》本身既是一部电子索引，也是数字化全文，利用这套软件还可以进一步开发《十三经》《全唐诗》《全宋词》等。湘潭大学利用 RPSYBJ 系统编制了《宋词别集索引三种》，系逐字索引。四川大学依托《全宋文》数据库编制出《宋人传记资料索引补编》，体例大体遵循《宋人传记资料索引》，收录人物 2 万余，其中原索引已收人物更新增补材料者 6000 余人，完全新增人物 14 000 余人，接近原书所收人数。书后附有"别名字号索引"[29]。

　　近年来，编制的索引代表作有：《全国报刊索引数据库》，由中国索引学会单位会员上海图书馆《全国报刊索引》编辑部编制。《全国报刊索引》创刊于 1955 年，是中国最早出版发行的综合性中文报刊文献检索工具。60 多年来，已发展成为集印刷版、电子版以及网站为一体的综合信息服务产品。《全国报刊索引数据库》收录文献时间跨度从 1833 年至今近两个世纪，报道数据量超过 3000 万条，揭示报刊数量 20 000 余种，年更新数据超过 350 万条，具有文献信息海量、时间跨度长、覆盖面广、检索字段丰富、查检速度快等特点，是新一代电子版报刊检索工具。[30]其中，《全国报刊索引民国时期期刊全文数据库》目前已经推出 11 辑内容，收录 1911—1949 年出版的期刊 2 万余种。

　　随着计算机技术的快速发展，古旧文献图谱索引工作出现了前所未有的机遇，大量古旧文献图谱索引的编制也迎来了数据库时代。《中国历代名人图像数据库》，浙江图书馆开发建设，涵盖自远古、夏、商、周直至现代的名人图像资料（包括版刻、绘画、摄影、雕塑等）。数据库涉及历史人物 5600 余位，图像 16 000 余幅，图片说明包括名人姓名、生卒时间、身份功名、字号别称、出生籍贯、所属时代、备注等款目内容，并同时设置为检索点。数据库同时具备查询、观赏、统计等功能。《广州人物全文数据库》，广州图书馆开发建设，可检索大量近现代历史人物图像，包括"人物数据库"和"著作评述库"。"人物数据库"可检索人物各字段的标引信息、来自不同文献的该人物生平简介以及照片。"著作评述库"可查看重点人物的传记、作品、研究资料的全文。"人物数据库"包括全文检索在内的检索入口有 26 个。读者输入检索词，选择检索结果显示的排序方式，点击"检索"，即可进行资料查询。点击结果"预览"，即可查阅人物具体资料，点击其中"肖像"栏中的"人名 .jpg"，即可查看人物照片。若想了解更多相关信息，点击具体资料列表上端的"有关该人物的著作"，可查看人物著作及评述。[31]

2. 建立数据库

数据库是在 20 世纪 60 年代末发展起来的一项重要技术，20 世纪 70 年代以来得到迅猛发展，已经成为计算机科学与技术的一个重要分支。数据库技术和系统已经成为信息基础设施的核心技术和重要基础，数据库技术作为数据管理的最有效手段，极大地促进了计算机应用的发展。

数据库是以一定的组织方式将相关数据组织在一起，存储在外部存储介质上所形成的，能为多个用户共享的、与应用程序相互独立的相关数据集合。在信息系统中，数据库是数据和数据库对象（如表、视图、存储过程等）的集合。数据库中的大量数据必须按一定的逻辑结构加以存储，目的是提高数据库中数据的共享性、独立性、安全性，保持较低的数据冗余度，以便对数据进行各种处理，并保证数据的一致性和完整性。[32]书目数据库和全文数据库是公共图书馆利用自身古旧文献资源进行数据库建设常见的数据库类型。

书目数据库是针对文献开发和揭示建立的，能够指引用户快速、全面地鉴别相关信息的数据库。可以提供文献信息的基本特征和属性，以供用户参考，同时提供相关来源信息使用户可以找到原始文献。古籍书目数据库是指在统一的机读目录格式下按照相应的标准和规范加工而成，并最终以计算机网络系统形式向用户提供相关古籍数据资源检索的大型目录数据库。古籍书目数据库的建设适应了图书馆工作现代化的需要，是古籍文献揭示的一次重大飞跃。古籍书目数据库总体起步于 20 世纪 90 年代。1983 年，美国加州研究图书馆组织（简称 RLG）建立了一个自动化信息系统——美国研究图书馆信息网络（简称 RLIN）。80 年代末，该组织提出一项计划，拟将中国清嘉庆以前的印本及抄稿本编制成计算机可读形式的中国古籍国际联合目录。1991 年 9 月中国古籍国际联合目录项目正式投入工作，共有 18 个图书馆参加了该项目的工作。中国方面有北京大学、中国科学院、辽宁省图书馆、复旦大学、湖北省图书馆参加。[33] 1995 年编《中国古籍总目》时提出用计算机编目，于是，江苏、浙江、山东、辽宁等地一些图书馆开始各自建立数据库。之后国家图书馆编制成《汉语文古籍机读目录格式使用手册》（于 2001 年出版），使得全国古籍机读目录有了统一的正规格式。上海图书馆古籍书目数据库于 1999 年启动，2001 年推出使用，数据近 13 万条。国家图书馆2004 年完成全部馆藏古籍建置，数据有 39 万余条。2007 年全国开展古籍普查，建立统一的"中国古籍普查平台"，全国联合古籍书目数据库形成。[34]

全文数据库即收录了原始文献全文的数据库。全文数据库免去了文献标引著录等加工环节，减少了数据组织中的人为因素。因此，数据更新速度快，检索结果查准率更高。古籍全文数据库是指通过计算机可读的字符代码形式或以古籍文献页面扫描的影像形式存储古籍文献内容、支持计算机内容处理与查询的数据库。在公共图书馆方面，较有代表性的包括：国家图书馆古籍数字资源库，上海图书馆馆藏善本古籍、家谱全文影像数据库，长春图书馆馆藏国家珍贵古籍全文数据库，广东省立中山图书馆特藏文献全文数据库，等等。

古籍全文数据库有三种类型：文本型、图像型和图文型。文本全文数据库是古籍全文数据库早期的形式，是通过人工将古籍全文录入数据库，再进行分类标引形成的可检索全文数据库。其最大的优势是为使用者提供了文本格式的古籍全文，可以实现全文检索，能够进行文本复制、字词统计等操作，占用的存储空间较小。其不足之处是古籍文献中的文字相当复杂，不仅有篆、隶、楷、行、草等书体之异，更有繁、简、俗、异、古等文字之别，人工输入不仅量大难度高，而且错讹难免，有失原貌，无校勘价值。也就是说文本古籍数据库为利用者提供的是一种与古籍的原始面貌截然不同的全新形式，使用者如果研究版式、印刷、批注、印章等信息必须查阅原始古籍。由南开大学联合天津永川软件技术有限公司开发的《二十五史全文阅读检索系统》（网络版）就是这种形式。该系统提供了单项与组合检索功能，检索结果均以书名及卷次的形式列出，用户可以根据需要点击进入全文浏览界面。由于系统没有直接将检索词定位，用户进入浏览页面还需要再次查找定位。另外，该系统还为用户提供了阅读功能，用户可以逐卷逐页阅读全文。由于该系统全部采用了简体字，版面也是现代形式，因此用户无法找到阅读古籍的感觉。[35]

图像全文数据库，由图像及与之有关的文字说明信息组成。图像全文数据库是引进扫描技术的结果。通过扫描古籍全文，建立图像数据库，同时著录相应的元数据，形成基于元数据的古籍全文数据库。其最大的优势是可以提供同原始古籍版式一致的数字古籍，用户可以研究古籍的版式，甚至可以研究古籍的批注与收藏者的印章。最大的缺点就是用户只能基于元数据进行检索，无法进行全文检索与复制。我国图书馆图像数据库建设较其他数据库起步稍晚。2003 年起，数字摄影技术逐渐进入成熟期，为图像数据库建设的发展打下了良好的基础。数字摄影技术和平面式扫描仪技术的发展，使高清数字相机和高分辨率平面扫描仪等技术设备的价格有了较大的降幅，降低了获取高清图像的门槛。与此同时，国家图书馆、国家科技图书文献中心等单位相继出台了图书馆数字信息管理系统建设标准，为图书馆建设图像数据库提供了理论依据。近年来，我国图书馆图像数据库建设有了长足的发展。首都图书馆建成了以馆藏古籍为基础的"古籍插图图像数据库"和"古籍珍善本图像数据库"。南京图书馆建设完成了《中国近代文献图像数据库》，下设 1 个综合库和 8 个专题库，收录了良友、文华、中华、时代、北洋画报、东方画刊、艺林月刊、美术生活、漫画生活、上海漫画、天津商报、商标公报、中华景象、图说近代中国、民国人物写真、图片中国百年史、抗战建国大画史、中华民国历史图片档案、中国人民解放军历史图片选集等 143 种馆藏文献，基本涵盖了民国时期出版的图片资料。[36]

　　图文全文数据库是图像处理技术与超链接技术结合形成的数据库，通过超链接将图像全文与文本全文进行对应，以达到全文检索与提供原始文献的目的。图文型古籍数据库不仅支持基于文本的检索，还提供影像形式的古籍原文内容对照，避免文字识别时出现错漏；不但可以进行全文文本检索，还能够快速显示文献的逐页对照图像，方便使用者核对原文。它在数据库中加入了原文图像，读者在需要查阅原文时只需点击随机附加的"原文影像"即可，从而实现了文本型、图像型两种古籍全文数据库的优势互补。目前数字出版商开发的古籍全文数据库以图文型为主，已由单机版发展为网络版，例如爱如生公司开发的《中国基本古籍库》、书同文公司开发的《四部丛刊》、北京时代瀚堂科技有限公司开发的《瀚堂典藏》等。由书同文公司开发的《文渊阁四库全书》《四部丛刊》全文检索系统，是典型的图文古籍全文数据库。采取文字版与"原文影像"对照的处理方式，其全文检索数据和底本图像页面版式完全对照，研究者可根据需要随时参考原文图像。它不仅提供了古籍的图像，同时还支持分类检索、书名检索、著者检索以及全文检索。在数据库建设时不仅进行了 OCR 识别与校对，为与原始文献对应还进行了二次排版。如此操作流程比较适合大部头古籍，对于零散的古籍就不太适用了。它虽然为用户提供了图文对照，但提供检索的还是 OCR 之后的文本；尽管可与原始文献对照阅读，但检索词并不能在原始文献中定位，只能在重新排版的文本上标示，需要在全文文本与原文图像间来回切换。图文对照数据库是古旧文献数据库的发展方向。

　　3. 原文图像复制

　　古旧文献原文图像复制，是古旧文献再生性保护的主要方式，经历了静电复印、缩微胶片、拍摄照片以及数字化扫描等不同阶段。进入 21 世纪以来，将文献书页进行原文图像扫描已成为最有效的复制方式。将扫描过的文献图像存储在光盘或计算机硬盘等介质上，从而为读者提供文字信息服务。在实际工作中，公共图书馆往往采取多种形式对古旧文献进行复制，以适应和满足不同条件下的图像复制要求。

　　静电复印也称电照相，是用半导体作感光材料，经过光电作用，在感光材料表面成像而取得复印件。静电复印的优点是速度快，能复印手写、印刷、图像等各种形式文献。但静电复印会让古籍直接接触光源，同时复印时加热碳粉产生热量甚高，对古籍纸张损害颇大，故善本古籍不用静电复印，已是各图书馆不成文的规定。

缩微复制。缩微复制技术是采用专门的设备、材料和工艺，把经过编排和整理的原始文件缩小拍摄在感光胶片上，然后再经过显影加工、拷贝制成各种缩微品，最后利用检索、显示、复印等手段提供利用的一种复制开发手段。这种技术从产生、发展至今已有160余年的历史，技术成熟，而且已形成一套完善的标准规范。因为它的模拟记录方式可将原件的形状、内容、格式、字体以及图形等原貌忠实地记录在缩微胶片上，形成与原件完全相同的缩小影像，可以获得质量好、清晰度高的复制品，在图书及档案保护和利用实践中发挥着不可替代的作用。全国图书馆文献缩微复制中心自1985年成立后，便开始利用缩微摄影技术抢救中华人民共和国成立前出版的旧报纸、旧期刊和古籍善本等文献资料。其中国家图书馆在经过十年努力后，90%以上馆藏善本书都被制作成了缩微胶片提供给读者阅读。但缺点在于复制和阅读都需要采用特殊的设备，使用不便。近年来，对缩微复制品进行数字化转换，保留缩微品的保存功能，用数字化产品来替代使用，已成为图书馆界的共识。缩微胶片转换为数字化图像，称为缩微文献数字化加工，适用于已有缩微胶片的大批量转化，避免对原文件再次提取复制，减少损害。全国图书馆文献缩微复制中心于2003年开始使用计算机输入缩微品技术进行缩微文献数字化，以每年400万篇的数量逐步实现国家图书馆缩微文献的数字化。国家图书馆将此项工作与国家数字图书馆推广工程相结合，支持与协助全国各成员馆建立和完善缩微文献数字化工作流程，加快完成成员馆缩微文献的数字化。[37]

扫描复制。扫描文件最大的优点是清晰度高，画质稳定，适合图像像素高、数量比较大的文献复制需求。扫描设备已经有了适合不同装帧形式文献的新设计，可以满足线装书、单幅文献、双面文献复制等多种需要，以减少对原文献的损害。由于图像扫描技术具有简单快捷、成本低廉且保存长久等优势，许多图书馆开始尝试利用图像扫描技术将大量古籍永久保存，并收到了良好的效果。例如，上海图书馆的《古籍善本全文》光盘，是国内较有特色的古籍原文图像复制模式。采用扫描方式将古籍善本以图像格式保存在光盘中，图像显示具有放大、缩小、反转、翻页和指定页数、打印等功能，能真实反映原始文献的内容与特征。2006 年上海图书馆家谱数字化成果正式向读者开放，这是数字复制技术成功被读者所利用的典范。广东省立中山图书馆的"民国期刊与古籍全文数据库"是国内利用古籍原文图像复制保存古籍的一个典型数据库，其目的是让广大读者能够直接阅读大量的原来需要使用缩微阅读设备才能阅读的古籍文献。

数码摄影复制。数码摄影又称数字摄影，是指使用数字成像元件（CMOS，CCD）替代传统胶片来记录影像的技术。配备数字成像元件的相机统称为数码相机。数码摄影与传统摄影技术不同之处在于，光学影像转换为可被记录在存储介质（CF 卡、SD 卡）中的数字信息。相对于传统胶片，数码存储介质具有可循环使用、可直接观看拍摄影像、后期修改方便、免却冲印等特点。公共图书馆使用大众型数码相机拍照复制文献，方便快捷，非常适用于尺寸不大、像素要求不高、数量不多的文献复制，且能满足不同拍摄场景需要，也适合读者较为少量、零散的文献复制。对于一些巨幅尺寸、不易移动、像素要求很高的拍摄，普通民用数码相机已不能满足需求，需要使用高端专业级摄影设备。数码后背主要附加在中画幅相机或大画幅相机上使用，使原本使用胶片的相机也可以进行数字化拍摄。与传统数码单反相机相比，搭载了数码后背的相机体积大，不适合移动性的拍摄，且价格较高，但像素质量非常高，图像传感器的面积也非常大，成像效果显著，非常适合古籍文献的数字化拍摄，尤其拍摄古籍拓片和巨幅尺寸的舆图占有绝对优势。

4. 汇编电子丛书

古旧文献进行数字转化后，形成的电子介质文献资源，可以方便地进行各种汇编，汇编的结果就是电子图书。电子图书发展迅速、备受青睐的主要原因在于其除了具有一般电子文档的特性，如存储密度大、占用空间小、保存期限长、携带方便等之外，还具有检索功能强、管理方便、安全性好、出版成本低廉等特点。古旧文献的电子图书，从载体介质上分，有软盘版（早期产品，现在已很罕见）、光盘版（包括 DVD 光盘和 CD 光盘）、硬盘版、U 盘版和网络版五种。其中，CD 是广泛使用的存储媒体，其存储容量一般每张 650MB，能存储 3.4 亿个汉字，相当于 1000 本 30 余万字的著作或上千幅照片。而 DVD 可以在同样的空间压缩更多的数据，一张 DVD 光盘，存储量达 4.7GB，是 CD 光盘的 7 倍多。并且，随着光盘制作技术的更新，其容量正在大幅提升。网络版则是指将数字化的文献资源在网络上发布，供互联网用户有偿或无偿使用。

电子丛书除了能够方便快捷地提供数字文本、降低传播成本外，还能提供个性化的内容定制服务。读者只需要为自己阅读的内容付费，而不必为整部图书内容付费。这就能够极大地提高文献编纂成果的利用率和传播效果。而且，数字化古旧文献最大的优点就是能够全文检索。如北京国学时代文化传播股份有限公司 1999 年推出的《国学宝典》，迪志文化出版有限公司（香港）和上海人民出版社 1999 年出版的《文渊阁四库全书》（电子版），广西金海湾音像出版社和广西师范大学出版社 1999 年联合出版的《古今图书集成》，还有此后北京书同文数字化技术有限公司 2002 年的《四库丛刊》全文检索版，北京龙戴特信息技术有限公司与北京时代瀚唐科技有限公司联合开发的"龙语瀚唐典籍数据库"及相关技术系列产品等。其中《国学宝典》《四库丛刊》《四库全书》都不断推出新版甚至网络版。新版会纠正原版的错误，有的如《国学宝典》、"龙语瀚唐典籍数据库"还会增加文献内容。

《国学宝典》是一套面向中文图书馆、中国文化研究机构、专业研究人员和文史爱好者的中华古籍全文资料检索系统，由北京国学时代文化传播有限公司依托首都师范大学组织国内一批文史专家，经过长达六年的资料搜集、电子化校勘，并借助清华大学的网络技术研制而成。1999 年推出单机光盘版，2005 年推出网络版，每年不断补充和完善，现已收录先秦至晚清典籍 4000 余种，总字数逾 10 亿，近 10 万卷，基本涵盖了古代文史研究领域重要的文献资源，并仍在迅速扩充数据库的内容。所收包括十三经、二十五史、诸子百家、全上古文、唐诗宋词元曲、明清戏曲小说、历代学术笔记佛经道典等。原典之外，还收有部分清以后及现代整理汇编的典籍，如《全宋词》《敦煌变文集》等。大部分图书附有内容提要，介绍作者简历、内容组成及版本等相关信息。数据库过去使用简体字，现已开发出简、繁两种字体，有标点，分段落，具有全文逐字及高级智能检索、字频统计、智能模糊查询、自动卡片生成等功能，并附有人名词典、书名词典、成语词典等常用电子工具书。

5. 文本深加工

经过三十多年的发展，古旧文献数字化经历了书目数据库与全文数据库两个阶段。全文数据库的功能可以概括为查找出处、关键词检索、同类相聚。与书目数据库相比，全文数据库可以说是一个质的飞跃，实现了一站式获得。全文数据库的建立，需要将古旧文献资源进行数据加工，将图像数据转化为文本数据。王荟在《汉语文古籍全文文本化研究》中指出，相比于其他类型的数据，全文文本数据的结构最为复杂，加工难度最大，还有大量的问题需要探讨和研究，是古籍数字化研究的重点和难点。文本转换和加工包括三个阶段：第一阶段，全文化前期准备，包括构建全文化模型、确定全文化方法、底本选择、可数字化评估等；第二阶段，全文转换，包括文字符号转化、版式转换、集外字处理、元数据加工、数据合成等步骤；第三阶段，数据检验，包括检验方法选择、错误率控制、数据检验、数据修改等步骤。[38]古旧文献数字化建设除了完成文献资料的录入、存储、全文检索等基本工作外，更应该积极开展自动化、智能化处理方面的研究，如开发古旧文献的元数据标准、分类表、主题词表和语义词典；进行古籍自动校勘、自动编纂、自动翻译（古文今译）、自动断句、自动标点等方面的研究；通过统计字频、词频和行文风格特点等，开展古书文献计量学的研究；异体字的显示、字典词典、历史年代对照表、人名大辞典、地名大辞典、官名辞典等各种知识库和辅助工具库的配备等。

目前已经出现了计算机联机自动校勘软件，在古籍数据库建设中实现了对古籍的自动校勘，以及校勘记录的自动生成。又如，计算机对古籍自动标点的技术也已取得了明显成绩。首都师范大学电子文献研究所研制的古籍自动标点技术，采用前沿的人工智能算法，在若干次演示中其自动标点的准确率达到99%以上。还有，目前清华大学研制的中文古籍版本识别系统，也取得突破性进展；一些机构也正在研究计算机对古籍的自动辑佚、注释、翻译技术。这些方法的革新将为古籍整理工作带来全新的发展前景。[39]

文本挖掘是数字挖掘技术的一个新兴分支，即文本数据库中的知识发现，是指从大量文本集合、语料库中抽取知识团，这些知识团事先未知但可理解，且有潜在实用价值。文本挖掘技术主要应用于古籍作品的篇章分析，比如情感关系、人物关系等，通过一系列分析对古代文学作品做更深层次的研究。现阶段古籍的文本数字化水平已经比较成熟，后续将向着文本的深度分析方向发展。传统研究古代文学作品的方法对研究者的专业素质要求较高，且需要占有大量文本，因此很长一段时期内该领域对权威及第一手文献的依赖度过高；但利用数字化技术可以彻底改变这一现状。利用文本挖掘技术可以基于整体分析海量古籍文献，从而针对某个时代、某个风格流派及某个作者进行整体研究。比如史籍类古籍，其篇幅浩大且有着复杂的人物关系，可以利用文本挖掘技术分析同类史籍作品，从而还原一个更加准确的历史真相，对历史人物之间的复杂关系进行梳理。[40]

清华大学刘石教授介绍了"基于大数据技术的古典文学经典文本分析与研究"课题及相关工作。他表示，清华将从大数据时代的古代文学文本分析技术研究入手，利用已经成熟的统计学、计算语言学等技术方法，构建适用于文学文本研究的（如比对查重、定量分析、人物网络关系等）统计分析、数据挖掘与算法模型。针对古代文学文本的特点，研发具有针对性和适用性的分析工具，并在此基础上构建相应的文本分析平台。[41]

"数字图书馆标准与规范建设"（CDLS）是我国科技基础性工作专项资金重点项目，立足于制定我国数字图书馆标准规范发展战略与标准规范框架，建立数字图书馆核心标准规范体系。2002 年 10 月，该项目启动了"专门数字对象描述元数据规范"子项目，古籍、金石拓片也属其中的专门数字对象。子项目由北京大学图书馆牵头，联合 CALIS 管理中心（中国高等教育文献保障系统管理中心）、上海图书馆等八家单位共同完成。迄今为止，该项目产生的有关古籍元数据标准的规范文件包括：《古籍描述元数据规范》（2004-06-07）、《古籍描述元数据著录规则》（2004-06-07）、《古籍元数据规范》（2006-11-22）、《古文献系列——资源分析报告（舆图、古籍、拓片）》（2006-11-22）与《古籍著录规则》（2007-01-19）。古籍元数据基于 DC（都柏林核心元数据）构建，在吸收了 DC 核心元素的基础上加入了部分古籍专门元素，共有 17 个元素。每个元素由数量不等元素修饰词、元素编码体系构成。在实际工作中，可遵循《专门元数据规范设计指南》（CDLS-S05-001）中的扩展规则添加本地元素，以满足收藏机构的特殊要求。[42]

（二）国内公共图书馆古旧文献数字化成果

1. 中华古籍资源库

2016 年 9 月 28 日，作为"中华古籍保护计划"阶段成果的中华古籍资源库正式上线开展服务。读者可登录中国国家图书馆网站（http：//www.nlc.cn/）或中国古籍保护网（http：//www.nlc.cn/pcab/），点击进入"中华古籍资源库"栏目，以身份证号注册或读者卡登录，就可进行检索和全文阅览。该库共设置三种检索途径，即题名、索书号和责任者，可繁简字通检，方便港澳台地区和海外研究者的使用。检索结果页面为善本古籍的品种和版本目录，每部数字化的古籍均附编目数据，主要包括七项内容：题名项、责任者项、版本项、出版发行项、附注项（行款、版式等）和四部分类及善本编目书号。读者除获取所检索古籍（文献）的全文数字影像外，还可充分利用国家图书馆古籍编目人员的编目成果，阅览的同时兼顾参考研究。目前，中华古籍资源库已分两批发布国家图书馆藏善本古籍影像，合计 17 259 部 13.2 万册 875 万拍，其中宋刻本（写本）134 部，金刻本 1 部，元刻本 254 部，明刻本 7069 部，明抄本 594 部，清刻本 3662 部，清抄本 4107 部，明清稿本 780 部，活字本 254 部，域外汉籍 159 部，明清钤印本 57 部，其他（画像、拓本、彩绘本、磁版印本等）188 部，约占国家图书馆所藏善本总数的 60%。[43] 2017 年底，中华古籍资源库已经发布超过 80% 的国家图书馆善本。

2. 全国古籍普查登记基本数据库

全国古籍普查登记基本数据库是"全国古籍普查平台"的成果数据。该平台是全国古籍普查的工作平台和发布平台，旨在加强古籍普查工作，在保证质量的前提下方便、快捷、高效、可靠地进行全国古籍普查并及时向公众展现普查成果，提高公众的古籍保护意识。目前平台已在各省中心部署了分节点，支持多家古籍收藏单位著录普查数据。普查平台分为业务处理系统和发布系统。业务处理系统为各古籍收藏单位提供古籍普查的工作平台，采用"统一管理、分级使用"的应用模式，结合古籍普查的三层机构（基层古籍收藏机构、各省级古籍保护中心、国家古籍保护中心），采用"分级负责、逐级提交"的方式提交数据。发布系统作为古籍普查成果的展示方式之一，将国家古籍保护中心审核通过的普查数据发布给公众检索和浏览。截至 2017 年 11 月 3 日，累计发布 140 余家古籍普查数据 550 042 条 5 380 561 册。[44]

3. 国家珍贵古籍名录数据库

《国家珍贵古籍名录》是由国务院公布的我国现存珍贵古籍目录，旨在集中人力、财力，对具有特别重要文献价值、文物价值、艺术价值的古籍予以重点保护。截至目前，国务院已公布五批《国家珍贵古籍名录》，全国 457 家单位收藏的 12 274 部古籍入选。其中，汉文古籍 11 209 部（含甲骨 4 条共 11 家单位，简帛 164 种，敦煌遗书 376 件，碑帖拓本 185 件，古地图 131 件，古籍 10 349 部），少数民族文字古籍 1039 部，其他文字古籍 26 部。在《国家珍贵古籍名录》评审过程中，一些珍贵古籍的新品种、新版本、新价值被陆续发现。国家珍贵古籍名录数据库是国家古籍保护中心首次以数据库的形式公开发布五批《国家珍贵古籍名录》收录的所有古籍信息。数据库发布的内容主要包括名录批次、名录编号、名录内容、文献类型、文种、收藏单位、索书号、册/件数等信息。数据库支持用户按照名录批次、名录公布时间、文献类型、文种、分类、名录编号、名录内容、省份、收藏单位、索书号、题名著者、版本、批校题跋、版本年代、版本类型等字段进行检索，支持用户自行选择是否开启繁简共检功能。检索结果默认按名录编号排序。

4. 国家图书馆数字资源

国家图书馆善本古籍、普通古籍、金石拓本、舆图等书目数据基本完成，敦煌文献数据库也在不断完善当中。中华古籍资源库资源总量超过 2.5 万部 1000 余万册，于 2017 年底已经发布超过八成的国图善本。"敦煌遗珍"包括敦煌和丝绸之路上的写本、绘画、纺织品和器物的信息和图片十万余件。国图敦煌遗书完成近 5000 件 17 万余拍。"西夏碎金"包括书目数据 124 条，原件影像近 5000 拍，研究论文篇名数据 1200 余条。"甲骨世界"包括甲骨元数据 3764 条，影像 7532 幅。"碑帖精华"收录国图珍藏石刻，现有元数据 23 000 余条，影像 29 000 余幅。"数字方志"是以地方志文献为基础加工编纂的清代以前（含清代）的方志资源 6868 部。

自 2000 年起启动民国图书数字化项目，目前已建成的综合性全文数据库有"民国图书数字化资源库"和"民国中文期刊资源库"，专题数据库有"民国法律数字化资源库"和"东京审判资源库"。"民国图书数字化资源库"目前收录 22 个大类 15 373 种民国图书的全文影像资源，每年还在不断更新和增加。"民国中文期刊资源库"目前可提供 4351 种期刊的电子影像全文浏览。国家图书馆对馆藏民国法律文献进行整理和数字化，建成"民国法律数字化资源库"。该库包括民国各个时期存在政权的法律、法规文件 8112 篇总计 29 087 页，并将不断更新，可在线阅读全文。"东京审判资源库"由国家图书馆与上海交通大学合作建立的东京审判研究中心，从 2011 年起搜集、整理东京审判相关文献史料建设而成。内容包括从海外征集到的东京审判庭审记录 4.9 万页，中英文判决书各 1200 页，证词、证据文件 4949 份，庭审现场历史照片 384 张。

同时，国家图书馆利用国家中心馆的地位优势，整合国内民国文献资源，建立联合数据库平台，如"地方馆民国文献""民国时期文献联合目录"和"革命历史文献联合编目中心资源库"。"地方馆民国文献"整合了包括上海图书馆、首都图书馆、湖北省图书馆、广西壮族自治区图书馆、云南省图书馆等在内的近 10 家公共图书馆的馆藏图书、期刊、报纸等民国文献。"民国时期文献联合目录"是民国时期文献保护计划工作的数据发布即展示服务平台，于 2012 年建设开发，截至 2016 年汇集了来自国家图书馆、首都图书馆、重庆图书馆等 20 家公共图书馆的民国书目数据近 30 万条。"革命历史文献联合编目中心资源库"包含 25 家图书馆的书目数据和馆藏信息，总量计 1 万余条。[45]

5. 上海图书馆

《中国近代文献联合目录》现有书目记录 2 万余条，所收文献均为国家图书馆和上海图书馆已经全文数字化的内容；《中国现代电影期刊全目书志》收录 1921—1949 年间发行的电影杂志 300 种，每种写有详尽的提要，并配以相应书影和内页，附有发刊词和目录。上海图书馆以全国报刊索引为平台研发的《民国时期期刊全文数据库（1911—1949）》较为有影响，该数据库收录 1911—1949 年间出版的 2 万余种期刊、近千万篇文章，集中反映了这一时期的政治、军事、外交、经济、教育、思想文化、宗教等各方面的情况。

6. 南京图书馆

南京图书馆自 2007 年开始对馆藏民国文献进行数字化保护利用。目前，南京图书馆已建成的民国文献数据库以图片资料库为主，其中"中国近代文献图像数据库"取材于馆藏历史文献的精品，是集史料性、学术性和观赏性为一体的综合性中国近代文献图像数据库，收录 1840—1949 年的历史照片，内容涵盖政治、经济、军事、文化、科技、教育等 15 个大类。截至 2015 年底，已完成图像扫描 12 万幅，图像处理 11 万幅，文献标引 10 多万条。该库通过南京图书馆网站和江苏文化网同步发布，供读者免费检索。其他与民国文献相关的数据库还有"抗日战争历史图库""百年商标""老商标老广告数据库""红色记忆图片数据库""百年人物"等专题数据库。

7. 重庆图书馆

重庆图书馆建成的书目数据库包括"民国图书书目数据库"（收录图书数据 61 747 条）和"民国期刊书目数据库"（收录期刊数据 142 万条）。另有《重庆图书馆馆藏革命文献目录（1919—1949）》，收录中国共产党在革命实践中形成的各类文献，特别是非正式出版物中的油印或石印小册子和单张文献 450 余种。三个书目数据库，均可以下载电子表格形式的目录。

全文数据库方面，重庆图书馆是国内较早完成民国文献全文数字化的图书馆之一，其"民国文献全文数据库"始建于 2006 年，收录民国期刊 5727 册、文章 144 万篇，民国时期图书 6.2 万册。2008 年 1 月正式投入使用的"馆藏民国文献检索系统"与书目数据库和全文数据库有机结合，提供书名、题名、责任者、内容提要、中图法分类号、关键词、条码号、任意字段等多种查询途径，可以实现简单检索、高级检索及查询检索历史，并可以进行同义词、相关词的检索和全文下载阅读。2012 年 3 月，重庆图书馆启动民国报纸全文数字化工程。2014 年，重庆图书馆研发的以馆藏抗战文献为基础的"中国抗战大后方 3D 数字图书馆"正式建成。

8. 天津图书馆

天津图书馆的缩微文献影像数据库，也是华北地区古籍数字化的一个重要成果。该数据库拥有善本古籍 8000 余种，珍贵地方志 3600 余种。该数据库以馆藏的缩微胶片数字化资料为基础，收录了以明清时期的地方志为主的汉文古籍，主要包括天津建卫 600 多年各朝代的卫志、县志以及各地艺文志和民国时期稀见的图书、报刊等。

五、文创开发

文化创意产品，简称文创产品。文化创意产品（文创产品）是艺术衍生品的一种，它是将原生艺术品的符号意义、美学特征、人文精神、文化内涵等元素进行解读和重构，结合设计与创意而形成的一种新产品。常见的文化创意产品有动漫游戏、影视音像、工艺美术品等，其共同特点是具有较高的附加价值。联合国教科文组织（UNESCO）从特征属性角度分析：文创产品是表达创意思想、符号和生活方式的消费性产品。文创产品有三点特征：（1）文创产品的最终形态包括产品物质载体和文化创意内容；（2）文化创意内容是设计师依靠智慧、天赋和技巧对文化内涵的创意展示；（3）文创产品核心是所蕴含的文化符号和创意内容，以满足人们精神文化的需要。[46]

2016 年 5 月 1 日，国务院办公厅转发文化部等部门《关于推动文化文物单位文化创意产品开发若干意见的通知》（以下简称《通知》）。《通知》鼓励各级各类图书馆、博物馆等文化文物单位发掘馆藏文化资源，积极研发文化创意产品，从而促进优秀文化资源实现传承、传播和共享，既传播文化，又发展产业、增加效益，实现文化价值和实用价值的有机统一。为进一步推进《通知》的落实工作，2017 年 1 月 9 日，文化部再次下文对《通知》进行阶段性总结，确定了 154 家文化文物单位进行文化创意产品开发试点，其中 37 家为公共图书馆。全国各地也相继印发了地方文创工作的实施意见和扶持政策。如湖南省政府印发了《湖南省人民政府关于加快文化创意产业发展的意见》，黑龙江省政府印发了《关于推动文化文物单位文化创意产品开发的实施意见》等。这些地方性的意见和政策都将图书馆列为主要文创机构之一。

2017 年 9 月 12 日，"全国图书馆文化创意产品开发联盟"在北京正式成立。联盟是由文化和旅游部推动并指导，全国图书馆自愿参加组成的非营利性行业联盟。旨在借鉴"共享经济""互联网 +"等先进理念，探索优势力量互补、创意资源共享、营销渠道互通的图书馆文创产品开发新模式。截至 2020 年 1 月，联盟共有发起馆 37 家、成员图书馆 79 家，联盟秘书处设在国家图书馆。

公共图书馆开发文化创意产品，就是要将特色化的文化符号、文化标签、文化元素表现在特色载体上，形成具有文化内涵、创意思路的各种文化用品。公共图书馆的古旧文献资源，本身就富含丰厚的文化底蕴和艺术价值，通过文化内容的抽取和加工，能够形成独特的文化创意作品。

1. 古旧文献复制品和衍生品

公共图书馆馆藏的最大优势在于"书""字""画"。将图书馆里古旧文献中的"书""字""画"作为深入挖掘馆藏资源的线索，无疑是图书馆开发文创产品的一大亮点。最简单直接的文创方式就是将珍贵古旧文献进行高清复制，制作成高仿艺术品。字画类文献可以选择制作成单幅高仿产品，古籍也可以做成高仿古籍。还可以将图片或者字画复制在其他生活用品、纪念品、工艺品上，形成衍生品系列。

湖南图书馆推出的"馆藏十大精品字画"高仿品，黑龙江省图书馆的《大般若波罗蜜多经》（唐写本）高仿品，辽宁省图书馆的《御制盛京赋》高仿复制品，南京图书馆的《十竹斋画谱》系列，云南省图书馆的《滇南草本》礼品书，广东省立中山图书馆的《金刚经》高仿影印本，甘肃省图书馆《甘肃省图书馆藏书画作品选》《阅微草堂收藏诸老尺牍》《莫高窟仿古图》，影印文溯阁《四库全书》，济南市图书馆《读书堂》拓片、梅兰芳作品《松》等，均是依托精品馆藏资源开发。

国家图书馆早年以馆藏古籍复仿品、出版物等形式为主开发文创产品，2014年国家典籍博物馆开馆后，把甲骨、金石拓片、敦煌遗书、善本古籍、舆图、民族文字古籍、名家手稿等丰富的展品类型都纳入文创产品开发体系中，并进行了创造性转化。主要有以十二生肖的甲骨文字形为设计元素开发的甲骨文手工皂，依托馆藏清内府彩绘戏曲人物图谱《庆赏升平》中的公主、状元、孙悟空等卡通形象，设计的公交卡、书签等生活小物，以《大清万年一统地理全图》为元素设计制作的舆图领带等。

福建省图书馆依托馆藏古籍等文献资源，与国家图书馆出版社合作推出了《玉枕兰亭序玉版十三行合册》（一函一册）和《多宝塔碑》（一函一册）两部高仿古籍，出版发行后受到业内的好评和书法爱好者的追捧。作品提取特色创意元素，选取馆藏《宣和北苑贡茶录》中龙团凤饼的银模图案，设计制作了磁性书签、茶饼挂饰等系列文创产品。该创意元素不仅体现了福建与台湾的特色茶文化，同时亦是海上丝绸之路题材的重要元素。利用福建省图书馆民国藏书章图样，设计制作了三款实用性很强的折叠包挂；利用正谊书院藏书版式设计制作了古籍鼠标垫；等等。[47]

2. 出版古籍

出版古籍选择标准：（1）文图值得欣赏；（2）同一主题或相近主题之古籍较丰富者；（3）现代民众仍然喜爱阅读的经典；（4）古籍内容可以运用于现代生活；（5）属于罕见之珍稀古籍（孤本），民众喜爱收藏；（6）馆藏版本品相极佳；（7）在绘、刻、印方面具有代表性；（8）能彰显特定族群的历史、文化及生活；（9）具有节庆祥瑞意涵，如年画；（10）书法秀美，刻工精雅，图画精致，经良工重新装裱后另有精雅古朴风貌。

如 2012 年起，台湾汉学研究中心推动古籍复刻计划，除自行出版外还与出版机构合作出版。如与台湾大块文化出版有限公司合作出版《注东坡先生诗》；与台湾"商务印书馆"合作出版《四库全书初次进呈存目》等；与世界书局合作印制希古堂珍藏秘籍《唐僧弘秀集》《欧阳行周文集》《醉翁琴趣外篇》《山谷琴趣外篇》《盘洲乐章》等。[48]

3. 数字文创

随着人工智能、大数据、物联网等新技术的发展和应用，文化创意产业迎来了广阔的发展前景，数字文创、新文创概念的提出为各文化文物单位的文创产品开发带来了前所未有的挑战和机遇。国务院在《"十三五"国家战略性新兴产业发展规划》中提出，到 2020 年，要形成文化引领、技术先进、链条完整的数字创意产业发展格局，通过全民创意、创作联动等方式，挖掘优秀文化资源，创作优质的数字创意产品。2016 年，国务院办公厅转发文化部等部门《关于推动文化文物单位文化创意产品开发若干意见的通知》，明确依托美术馆、博物馆、图书馆等文化文物单位馆藏文化资源，推动各类文化创意产品开发。国家发改委发布的《战略性新兴产业重点产品和服务指导目录》（2016 版），详细说明了数字创意产业中数字文化创意活动、设计服务以及数字创意与融合服务的具体内容。数字文创，即基于下一代移动互联网、云技术、物联网等新技术，通过虚拟现实、全息成像、裸眼 3D 等技术，将文化创意内容进行数字化转化和开发，以数字图书馆、美术馆、博物馆等智慧文化场馆为载体，实现数字内容的交互式、虚拟化、可视化和网络化传播。数字文创产品包含数字网络媒介应用程序、数字互动装置、数字文娱等。数字文创的基本特点是网络参与、资源共享和互联互动。

图书馆馆藏资源数字化、素材化是数字文创的基础。传统文化资源数字化的意义在于保存、传承、研究、展示与教育。馆藏文献特别是古籍线装书经过数字化后，可以让读者更便捷地阅读和使用藏在"阁楼"里的经典。全国图书馆文化创意产品开发联盟联合各成员馆，将近万张图片进行数字化，作为文创素材在平台上共享。上海图书馆开发的《家谱数据库》《全国报刊索引数据库》等，不仅为文化传播提供了便利，而且具有很高的品牌经济价值。

通过数字互动装置实现传统文化的虚拟互动。中国国家博物馆展出"心灵的畅想——梵高艺术沉浸式体验"，采用全新的 360 度全息全景视频影像技术，完美还原梵高 200 多幅原作，设有互动绘画体验、VR 体验、艺术衍生品商店等，给观众带来多元、互动的感官体验。西藏图书馆"VR 诵经典"虚拟现实软件取材于经典文化典故，以中国传统文化为背景，通过虚拟现实技术和互动机制，用更加引人入胜的沉浸式体验来创新阅读方式，让读者在虚拟空间阅读古诗词，获得身临其境的立体沉浸式体验。虚拟翻书系统也是图书馆数字文创的展现形式之一，通过传感技术实现虚拟翻书效果，减少对古籍等纸质文献的接触，增强读者的代入感，给读者带来全新的文献阅读体验。

数字创意出版。信息技术的发展带动了数字创意出版，国家图书馆与阿里巴巴人工智能实验室合作开发了"翰香书墨"便捷式书法文具盒：将 AR 跟踪技术和 AI 技术应用于书法教学，只要下载软件扫描字帖，就可对照碑帖观看名家示范书写的短视频，仿佛随身携带了一名"书法老师"。岳麓书社推出名家演播无障碍版的四大名著，采用 VR 技术，精选名著场景制作全景内容，让读者在聆听名家演播和讲解的同时，身临其境地感受名著的情境。[49]

参考文献

［1］全国图书馆文献缩微复制中心.http://www.nlc.cn/newswzx/newswzxzxjj/.

［2］《缩微摄影技术等级标准培训教材》编委会.缩微摄影技术等级标准培训教材［M］.北京：北京图书馆出版社，1997：24.

［3］杨柳青.民国期刊缩微胶片数字化的分期［J］.数字与缩微影像，2020（02）：6.

［4］毛建军.古籍缩微及其数字化问题探析［J］.数字与缩微影像，2011（01）：27.

［5］钟诚，王文溥，张玉霞，等.信息检索与利用［M］.成都：电子科技大学出版社，2017：34.

［6］彭敏.古籍概述［M］.芜湖：安徽师范大学出版社，2018：139.

［7］蔡迎春，段晓林.民国文献目录编制沿革及其趋势［J］.图书馆论坛，2017，37（08）：119.

［8］王兆鹏.古籍文献的检索工具书概述［J］.古典文学知识，2003（02）：98.

［9］南京大学信息检索教学实习中心.信息资源的检索与利用第九章语言文字、文学信息的检索——语言文字资料的查找［EB/OL］.［2011-08-06］.http://desktop.nju.edu.cn.hn.vpn358.com/xxjs/Courseware/Html/chap9/pages/9_1_5_1_5.htm.

［10］韩琴.试论古籍索引与古籍索引电子化［J］.情报科学，2010，28（07）：1116.

［11］包菊香.古籍目录索引的自动编制——以"中华古籍索引库"为例［J］.中国索引，2013（1）：25.

［12］杜羽.古籍整理出版是文化传承的基础伟业［N］.光明日报，2012-11-05（005）.

［13］张丁.浓墨重彩沧桑厚重——民国文献的价值及馆藏现状［J］.图书与情报，2011（2）：141.

［14］段晓林.民国文献整理与研究的现状及其方向——回眸与展望：民国文献整理与研究国际学术研讨会综述［J］.图书馆杂志，2017，36（03）：115.

［15］陈晓莉，严向东.民国文献的整理与开发问题研究［J］.图书馆，2013（04）：95.

［16］段晓林，蔡迎春.2000年以来民国文献影印出版状况研究［J］.大学图书馆学报，2017，35（04）：104-109.

［17］孙玄常.古籍注释漫谈［J］.运城高专学报，2000（01）：49.

［18］边远.见微知著 文脉赓续——《2011—2020年国家古籍整理出版规划》项目分析研究［J］.中国出版，2020（11）：27-32.

［19］王珏.改革开放新时期古籍今译问题的论争及理论建构［J］.郑州大学学报（哲学社会科学版），2016，49（05）：103.

［20］南江涛.中华人民共和国成立以来新编古籍丛书出版综述［J］.出版史料，2012（03）：72.

［21］陈晓莉，严向东.民国文献的整理与开发问题研究［J］.图书馆，2013（04）：95.

［22］南江涛.改革开放四十年来的古籍影印出版［J］.中国出版史研究，2018（01）：76.

［23］顾雷.古籍出版与古籍保护关系刍议［J］.大学图书馆学报，2020，38（04）：103.

［24］原彦平.新时代中华优秀传统文化出版的新任务——以古籍整理出版为中心［J］.出版广角，2018（10）：11.

［25］张雨.古籍整理出版迈入3.0时代［J］.出版广角，2020（17）：31-33.

［26］毛建军.古籍数字化理论与实践［M］.北京：航空工业出版社，2009：5.

［27］张琪玉.现代的索引就是数据库［J］.中国索引，2003，1（1）：4-6.

［28］张心源，邱均平.国内外数据库索引编制研究的进展与趋势［J］.图书馆杂志，2016（3）：61.

［29］黄建年.汉文古籍索引自动化实践与研究概述［J］.佛山科学技术学院学报（社会科学版），2011，29（06）：50-56.

［30］杨光辉，温国强.中国索引学会工作回顾与展望：2012—2015——在第六届国际索引联盟峰会上的发言［J］.中国索引，2015，13（04）：2.

［31］毛建军.古籍索引电子化与古籍图谱数据库的建设［J］.档案与建设，2009（02）：14.

［32］郭鑫.数据库原理及应用［M］.重庆：重庆大学出版社，2018：2.

［33］毛建军.古籍书目数据库的标准与评价研究［J］.图书馆理论与实践，2009（06）：30-33.

［34］童正伦.古籍书目数据库析评［J］.图书馆理论与实践，2015（12）：100.

［35］刘聪明.古籍全文数据库的建设［J］.图书馆学刊，2011，33（07）：78-80.

［36］史丽君.古籍图像数据库建设常见问题及对策研究——以首都图书馆馆藏古籍珍善本图像数据库建设为例［J］.图书馆工作与研究，2016（09）：62.

［37］刘慧云，陈定权.我国图书馆缩微技术的发展历程和未来走向［J］.图书馆论坛，2017，37（01）：15.

［38］王荟，肖禹.汉语文古籍全文文本化研究［M］.上海：中西书局，2012：4.

［39］周少川.古籍数字化发展日新月异［N］.中国文化报，2019-12-20（008）.

［40］杨贤林.古籍整理中数字化技术的应用实践与展望［J］.图书馆学刊，2014，36（03）：52.

［41］章欣怡.为中国古籍数字化探索新路［N］.中国青年报，2019-10-14（002）.

［42］熊静.元数据在汉语文古籍数字化中的应用［J］.图书与情报，2010（01）：89.

［43］赵文友，林世田."中华古籍保护计划"成果——以"中华古籍资源库"建设为中心的古籍数字化工作［J］.新世纪图书馆，2018（03）：14.

［44］李晓楠.2007—2017年大陆地区公共图书馆汉文古籍数字化情况调研［D］.北京：中国社会科学院研究生院，2018：20.

［45］穆卫国，段晓林.公共图书馆民国文献自建数据库研究［J］.上海师范大学学报（哲学社会科学版），2017，46（04）：94-101.

［46］王毅，柯平.公共图书馆文化创意产品开发类别调研与分析［J］.图书情报工作，2018，62（03）：21.

［47］张琦.浅谈公共图书馆的文创开发工作——以福建省图书馆为例［J］.福建图书馆理论与实践，2017，38（02）：11.

［48］曾淑贤.揭开古籍文献与历史图像神秘面纱——谈古籍资源创意教育推广及文创加值［J］.新世纪图书馆，2016（11）：34-41.

［49］张婷.图书馆数字文创开发：现状、问题与对策［J］.图书馆学研究，2020（07）：27-33.

第六章 ◇

古旧文献服务的基本内容

一、公共图书馆服务

服务是图书馆的基本宗旨,是贯穿图书馆发展的主线。《中国大百科全书·图书馆学情报学档案学》中将图书馆服务定义为:"图书馆利用馆藏和设施直接向读者提供文献和情报的一系列活动,有时也称图书馆读者工作。""现代图书馆不仅通过阅览和外借的方法为读者提供印刷型书刊资料,而且还提供缩微复制、参考咨询、编译报道、情报检索、情报服务、定题情报检索以及宣传文献情报知识的专题讲座、展览等服务。"

中国的图书馆历史悠久,源远流长。但由于长期受封建社会制度的制约,"保存藏书"一直是其主要功能,很少对外开放服务。尽管明末曹溶曾经在其所著《流通古书约》一书中,提倡用传抄和刊刻方法扩大藏书的流通和传播范围,清代乾隆进士周永年的"借书园"和道光内阁中书国英的"共读楼"等私人藏书楼曾准许少量读者定期入内阅览,但影响都不大。真正向社会开放、提供服务的是浙江绍兴徐树兰 1903 年建成的古越藏书楼和此后的一些省立公共图书馆。辛亥革命以后，中国图书馆的服务对象逐渐扩大，如京师通俗图书馆设置新闻阅览室、儿童阅览室，并在一些县设立巡行文库。1919年五四运动前后，当时任北京大学图书部主任的李大钊强调图书馆的教育职能，提出公共图书馆应向工人、市民开放，实行开架阅览。以杜定友、刘国钧等为代表的欧美图书馆学派，推行西方的办馆思想，也主张图书馆为民众服务，要用各种方法吸引读者，并辅导他们自学。李小缘则强调图书馆发挥"消息总机关"的作用，向社会提供咨询服务。中华人民共和国成立以后，公共图书馆根据文化部制定的图书馆条例中的有关规定，通过提供阅览、外借、复制、参考咨询、文献检索、宣传报道、定题情报及情报分析等方式，广泛地为人民服务，为经济建设、科学技术和文化教育事业的发展服务。20世纪70年代前后，图书馆工作开始计算机化。随后兴起的信息化热潮，对图书馆传统的文献服务形式形成了强烈的冲击。21世纪以后，信息技术改变了公共图书馆的服务形态，知识和信息服务成为公共图书馆服务的主要内容。

二、古旧文献服务的用户

"读者"和"用户"是图书馆对服务对象的称呼。过去，图书馆将服务对象称为"读者"（reader）。因为前来图书馆的人，主要是阅读书刊，"读者"一词能够较确切地表达图书馆的服务对象。随着图书馆数字化的发展，图书馆的服务对象不仅来图书馆阅读书刊，还利用图书馆的视听资料、多媒体资料、数据库等，"看"或"听"各种信息，或利用因特网查找各种信息资源。"读者"一词已不能涵盖图书馆的服务对象，而"用户"一词的含义较宽，所以现在一些大型图书馆多用"用户"（user）一词来表示自己的服务对象。凡是利用图书馆各种资源、设施的个人和团体都可以称为"用户"。从"读者"向"用户"的转变，表明图书馆服务的对象外延和内涵不断扩大。

（一）个人用户

个人用户通常是以个人为单位独立利用图书馆资源的社会成员。古旧文献的个人用户主要是指到馆接受古旧文献服务的读者，以及通过网络方式使用线上古旧文献资源的个人。个人用户具有学科性、专业性、研究性等特征。个人用户有的是基于个人学习需求，有的是基于个人学术研究需求，有的也基于个人爱好等原因阅读古旧文献，主要还是以研究型用户为主体。公共图书馆和个人用户之间是最直接的服务与被服务关系，个人用户也是公共图书馆日常服务的主要对象。个人用户对古旧文献有信息需求，公共图书馆提供古旧文献服务以满足这种需求，从而产生了一种社会关系。公共图书馆面向个人用户开展的古旧文献服务，主要有现场阅览、复制、咨询、开办展览、文献传递、文创产品、数字化阅览和使用等。个人用户的信息需求、行为特征、阅读心理等特点，对公共图书馆的古旧文献服务产生直接影响。个人用户对于古旧文献的信息需求相对容易满足，主要以阅读、小范围复制为主，用于个人学习和学术研究。个人用户对公共图书馆古旧文献的使用，受到公共图书馆使用规定的限制。对古旧文献的使用一般不应涉及商业出版和网络传播，不能超出公共图书馆对文献著作权的合理使用范围。

（二）机构用户

古旧文献服务中的机构用户，通常是以一定组织形式利用图书馆资源的读者。这种组织一般是企事业单位、公私经济体、社会团体和其他各类群众团体。公共图书馆为机构用户提供的古旧文献服务有现场阅览、复制、咨询、展览、外借、出让部分版权等方式。在公共文化服务体系建设大背景下，公共图书馆服务越来越走向社会融合，机构用户群体越来越广泛。机构用户的信息需求超出了个人学习研究的范畴，在古旧文献使用数量、使用范围、使用方式方面与个人用户都有很大区别。机构用户的专业性、学术性更强，对文献服务要求更高。很多机构用户有课题经费或专项工作经费支持，要求阅览和复制的文献内容多，主要用于集体研究的课题、编撰的公开出版物或主题资料、策划专题展览、开展机构活动等。机构用户信息需求主要集中在文献阅览和复制、版权出让等方面，数量巨大，可能超出公共图书馆服务承载能力，违背公共图书馆古旧文献原件保护原则、特色馆藏建设和未来发展规划，并影响其他用户和其他服务。有一部分出版社寻求珍贵版本的古旧文献复制，并用于商业营利，有违公共图书馆对古旧文献珍贵版本的保护原则。还有的机构用户寻求更深层次的知识服务，需要公共图书馆花费更多人力资源提供合作。机构用户对古旧文献的需求更广泛更深入，对文献价值依赖性更强，是古旧文献服务中最突出的利益相关者。

三、古旧文献服务的原则

（一）以人为本原则

以人为本的观念由来已久，中国古代就有"民为邦本"的思想。中国"民本"思想萌芽于殷周，形成于春秋战国，发展于汉唐，成熟于明清，传承几千年，可谓源远流长。"民本"思想的基本精神就是：重视民众的作用，维护民众的利益。2000多年前的春秋时期，齐国著名政治家管仲最先提出了"以人为本"的概念。他在《管子·霸言》中说："夫霸王之所始也，以人为本。本理则国固，本乱则国危。"马克思主义继承了以往思想家的积极成果，科学地揭示了人的本质，为真正实现以人为本奠定了基础。在马克思看来，历史进步是社会发展和人的发展相统一的过程。2003年，中共十三届六中全会提出了以人为本、全面协调、可持续的科学发展观。

以人为本中的"人"应包括：人类存在意义上的人、社会群体意义上的人、具有独立人格和个性的人。以人为本中的"本"，主要有三层含义：第一，相对于人对人的依赖、人对物的依赖而言，它把人当作主体；第二，相对于人被边缘化而言，它把人看作一切事物的前提，最终的本质和根据；第三，相对于人作为手段而言，它把人作为目的。

以人为本是一种对人在社会发展中的主体地位和作用的肯定。它既强调人在社会发展中的主体地位和目的地位，又强调人在社会发展中的主体作用。以人为本是一种价值取向，即强调尊重人、解放人、依靠人、为了人和塑造人。以人为本是一种思维方式，就是要求我们在分析、思考和解决一切问题时，既要坚持运用历史的尺度，也要确立并运用人的尺度，要关注人的生活世界，要对人的生存和发展确立起终极关怀，要关注人的共性、人的普遍性和人的个性，要确立起人的自主意识并承担相应责任。

以人为本是图书馆服务的首要原则，也是图书馆服务精神的精髓。以人为本就是指在图书馆服务中，坚持以满足读者需求为核心，以积极认真的服务态度，通过各种措施，调动一切力量，为读者充分获取和利用图书馆各种信息资源提供一切方便。以人为本的原则体现了"一切为了读者"的服务思想和全局性的要求，即图书馆的所有文献、所有人员、所有工作都要把为读者服务当作出发点和归宿，并贯穿于一切服务过程之中。不论在什么经济条件和社会环境下，经历怎样的科技发展和技术变革，"以人为本"的人文主义精神始终是公共图书馆发展的核心价值体现。

（二）平等性原则

平等性原则是图书馆信息服务最基本的原则，是现代图书馆服务的基本方向。平等意味着无贵贱之分，无高低（身份）之别，无特权之规定。"图书馆面前人人平等"是图书馆界的"人权宣言"。联合国教科文组织与国际图书馆协会联合会 1972 年公布的《公共图书馆宣言》中早就写明："公共图书馆的大门需向社会上所有成员开放。"1994 年国际图联起草的《联合国教科文组织公共图书馆宣言》（修订版）指出："每一个人都有平等享受公共图书馆服务的权利，而不受年龄、种族、性别、宗教信仰、国籍、语言或社会地位的限制。"

平等服务的原则，落实到具体的图书馆服务上，首先是建立基本服务免费政策，确保消除图书馆服务的经济门槛。其次是建立图书馆服务体系，保证中心城区的优质图书馆服务延伸到边远地区。图书馆服务本质上是一种集成化的服务，需要集成足够多的文献才能形成服务能力。而图书馆一旦建成，该图书馆周边地区和远离该图书馆的地区就形成服务梯级，或者说图书馆服务的地域障碍由此形成。破除这一障碍的方法是建立图书馆的服务体系，通过建立总分馆制度、流动借阅制度、文献传递制度或远程数字服务，最大限度地消除服务的地域障碍。再次，还要消除获取信息能力不同带来的差异。信息时代的图书馆能够借助现代信息技术开展优质服务，但有些人可能因为获取信息能力较低而无法很好享受图书馆服务。因此图书馆一方面应该研发更具实用性的技术，另一方面应该通过信息素养教育，消除信息鸿沟。最后，图书馆的一般服务主要面向大多数人设计，一些有特殊需要的人可能受到忽视。对这些人开展特殊服务已经构成平等服务的主要内容。■

（三）均衡性原则

均衡性原则就是强调公共图书馆在区域内提供均等化的服务。我国区域、城乡经济发展不平衡，导致我国公共图书馆发展也存在明显的区域、城乡不平衡现象。为此，国家已经制定了改善公共图书馆发展不均衡局面的相关政策。2007年，中共中央办公厅、国务院办公厅印发了《关于加强公共文化服务体系建设的若干意见》，提出"逐步实现公共文化服务均等化"。2015年1月，中共中央办公厅、国务院办公厅印发《关于加快构建现代公共文化服务体系的意见》，明确了"标准化、均等化、社会化、数字化"是构建现代公共文化服务体系的重点任务。基本公共文化服务均等化的核心是促进基本公共文化服务机会均等，保障群众基本文化权益。2016年，《国民经济和社会发展"十三五"规划纲要》又明确提出要"推进基本公共文化服务标准化、均等化。完善公共文化设施网络，加强基层文化服务能力建设。加大对老少边穷地区文化建设帮扶力度"。即在均等化理念下，从城乡均等、区域均等、人群均等方面大力推进公共文化服务，推进总分馆制建设，统筹城乡资源均衡配置；推动革命老区、民族地区、边疆地区、贫困地区公共文化建设实现跨越式发展；重点保障未成年人、老年人、残障人士等特殊群体基本文化群益。

公共图书馆要积极参与公共文化服务体系建设，建立公共图书馆联盟，通过现代数字资源建设和信息技术手段，开展线上文献传递和数字资源服务等各种形式的服务，提供均等化知识信息服务。数字化是实现基本公共文化服务均等化的必由之路。公共图书馆作为公共文化领域最早践行普遍均等服务理念的公共文化设施，服务网络覆盖面最广，在推进公共文化服务城乡均等、区域均等、人群均等方面做出了巨大贡献。

（四）合法性原则

古旧文献稀缺珍贵，价值巨大，很大一部分属于国家文物，受到国家法律的严格保护。公共图书馆代为保存古旧文献，要在国家法律法规许可的范围内进行各项业务活动，不能出现违法违规行为。目前，国内尚未有针对公共图书馆古旧文献的专项法律，但是一些相关法律体系中存在适用的法律条款。

《中华人民共和国文物保护法》相关内容。1982年，全国人大通过了《中华人民共和国文物保护法》（以下简称《文物保护法》），2017年进行了修订。其中规定："历史上各时代重要的文献资料以及具有历史、艺术、科学价值的手稿和图书资料等"，属于文物并受到国家保护。《文物保护法》把图书馆划为文物收藏单位，并规定文物收藏单位的文物归国家所有。《文物保护法》第四章第36条到49条，对馆藏文物的保存、建档、购买、调拨、展览、交换、修复、复制、处置、损坏责任等作出了明确规定。2003年，国务院颁布了《中华人民共和国文物保护法实施条例》，2017年进行了修订。其中，第四章第28条到43条，对馆藏文物包括图书馆收藏的文物和省、市、县级人民政府对文物保管的具体责任，作出了全面系统、具有长期执行效力的详细规定。全国各省都在文物保护法颁布之后，相继制定和颁布了本省的文物保护条例，比如1986年颁布的《湖南省文物保护条例》，2010年颁布的《山东省文物保护条例》等，并在之后若干年进行了修订，以根据地域和时代环境来约束本省的文物保护和其他活动。

《中华人民共和国著作权法》相关内容。1990年，全国人大通过了《中华人民共和国著作权法》（以下简称《著作权法》），2001年和2010年两次修订。《著作权法》中与公共图书馆古旧文献服务相关的规定条款有著作权归属、著作权内容、著作权保护期、合理使用范围等。《著作权法》第22条还规定了不侵犯著作权的合法使用范围：为个人学习研究使用，为教学和科研少量复制但不出版，图书馆为陈列和保存版本需要复制馆藏等。2002年，国务院颁布《中华人民共和国著作权法实施条例》，2011年和2013年两次修订。《中华人民共和国著作权法实施条例》对著作权法未详细明确的细节作出了补充规定。2006年，国务院颁布《信息网络传播权保护条例》，2013年修改。第7条规定："图书馆、档案馆、纪念馆、博物馆、美术馆等可以不经著作权人许可，通过信息网络向本馆馆舍内服务对象提供本馆收藏的合法出版的数字作品和依法为陈列或者保存版本的需要以数字化形式复制的作品，不向其支付报酬，但不得直接或者间接获得经济利益。当事人另有约定的除外。"

　　图书馆法律法规相关内容。2017 年 11 月 4 日，《中华人民共和国公共图书馆法》（以下简称《公共图书馆法》）经全国人民代表大会通过，2018 年 1 月 1 日起施行。在《公共图书馆法》颁布之前，全国范围内也已经有多个省（区、市）出台了有关公共图书馆管理的地方性法规。地方性图书馆立法有《湖北省公共图书馆条例》（2001 年 7 月）、《四川省公共图书馆条例》（2013 年 7 月）、《广州市公共图书馆条例》（2015 年 5 月）等。省域地方性公共图书馆政府规章有《上海市公共图书馆管理办法》（2002 年 11 月修订）、《浙江省公共图书馆管理办法》（2003 年 8 月发布）、《山东省公共图书馆管理办法》（2009 年 4 月发布）等。公共图书馆的各项业务活动主要还是在《公共图书馆法》和相关地方性法规的直接指导下开展。《公共图书馆法》第 28 条规定，公共图书馆应当配备防火、防盗等设施，并按照国家有关规定和标准对古籍和其他珍贵、易损文献采取专门的保护措施，确保安全。第 41 条提出，公共图书馆应采用数字化、影印或者缩微技术等推进古籍的整理、出版和研究利用，并通过巡回展览、公益性讲座、善本再造、创意产品开发等方式，加强古籍宣传，传承发展中华优秀传统文化。《公共图书馆法》是一部国家层面的法律，其主要内容体现了我国公共图书馆方面法律制度的顶层设计框架。但是具体业务活动的开展，可操作性规范，还需要实施细则和配套规章来规定，目前还没有实现。纵观其他地方性公共图书馆法规，在涉及古籍的叙述时，大多和《公共图书馆法》一样，侧重于对古籍保存保管的规定，和对开发利用的倡导性表述。

　　公共图书馆古旧文献业务活动，是在国家法律体系规范下的公益性服务活动，必须接受国家法律的监督，以维护我国全体人民的共同利益。公共图书馆的工作人员，要有遵纪守法意识，学法懂法，重视古旧文献安全保护，不损害国家和公众的利益，确保在古旧文献服务过程中，各参与主体都承担应尽的法律责任和义务。

（五）公益性原则

公益性是公共图书馆的本质属性，公益性价值的实现是公共图书馆追求的最高目标。公共图书馆制度是适应人类社会文明进步的需要而产生的公益制度，它由初期的公益活动发展为当今国家为保障公民文化权利实现的重要公益制度，充分体现了社会效率和公平正义的价值。公共图书馆制度是国家为维护公共利益，保障公民进行科学研究、文学艺术创作和其他文化活动的自由，落实国家为公民享受文化权利而进行信息文献无偿公共借阅服务的公共事业管理的重要内容。

2011 年，中央文化部、财政部发布《关于推进全国美术馆公共图书馆文化馆（站）免费开放工作的意见》，其中规定："公共图书馆免费开放主要包括：一般阅览室、少年儿童阅览室、多媒体阅览室（电子阅览室）、报告厅（培训室、综合活动室）、自修室等公共空间设施场地免费开放；文献资源借阅、检索与咨询、公益性讲座和展览、基层辅导、流动服务等基本文化服务项目健全并免费提供；为保障基本职能实现的一些辅助性服务如办证、验证及存包等全部免费。"自 2011 年起，我国中央财政划拨专项补贴，支持全国公共图书馆实施基本服务免费开放。2017 年 3 月 1 日施行的《中华人民共和国公共文化服务保障法》规定，县级以上人民政府应当将公共文化服务纳入本级国民经济和社会发展规划，按照公益性、基本性、均等性、便利性的要求，加强公共文化设施建设，完善公共文化服务体系，提高公共文化服务效能。2018 年 1 月 1 日起施行的《中华人民共和国公共图书馆法》第 2 条规定，公共图书馆是指向社会公众免费开放，收集、整理、保存文献信息并提供查询、借阅及相关服务，开展社会教育的公共文化设施。公共图书馆免费为用户提供基本服务，是其公益性质的重要体现。

公共图书馆提供免费服务，是维护公共利益的行为体现。在古旧文献服务中，要区分超出公共利益的用户需求。个人用户对古旧文献的需求，大部分在于自我学习、研究，这属于公共利益保护下的个人合法利益，应该尽可能保护和满足。机构用户对古旧文献的使用需求，主张的是群体利益，一小部分是学习研究、公开展览，这是属于在公共利益下的正当使用，公共图书馆应该予以支持；但用于纸质出版和数字化传播，涉及商业化垄断利益，已经超出了公共图书馆保护下的公共利益范畴，应该受到限制。

四、古旧文献服务的特点

在现代社会，公共图书馆服务呈现复杂化、多元化、个性化、专业化发展的态势，有阅读推广服务、信息服务、数字图书馆服务等新兴服务内容。古旧文献服务属于传统的文献服务，形成时间早，持续时间长，且有其固有的特点和特殊意义。

（一）古旧文献服务的特点

1. 资源稀缺性

公共图书馆服务大多以馆藏资源为基础，为满足用户知识信息需求，提供各项文献资源服务。古旧文献与现代纸质文献资源、数字资源最大的不同之处在于，属于不可再生资源，资源稀缺。表现在几个方面：第一，古旧文献不可再生，存世数量缓慢减少。由于产生古旧文献的社会环境和社会条件已不复存在，在自然因素、现代技术和人为因素的干预下，古旧文献呈现出缓慢消减的态势。纸质载体在传世过程中，容易遭受各种自然灾害和人为灾害的损坏，现存数量也不是非常可观。古旧文献资源的价值，会随着时间流逝越来越高涨。第二，古旧文献在公共图书馆的存藏状况已经相对稳定，且分布不均衡。由于古旧文献流通市场的逐渐萎缩，公共图书馆现有的存藏状况已经相对稳定，馆藏古旧文献数量和结构已基本形成，很难再有大幅的变化。公共图书馆不可能通过大幅采购等方式，补充自身古旧文献馆藏，以满足本地区用户的需求。古旧文献在各级公共图书馆的藏量不一，除了几家重点收藏单位在数量和特色上有一定规模外，很多公共图书馆古旧文献种类不多，没有形成特色体系，很难满足用户基本需求。用户的文献信息需求难以满足，频繁跨地区、跨单位查找古旧文献是常见现象。第三，古旧文献仍然存在著作权的限制。现存大部分古代文献和一部分民国文献，作者死亡时间已经超过了 50 年。这些作品应该已经进入公有领域，不再受到《著作权法》的保护。古旧文献中还有一小部分特别珍贵的作品，比如未公开发表的手稿、字画类文献。根据《中华人民共和国著作权法实施条例》第 17 条规定，作者生前未发表的作品，如果作者未明确表示不发表，作者死亡后 50 年内，没有继承人又无人受遗赠的，其发表权由作品原件的所有人行使。那么这类作品的所有权和使用权归公共图书馆代国家持有。

2. 用户稳定性

用户是图书馆服务的对象，是图书馆一切活动的主体，是图书馆诸多要素相互联系、相互作用的出发点和归宿。古旧文献用户是一个相对稳定和特殊的群体，比较容易和其他一般信息用户区别开来。第一，不是开放性、广泛性群体。现代出版物的用户群体广泛，涵盖了社会各阶层、各地域、各单位，比较容易通过各种阅读推广活动吸收新的用户人群。而古旧文献的用户有明显的受教育水平、专业职业特点、年龄层次特点，集中在学生、教师、科研人员、出版从业人员、文博单位从业者等人群中。这类人群最大的特点就是，古旧文献与他们的日常学习和工作密不可分。他们日常接触到的古旧文献比较多，自身已经具备了相关知识和一定认识水平。这类人群是古旧文献服务固定的用户群体，很难大幅扩容和增长。第二，以学习和研究目的为主。古旧文献具有较强专业性和知识性，个人用户需求大多集中在研究性学习和工作方面，比如撰写专业论文、发表著作、完成科研项目等。即便是出版单位等机构用户，其使用的最终目的也还是方便公众学习研究。虽然近年来，公共图书馆也开展了一些古旧文献阅读推广活动，以宣传传统文化，普及古旧文献知识，推广本单位馆藏，但这些活动未必能扩大对古旧文献的需求。第三，用户需求指向性明显。古旧文献用户来公共图书馆查找使用古旧文献的目的明确，通常是已经有详细书目。除非有不同形式的文献提供，比如复本、丛书、再造版本、缩微品、数字化资源，不然很难有其他内容的替代品。如果公共图书馆没有此类文献，就不能提供相关服务。

3. 服务专业性

古旧文献自身具有的专业性、学术性，要求公共图书馆为用户提供更专业、精准的服务。第一，对馆藏古旧文献进行编目和整理。古旧文献的编目和整理工作，是古旧文献服务的基础工作。公共图书馆对入藏的古旧文献，要进行科学的分类、编目、排架和典藏，实现馆藏古旧文献的安全有序保存。建立完善的馆藏目录体系，供用户便捷清晰查找。第二，相关工作人员具备一定古旧文献知识素养和馆藏布局经验。提供古旧文献服务的工作人员除了应具有图书馆相关知识技能和服务意识外，还要具备古旧文献基础知识，熟悉馆藏状况，才能为用户提供指引和帮助。特别是在用户需求不明确、指向性模糊的状况下，能够通过与用户沟通，分析出具体需求，建立馆藏文献与用户需求之间的连接，帮助用户快速准确找到所需文献，减少盲目性查找给文献保护带来的不利影响。同时，随着现代科技进步与发展，新的文献载体、服务方式应用于古旧文献服务，向传统用户推介新的服务方法，最大程度发挥馆藏文献的社会价值，也是工作人员的职责。第三，与其他图书馆有密切联系和合作，能提供馆际互借和文献传递。公共图书馆古旧文献的不足，容易造成用户无法获得所需的文献服务。公共图书馆之间应该建立起各类型图书馆联盟，为古旧文献资源服务提供便利。公共图书馆工作人员要熟悉相关联盟馆的馆藏状况，为用户提供专业咨询和帮助。要建立其成员馆之间的馆际互借和文献传递合作，为本地用户获取其他图书馆的古旧文献资源。

4. 合作多样性

在开放交流的社会环境下，公共图书馆开展的古旧文献服务不仅仅存在公共图书馆与用户之间，还有很多因为服务活动联系起来的合作方和利益相关者。这些合作的单位和机构，有的是与图书馆建立了长期稳定的合作关系，有的是偶尔合作。第一，与同类文化服务单位之间的合作。在公共文化服务体系中，公共图书馆、博物馆、文化馆及其他文化服务单位，共同构成了提供公共文化服务的主体。公共图书馆与其他提供公共文化服务的单位具有相同的职责，也存在一些类似的职能，能够合作开展服务活动。公共图书馆与这类单位的合作，往往目标一致，通常能形成互利互惠的结果。比如，博物馆可以和图书馆合作开展古旧文献展览，通过主题策划，把双方同类型文献集中起来，提供更丰富的展览活动。第二，与追求经济利益的单位合作。公共图书馆的古旧文献资源，具有文化和经济价值，一些单位需要利用公共图书馆的古旧文献资源实现经济利益，为自身生存和发展提供条件。公共图书馆可以根据国家法律法规许可的内容，与之开展合作，为其提供文献资源。比如，一些出版单位通过购买版权，从公共图书馆获得一些未刊古旧文献，进行加工出版，公共图书馆可以获得版权收益以及署名权等。商业数据库开发公司也需要购买古旧文献内容，开发数字产品。公共图书馆与这类单位虽然目标和付出不一致，但也能达成一定范围、一定条件的合作。第三，与其他社会单位和机构的合作。除了以上两类合作单位，还有一些社会机构，比如某些高校为了科研，寻求公共图书馆在文献资源和服务上的支持。有一些机构在开展公益活动的时候，需要公共图书馆为他们提供文献资源和服务支持。

（二）古旧文献服务研究进展

1. 古籍服务

中华古籍保护计划的开展，在全国范围内推动了古籍收藏单位古籍保护实践的开展。公共图书馆古籍服务理念和实践不断更新，从传统的阅览服务，向多样化、深层次服务转变。各级图书馆古籍数字化程度大大提升，产生了众多数字化成果。古籍数字化服务成为古籍服务的新业态，也成了学术研究的新热点。

古籍服务理念方面，近代公共图书馆古籍服务思想、公共图书馆职能、中华古籍保护计划，无不表明公共图书馆古籍保护的重要目的是为社会提供更加优质的服务。陈立提出公共图书馆应在坚持古籍保护的同时，充分利用古籍保护成果，大力开展古籍阅览、整理开发与学术研究等服务，在合理使用中积极实现古籍的价值。[2]古籍服务在总体开放程度变高的同时，仍然存在重藏轻用思想严重、地区性制度差异较大、人员素质不高等问题，公共图书馆应该在坚持古籍保护的同时，通过统一有关政策法规、明确行业指导标准、有效利用再生成果、提高服务水平等措施，全面推进古籍服务。[3]

古籍阅览服务方面，新时期的发展形势为图书馆古籍阅览室的读者服务工作提出了更高的要求。骆骁分析了古籍阅览室服务工作的特殊性与困难性，探讨了针对不同读者人群所采取的不同服务重点，阐述了利用多种现代网络信息手段开展服务的必要性。[4]余红玲以南京图书馆"国学馆"为例，较为全面地论述了数字资源在古籍阅览中的作用及局限，提出了以数据库建设为发展方向，配置相应的纸质文献，打破分馆藏书的空间壁垒，是古籍阅览资源配置的重要方式。[5]殷琛结合镇江市图书馆 2012 年古籍阅览咨询数据统计，分析读者及古籍阅览咨询特点，探讨地市级图书馆如何提升古籍服务水平，更好地满足大众文化需求，服务社会文化建设。[6]在公共图书馆免费开放的背景下，古籍读者服务工作也相应发生了变化。娄明辉提出，在古籍阅览方面减少了手续，降低了收费标准，但相应的古籍服务仍不应该完全免费；针对古籍读者群体专业性、目的性强和地域广泛等特点，公共图书馆应在古籍原件保护、图书馆员业务水平、古籍数字化、地方文献开发和古籍阅览环境等方面采取措施，做好古籍读者服务工作。[7]

古籍数字资源服务方面，经过几十年的发展，古籍数字化取得了丰硕的成果，但同时也存在着一些问题。张丽着重探讨古籍数字化资源服务现状及相关法律问题，并提出一些建议。[8]赵洪雅整合古籍数字资源服务评价相关各项指标因素，从用户感知角度构建古籍数字资源服务效能评价假设模型。研究发现，"服务品质""界面设计""内容建设""系统性能"和"检索功能"是影响古籍数字资源服务效能的五个关键因素，在移动、智能、个性化浪潮下，对服务主体提出了更高的要求。[9]目前古籍数据库移动应用存在资源规模小、数据形式和内容单一、平台与功能建设不完善、用户关注度不足等问题。杨思洛、冯雅选取基于微信平台和具有手机客户端的两类古籍数据库，分析其运行模式和主要功能，建议古籍数据库移动应用建设应进一步完善平台建设、丰富数据形式与数量、优化相关功能、注重与用户沟通互动。[10]为解决我国古籍数字资源建设中海量数据利用率低的问题，发挥古籍数字化成果的作用，吴茗介绍了我国整合古籍数字文献的实践，提出利用前沿技术对古籍进行信息分析与挖掘，且建立质量评价标准、加强交流合作、培养专门人才、解决版权问题是关键。[11]徐金铸提出图书馆要加大古籍专业人才队伍的建设，培养图书馆员的创造力和创新能力，不断借鉴先进的经验，以用户多元化信息需求为导向，创新古籍网络数字资源信息服务模式，及时更新调整古籍网络信息服务策略，努力做到图书馆古籍的网络信息资源服务与读者需求同行，与时代发展共进，为教学和科研提供多元化的特色服务。[12]

古籍知识服务方面，王晓庆分析了公共图书馆开展知识服务的局限性，提出将古籍文献学科化知识服务作为公共图书馆拓展知识服务功能的突破口，阐述开展此类知识服务的前提条件，探讨主要的服务模式，并提出实现此类知识服务的基本策略。[13]为了深入挖掘并有效利用古籍资源中丰富的知识内容，从知识服务的角度对古籍的数字出版进行研究，巩金强运用文献研究法、比较分析法和个案研究法，在借鉴现有研究成果的基础上，对古联（北京）数字传媒科技有限公司（中华书局的全资子公司）负责建设和运营的籍合网的古籍知识服务作了个案研究。[14]

国外古籍服务比较研究，阎琳通过对国外文献调研和网络调研，介绍了三所国外一流高校的古籍特藏服务，分析其在支持教学、科研、文化服务方面的特点，提出国内高校图书馆古籍特藏服务应从开展教学活动、开放合作促进馆藏研究、加强面向非专业读者的服务三方面提升服务水平。[15]

古籍服务新技术应用方面，移动终端技术快速发展，各种古籍保护微信公众号也相继开通，为古籍保护的宣传推广起到了积极的作用。樊铭通过对现有的古籍保护类微信公众号的阅读推广效果和内容展开研究，为古籍保护微信平台未来的发展提供了参考性意见。[16]

古籍服务调查研究方面，孟荫运用文献研究法和调查法对河南公共图书馆古籍资源服务推广情况进行了研究。首先了解并分析国内外相关领域研究现状，然后对河南公共图书馆古籍资源服务推广的现状进行调研，再根据调研找出存在问题，进而有针对性地提出改善对策，最后对研究内容加以总结。河南公共图书馆古籍资源服务推广处于起步阶段，须从各方面大力完善推广策略。政府要持续重视古籍和公共图书馆发展，尽快出台法律政策规范各方行为。[17]

2. 民国文献服务

过去很长一段时间里，民国文献受重视程度远不如古籍，对民国文献的研究工作没有真正开展起来。有的图书馆把民国文献束之高阁，没有进行整理，也没有开展服务，导致对民国文献服务工作的研究相对欠缺。自从民国文献保护计划实施以来，民国文献的数字化和整理出版工作取得了很大进展，公共图书馆民国文献服务相关研究也开始出现，但是还是比较零散，没有深入性研究，主要还是集中在对工作实践的总结和思考，缺乏理论基础，还没有形成较明显的热点方向。

民国文献服务创新方面，很多学者提出了自己的观点。翟桂荣提出构建 IC

空间，创设学术服务博客，开展古籍、民国文献数字化参考咨询与利用等多种业务，拓展民国文献服务的新形式，促进图书馆服务的转型。[18]张春梅、陈永英从开展CASHL（中国高校人文社会科学文献中心）民国文献传递服务的必要性，用户对民国文献传递服务的需求，服务中存在的主要问题以及解决问题的一些设想等方面进行论述，力图使民国文献传递服务尽快融入到CASHL文献保障体系中，并为用户提供规范、便捷的服务，同时为进一步在全国范围内展开CASHL民国文献传递工作奠定基础。[19]民国报纸是研究民国历史、把握民国文化精髓的重要文献，但因受载体损坏、组织形式复杂等因素影响，一直未能广泛为读者提供服务。肖红、吴茗、曾燕提出将其数字化后，使其兼具数字化媒介和纸质报纸的优势，可按多维度进行检索并方便在网络上展示，并希望有更多的图书馆可以开展此项工作，及时将馆藏民国报纸通过网络为广大读者提供服务。[20]沈立力分析了国内民国期刊分类体系建设现状，并以"全国报刊索引民国时期期刊全文数据库"为例提出了民国期刊分类服务体系设立的四个特点，并结合实际分类工作中遇到的问题，提出了民国期刊分类标引加工的要点，最后探讨了民国期刊分类服务体系的价值和作用。[21]

参考文献

[1] 范并思. 构建中国图书馆核心价值体系之思考 [J]. 图书与情报，2015（03）：52.

[2] 陈立. 公共图书馆古籍服务思想解读及古籍价值实现研究 [J]. 新世纪图书馆，2014（05）：19-22.

[3] 陈立. 中华古籍保护计划下的古籍服务研究 [J]. 图书馆杂志，2014，33（10）：62-66.

[4] 骆骁. 浅析新时期图书馆古籍阅览室读者服务工作 [J]. 内蒙古科技与经济，2020（09）：149-151.

[5] 余红玲. 古籍阅览服务的资源供给体系建设思考——以南京图书馆"国学馆"数字资源和纸质文献配置为例 [J]. 新世纪图书馆，2017（07）：39-42.

[6] 殷琛.地市级图书馆古籍阅览咨询服务探析——以镇江市图书馆为例 [J].图书馆学刊，2013，35（08）：71-73.

[7] 娄明辉.公共图书馆免费开放视野下的古籍读者服务 [J].图书馆学研究，2012（12）：66-68.

[8] 张丽.我国古籍数字资源服务机制及相关法律问题 [J].数字与缩微影像，2020（03）：23-26.

[9] 赵洪雅.古籍数字资源服务效能评价指标体系 [J].图书馆论坛，2020，40（07）：150-160.

[10] 杨思洛，冯雅.古籍数据库移动应用服务现状与发展策略研究 [J].知识管理论坛，2017，2（04）：318-327.

[11] 吴茗.提高古籍数字资源服务质量的实践与思考 [J].情报探索，2016（08）：102-105.

[12] 徐金铸.网络环境下古籍数字化资源信息服务思考 [J].兰台世界，2012（35）：34-35.

[13] 王晓庆.公共图书馆古籍文献学科化知识服务初探 [J].图书馆学刊，2013，35（08）：73-76.

[14] 巩金强.籍合网古籍知识服务策略探析.[D].保定：河北大学，2019.

[15] 阎琳.国外3所世界一流高校图书馆的古籍特藏服务与启示 [J].图书情报工作，2019，63（18）：131-136.

[16] 樊铭.基于微信公众平台的古籍保护推广服务研究 [D].郑州：郑州大学，2018.

[17] 孟荫.河南公共图书馆古籍资源服务推广研究 [D].哈尔滨：黑龙江大学，2016.

[18] 翟桂荣.古籍与民国文献的 IC 空间服务 [J].图书馆学刊，2012，34（01）：97-99.

[19] 张春梅，陈永英.CASHL 民国文献传递服务需求分析与对策研究 [J].上海高校图书情报工作研究，2015，25（04）：35-42.

[20] 肖红，吴茗，曾燕.民国报纸缩微胶片数字化及服务探析——以国家图书馆为例 [J].图书馆学刊，2015，37（10）：89-92.

[21] 沈立力.民国期刊分类服务体系探索与实践——以"全国报刊索引民国时期期刊全文数据库"为例 [J].河南图书馆学刊，2017，37（12）：117-119+122.

古旧文献服务内容体系

一、阅览服务

"阅览服务"指的是图书馆利用一定的空间设施，为读者提供到图书馆阅览馆藏文献服务的方法。在图书馆开展的各项服务中，阅览服务是一种不可或缺的基本服务。[1]阅览服务是图书馆产生以来，最传统、最基础、流传最久的服务方式。各级各类图书馆都设置了不同类型的阅览室，配备了一定数量的服务人员，直接为读者提供文献，开展阅览服务。藏有古旧文献，并完成整理编目工作的公共图书馆，都会为用户提供古旧文献基本阅读服务，古旧文献阅览是其特色服务内容之一。

（一）古旧文献阅览服务的特点

古旧文献阅览服务具有区别于其他服务形式的特点，也具有区别于其他文献阅览服务的特点。

1. 具有完备的藏书书库体系

虽然线上数字资源服务已经成为图书馆用户服务的重要方式之一，图书馆传统的阵地服务还是具有全面性、灵活性等不可取代的明显优势。一般情况下，图书馆为提供阅览服务的阅览室配备了方便读者阅读和参考使用的辅助书库，这些辅助书库根据不同读者类型、不同使用文献方式配备了种类齐全、使用价值高的各种文献，包括很多不外借的文献，优先保证用户在阅览室使用。特别是珍贵古旧文献，不支持外借使用，如果没有提供线上服务，用户阅览的唯一途径就是到馆阅读。公共图书馆提供古旧文献阅读服务的阅览室，提供绝大部分古籍、手稿、民国书、期刊等文献的原件、缩微品和数字化产品。同时，这些阅览室还配备了查找古旧文献的各类目录、词典、二次文献等工具书，各类辅助阅读工具（如缩微品阅读机）等，方便读者阅读使用。公共图书馆还会依据古旧文献的具体条件，为用户提供不同层次、不同类别的文献阅览服务。古籍为个人读者提供现场阅览服务，但鉴于对原本的保护，往往需要根据保存状况和版本情况，酌情提供原件或复制件的阅览服务。单幅文献中价值很高，具有唯一性、不易保存性、不可再生性的手稿类文献，不宜提供原件阅览服务，比如书画作品、名人信札、舆图等。拓片，零散、不易查找，如果没有装订，提供阅览也容易损坏、遗失，也不适宜提供日常阅览服务，但可以提供缩微品和数字化产品。契据、状纸、告示、功牌、课卷、执照、照片、货币等日常生活类单幅文献比较零散，不成体系，用以学习研究的作用不大，一般不提供阅览服务。近代平装书、期刊、报纸的藏量大，信息内容丰富，但是近代纸张脆化严重，已经不适宜提供原件进行反复阅读。公共图书馆出于对古旧文献的原件保护，可以为读者提供复制件的阅览服务。

2. 以闭架为主要阅览形式

闭架阅览方式指的是不允许读者进入文献库在书架上自由选取文献，而必须通过工作人员提取才能借阅馆藏文献的一种阅览方式。在这种阅览方式中，读者可以进入阅览室，但不允许进入书库。读者需要阅览文献时，须要按照阅览室的规定，通过查阅目录，填写书单，由服务人员到书库提书，办理好借阅手续后，才能阅读使用。用后即刻返还，不能携带出馆。出于对古旧文献的保护，对于古旧文献不可能采用现代文献的开架阅览方式，只能沿用传统的闭架阅览。同时，古旧文献用户数量远不如现代文献多，公共图书馆在管理与人力资源方面也能够支持闭架阅览服务。目前，有的公共图书馆古旧文献阅览室还存在闭架与开架阅览、闭架与半开架阅览相结合的方式。一些现代重印的大型丛书，如《中华再造善本》《中华再造善本续编》等，具有古籍的装帧形式和内容，但属于现代重新印刷发行的书籍，在价值上不如古籍珍贵。有的公共图书馆把这类丛书开架摆放在古籍阅览室内，供读者自由挑选取阅。这样，给了读者高度的自主权，也减少了对古籍原件的损坏，减轻了工作人员的劳动量，受到读者的欢迎。

3. 收取文物保护费用

文化部、财政部于 2011 年出台《关于推进全国美术馆公共图书馆文化馆（站）免费开放工作的意见》，引发公共图书馆无障碍零门槛免费开放、基本服务免费提供的浪潮，各地公共图书馆积极探索和创新免费开放的实现方式，更多的基层民众得以平等、无障碍地走进图书馆享受公共文化服务。我国于 2016 年颁布《公共文化服务保障法》，把图书馆界定为公共文化设施，并规定公共文化设施免费或者优惠开放。2018 年 1 月 1 日《中华人民共和国公共图书馆法》正式实施，明确了公共图书馆的基本原则是"免费开放"，规定公共图书馆应当免费提供查询、借阅文献服务，免费开放公共空间设施如阅览室、自习室等，以及免费提供国家规定的各项免费服务项目（第 33 条），这体现了《公共图书馆法》对公众基本阅读权益的保障，和公共图书馆服务以人民为中心的思想。

《公共图书馆法》明确规定，文献信息查询、借阅属于免费开放的服务范围。可是，我国大部分公共图书馆仍然根据本地物价部门核准的定价范围，向提取古旧文献阅览的到馆用户收取较低的文物保护费，并未随着公共图书馆免费开放的浪潮而改变。通常是以一种或一本（一件、一副）为计数单位，不同类别、不同年代、不同级别的文献分别收取价格不等的费用。具体收费标准由公共图书馆自行制定，不超出物价部门和上级行政主管部门的规定范围。此项收费的目的，一方面是弥补古旧文献原件阅览过程中造成的损耗；另一方面是通过设置收费门槛，减少和降低用户无目的性和过度性使用古旧文献的频次。

因为公共图书馆免费开放工作的推进，此项收费一直存在争议。能够消除此项收费，同时又维护公共图书馆对古旧文献的保护立场，最好的方式就是提供古旧文献的替代品进行服务。但是，将古旧文献进行缩微数字化需要时间和资金投入，短时间难以全部实现。公共图书馆通常对最珍贵、最需要保护的古旧文献，以及用户使用最频繁的古旧文献优先进行缩微数字化，以满足用户阅览需求。

4. 线上阅览

古旧文献是传统文化的载体，是知识的宝库。古旧文献中蕴藏着古人的智慧和经验，可供挖掘的内容十分丰富。科技的进步，数字化时代的来临，使得古旧文献有了走出库房、走向读者的大好机会。把古旧文献转化为数字资源，并在线进行免费发布以供用户阅览，成为国际上最推崇的先进方法。当古籍数字化达到相当规模，通过深加工、多媒体处理和网络传输，优化古籍知识的存取和传播方式，可以实现古籍知识信息的即搜即用和真正意义上的开放共享。古籍数字化资源的开放获取打破了古籍流通的局限，同时也扩大了古籍的阅读量。海内外学者逐渐形成共识：古籍数字化是传统古籍整理研究工作在数字时代的延续与发展，以此为基础的古籍开放获取将逐渐成为古籍整理工作的未来发展方向。

我国《"十三五"时期全国古籍保护工作规划》要求在 2016 年已经发布 2.7 万部（件）古籍资源的基础上，到 2020 年达到 7 万部（件）。2018 年发布总量已达到 6.5 万部。2019 年 11 月 12 日，国家图书馆（国家古籍保护中心）与吉林省图书馆、山东省图书馆、宁波天一阁博物馆、广东省社科院图书馆、内江师范学院图书馆、河南省唐河县图书馆等 20 家单位，再次联合在线发布古籍数字资源 7200 余部（件），免费服务大众阅览和学术研究。

经免费发布的古旧文献数字资源，可以超越物理空间的障碍，可以被全世界用户自由阅览、下载，最大限度传播古旧文献信息内容。目前，这种线上发布资源的阅览还存在诸多限制，如前期数字化经费投入、文献自身可复制条件、发布资源种类、平台软硬件维护等。在线阅览是未来古旧文献阅览的发展方向，但短期内可供线上阅览内容有限，不能完全取代现场阅览。

（二）古旧文献阅览服务的方法

1. 办理登记手续

现场阅览古旧文献，通常需要出示能证明用户真实个人信息的证件，在阅览室工作人员处进行登记，为古旧文献服务的真实性、安全性提供可靠备查信息。各公共图书馆要登记的内容不同，但都以身份证、军官证、护照等通用身份证件为主要依据。有的公共图书馆还要求填写详细的工作单位、家庭住址和联系方式、使用目的等。对于一些特别珍贵的文献，有的公共图书馆需要用户单位开出有关阅览的正当用途的正式介绍信，方允许阅览。登记内容还包括阅览文献的详细目录信息，以供工作人员提取文献，并留存统计档案。

古旧文献阅览不能开架自行查找，提取需要办理登记手续，需要等待一定时间，在某种程度上造成了用户不便。但是，这种严格的登记手续是必需的，不可免去的。因为古旧文献资源的珍贵和易损耗特性，公共图书馆必须主动采取相应措施防范丢失和损坏。

2. 阅览室内阅览

古旧文献阅览，只能在提取文献的阅览室内阅览。阅览室内要有明确的阅览制度标识，让到馆读者遵守。不能随意将文献带出阅览室，不能交给其他人阅览，也不能有调换、拍照等行为。公共图书馆为古旧文献阅览设置单独的阅览室，与其他现代出版物阅览室区分开来。古旧文献阅览室要充分考虑用户学习研究的目的，选取建筑物中相对安静、人流量少的位置，并根据用户到馆率，保证相对富余的座席，不能出现拥挤无座的状况。阅览室内灯光、桌椅、空调等硬件设施要能够正常使用，保证优良的阅读环境。阅览室内的专业配套设施要完备，方便用户使用。比如，查找古旧文献的相关工具书，如馆藏目录、联合目录、字典、文献提要、人物传记等相关研究成果，应尽可能配备完善。电脑、缩微阅读器等查询、阅读设备也要能满足用户需求。进入古旧文献阅览室，不能携带包袋。公共图书馆要在门口设置存包柜，方便用户把随身携带的私人物品进行寄存。阅览室内必须装设常用摄像监控设备，对阅览室内用户和工作人员的活动进行拍摄，防范偷盗、掉包、损毁文献的违法行为。

3. 工作人员负监管责任

古旧文献阅览室的工作人员，除了提供图书馆日常文献信息服务外，还担负着保证文献安全和对用户行为进行监管的责任。古旧文献的安全保护，比用户服务更为重要。阅览室最好采用大开间，不要设置遮挡物、装饰物等其他阻碍视线的物品。工作人员服务台最好设置在阅览室门口，可全观室内所有座席。工作人员要保持有人在岗的状态，不可全部脱岗，无人值守。要分时段进行巡视，观察用户是否有异常行为。工作人员要防范不良用户破坏文献安全的行为，比如把文献夹在包、衣服内带走的盗窃行为，用伪劣文献调换珍贵文献的行为，撕扯一部分文献带走的"开天窗"行为，撕坏、污损、涂改等破坏文献行为，以及未经公共图书馆许可私自拍照行为，等等。工作人员要时刻观察，及时阻止，防范公共图书馆古旧文献遭受损失，防范公共图书馆保障的公共利益受到损失。工作人员要采取合适的方式劝阻违法行为，不能反应过激，激化矛盾，以免造成更严重事故。如遇到突发和难以处理的状况，要及时报请公共图书馆保卫部门妥善处理。如有必要，要及时报当地公安部门来处理。

二、复制服务

文献复制服务是图书馆利用静电复印和缩微摄影等技术向读者提供文献复制件的服务工作，是图书馆文献服务的方式之一。读者在学习、研究过程中，常常需要收集资料，通常的情况是，或需要长期使用某一部分资料，或只需要某份资料中的一小部分。由于受种种条件的限制，如数量、品种、时间等，不可能把这些资料借出长期占用，也不可能腾出大量的时间去抄写，复制服务就解决了读者在使用文献资料过程中遇到的这类难题。它加快了文献的传递速度，提高了文献的利用率，满足了读者对特定文献占有的需要，同时，也节省了读者获取文献的时间和精力。它是传统的外借、阅览服务的延伸，也是其他服务方法的补充和扩展。推而广之，文献复制服务的手段，应用于一切信息资料部门的搜集储存文献工作中，应用于一切用户获取、交流文献活动中。[2]进入 21 世纪以来，数码摄影、静电扫描等数字化复制取代纸质品复制、缩微品复制成为最流行的复制方式。古旧文献复制服务也是传统服务方式之一，在藏有古旧文献的公共图书馆普遍存在。在古旧文献数量较多的公共图书馆，古旧文献复制业务量也较大。

（一）古旧文献复制服务的特点

1.提高了文献利用率

公共图书馆古旧文献资源的数量、品种、副本都是有限的，不可能同时满足大量用户的需求。古旧文献是不可再生资源，在各公共图书馆不均衡分布，本身就存在种类不完整、副本量不足的现象。同时，它不能像现代出版物那样，根据用户需求扩大复本数来服务用户，也不能提供借阅服务。公共图书馆还需要从文物保护的角度，尽可能去保护原件，减少原件的提取和利用。开展复制服务，能够将用户需要的部分文献内容让渡给用户收藏和占有，扩大文献传播范围，提高文献使用率，也加强了对珍贵文献的保护，有利于长期使用。公共图书馆自身可以先对古旧文献进行保护性复制，然后利用制作的缩微复制品或者数字复制品服务读者。古旧文献就可以多次重复使用，而不伤害文献本身。但现实的情况是，很多公共图书馆受经费限制，还未能完成馆藏古旧文献的全部缩微和数字化复制。特别是存在一种比较遗憾的状况，很多公共图书馆古旧文献复制品未经整理和妥善保管，需要再次提取给用户使用时，往往难以提取而不得不再次复制文献原件。

2. 复制许可范围存在争议

公共图书馆提供古旧文献复制的范围，在实践中一直存在广泛争议。各级公共图书馆根据自身传统以及对古旧文献的保护策略，制定了馆内执行的复制管理制度。对古旧文献复制服务中不同种类、不同级别的文献，一种文献中的全部或单本，如何复制，提供多少页或者多少比例，有不同认定方法，且公共图书馆之间差异较大。很多公共图书馆对单幅文献，或者其中的珍贵字画、地图等不提供复制。大部分公共图书馆不提供珍贵古籍的全套和全本复制，或者对孤本和稿本不提供复制。有的公共图书馆对普通古籍和民国文献也不提供全本复制。因为目前尚未有明确统一的法律法规进行规范，公共图书馆的古旧文献复制服务都是由公共图书馆根据对《中华人民共和国文物保护法》，当地相关法律法规、行政制度等内容的理解而施行。在具体的服务过程中，限制措施经常受到用户的质疑，而没有明确的法律支撑。正因为没有明确的法律条款约束，公共图书馆内部制度规定的复制许可范围，在执行中也存在较大弹性空间。在人情、权力的干预下，缺乏公正的监管，复制许可范围也容易出现各种宽限和波动。

3. 收取合理化费用

古旧文献是具有知识产权的文学、科学作品，其知识内容具有著作权特征，按照《著作权法》的规定，应该依法享有相应的财产权利和人身权利。1990年，全国人大通过了《中华人民共和国著作权法》，后经历 2001 年和 2010 年两次修订。《著作权法》第 3 条规定，文字作品享有著作权；第 11 条规定，著作权人也就是作者享有著作权。第 10 条规定，著作权包括发表、署名、复制、展览、信息网络传播权等人身权和财产权。公共图书馆古旧文献都是 1949 年以前的文献，特别是 1912 年以前的古代文献，因为年代久远，作者基本上已经死亡多年。根据《著作权法》第 21 条规定，著作权的保护期限是作者终生及其死亡后 50 年，公共图书馆古旧文献中古代文献和一部分民国文献应该免于《著作权法》保护，进入公有领域使用。《著作权法》第 22 条还规定了不侵犯著作权的合法使用范围：为个人学习、研究使用，为教学和科研少量复制但不出版，图书馆为陈列和保存版本需要复制馆藏等。

　　总的来说，公共图书馆为用户提供古旧文献的复制品，是《著作权法》保护下的合理使用，有充分的法理依据。公共图书馆通常向用户收取少量的复制费用，作为材料费和工作人员复制过程中付出额外劳动的经济补偿。机构用户向公共图书馆购买未经出版发行的手稿等，须要向古旧文献著作权的代持有者——公共图书馆，支付著作权转让费。值得注意的是，用户因为使用古旧文献而向公共图书馆支付的费用，存在地域和个体馆之间的差异，存在可议价空间。多数图书馆对各等级古籍复制收取的费用（包括保护费和复制费）并不昂贵，这表明，图书馆的收费并不是为了营利，更多的是为了管理。

（二）古旧文献复制服务的方式

1. 缩微品复制

　　缩微品复制是利用古旧文献已有的缩微复制品进行再复制，提供给用户使用的方式。古旧文献缩微品，是采用专门的设备、材料和工艺，把经过编排和整理的原始文件缩小拍摄在感光胶片上，然后再经过显影加工、拷贝制成各种缩微品。自 1985 年国家成立文献缩微复制中心后，便开始利用缩微摄影技术抢救 1949 年前出版的旧报纸、旧期刊和古籍善本书等文献资料。在国家文献缩微复制中心的指导下，公共图书馆都在尽可能的条件下，优先对馆藏珍贵文献进行缩微保存。很多公共图书馆完成了善本，以及部分古籍、民国期刊和报纸的缩微复制工作。同时，公共图书馆还可以从全国图书馆文献缩微复制中心购买一些本馆未收藏，但价值珍贵、使用率高的缩微品，提供给用户使用。这些缩微品除了能保障用户的现场阅览外，还能被再次复制，满足用户进一步需求。以缩微胶片为中间介质，借助缩微文献数字化，将已抢救的文献提供给公众服务，其转换效率与技术成熟度是其他文献保护手段远不可比肩的。缩微品复制，可以根据用户需要，将缩微胶片复制、放大或还原成可直接阅读的纸印件，或者进行模拟信号到数字信号的转化后，提供数字化产品。运用数字化技术，胶片扫描仪使用起来也更加便捷。在与电脑连接后，胶片可以直接传输到电脑上，采用扫描方式将胶卷转换成数据信息，以电子图片格式输出，再根据读者需要打印或制成光盘，是今日缩微文献复制还原的常态。缩微品复制，能够提供相对还原清晰的复制品，避免对古旧文献原件的再次损害，是值得提倡的复制服务方式。

2. 原件复制

原件复制，是以古旧文献原件为底本进行再复制的方式。古旧文献原件复制，是古旧文献开发和利用的基础工作。复制古旧文献原件，不能使用静电复印的方式，避免对文献造成伤害。可以根据用户对清晰度的要求，选择使用数码相机拍照，或者静电扫描仪扫描，将纸质文献转化为数字化资源。再根据用户需要，将数字化资源打印成纸质文件，或者直接向用户提供数字化资源。为了避免古旧文献被频繁提取复制，造成文献损坏，公共图书馆要做好保护性复制，以应对用户复制请求。没有条件对本馆古旧文献进行全部保护性复制的，也要优先对最具珍贵价值的那部分文献进行复制，以保护这些珍贵文物。尚未完成保护性复制的古旧文献，就要尽量寻找可替代的载体形式或者服务方案，为用户提供复制服务。比如，只是对内容有要求，而不要求版本和印刷信息的，可寻找现代影印本或现代出版丛书来替代。可以用普通复本的，不使用善本复制。只需要其中一本部分内容的，不提取其他册数。工作人员要能够对馆藏文献、文献分类、文献内容等提供具体指引，帮助用户快速准确查找到所需文献内容，减少盲目提取、翻阅和复制。利用现代技术对古旧文献进行保护性复制，既可以减少古籍原件的流通，又能极大地提高古籍资料的利用率，可以说是解决古旧文献保护与利用之间矛盾问题的最佳手段。

3. 数字化复制

数字化复制，是对已经完成数字化的古旧文献进行再次复制的行为。利用现代技术将古籍制成图像光碟、全文检索光碟或图文光碟，读者利用计算机这个现代介质就可查阅自己想要的资料。其中的全文版是利用 OCR（optical character recognition，光学字符识别）处理软件将图像形式的文献全部转成可检索的汉字，并以文本的形式存储在光盘上，在全文检索系统的支持下可以对文本实行逐字逐句检索。这种方法利于检索，但却无法保持古籍原貌，缺乏校勘价值，而且在文字录入方面难度颇大。图像版是利用扫描技术将古籍以图像格式扫描存储，有简单的标题和分类，但缺少检索手段。图文版是在古籍书页图像存储的基础上，将书中具有检索意义的内容数字化，并辅以数字化的电子工具书，为读者提供快捷有效的检索、统计、整理和编辑功能。因此图文版数字化既具备方便快捷的检索功能，又能让用户浏览古籍原貌，并可用文本对比图像进行查证，避免将繁体字转换为简体字，以及将古籍中的异体、通假、避讳及一些生僻字用常见字替换等导致的各类错误。

数字化产品的特征就是复制方便，传播性好。但是数字化复制是建立在公共图书馆对古旧文献进行大量资金和人力投入，取得前期数字化成果的基础之上的。古旧文献数字化后，也并不是就一劳永逸了。数字资源的缺点在于不易保存。对于古旧文献数字资源，必须进行整理保存，并且经常维护。要建立清晰的目录，归类保存，并且多处备份；还要经常对其载体进行维护，避免因载体过时，读取和运行的相关软硬件失效，而无法提取使用。公共图书馆对古旧文献数字资源的管理，是一个复杂而持续的过程。公共图书馆要做出完整的战略规划、详细的实施步骤，并坚持贯彻执行。但是，公共图书馆内部进行机构调整、职能拆分、人员转岗时，容易出现古旧文献数字资源丢失的情况，导致前期的大量投入失效，造成难以挽回的损失。这种由于工作疏忽造成的损失要尽量避免。最好的方法，是建立馆藏古旧文献分类主题数据库，把数字资源放入数据库集中保存，同时通过建立数据库架构，方便检索查看。还可以采取线上发布的方式，让用户不需要到馆就可以通过网络查找阅览，并进行有限下载。

三、展览服务

图书馆展览服务是指在图书馆的一定地域空间和网络空间通过展品陈列等方式以展示文化艺术作品的服务。展览把大量原始书刊资料直接展示在读者面前，宣传范围广泛，报道内容具体，方式简便、直观，发挥作用迅速及时，既充分开发利用了文献资源，又便利了广大读者在短时间内浏览、选择、参考、搜集大批资料，节省时间，收效显著。[3] 展览服务是图书馆宣传推广馆藏资源、提升知识传播效果、发挥社会教育职能的重要服务形式，如今已发展为图书馆界常态化的主流服务。作为重要的区域文化中心和信息机构，图书馆尤其是公共图书馆，拥有丰富的文献信息资源，特别是其收藏的古籍善本、手稿、方志、碑帖、家谱等独具特色的典籍资源，类型多样，数量众多，为各类文化、艺术展览服务的组织开展提供了主题上的多样选择和内容上的资源支撑。[4]

（一）古旧文献展览服务的特点

1. 公益免费

《公共图书馆宣言》称：公共图书馆应该无偿提供服务。我国《图书馆服务宣言》也提倡图书馆以公益性服务为基本原则。展览服务作为公共图书馆拓展读者服务的核心业务之一，理应遵循图书馆服务的公益性原则。21 世纪以来，为了确保公共图书馆公益性原则、顺应图书馆界的理念革新潮流，党和政府高度重视公共图书馆事业，出台了一系列加快图书馆免费服务进程的文件。2011 年，《关于推进全国美术馆公共图书馆文化馆（站）免费开放的意见》强调公共图书馆是公益性文化事业单位，明确提出其基本公共文化服务项目应当免费提供。2017 年 11 月，我国第一部图书馆专门法《中华人民共和国公共图书馆法》问世，将"向社会免费开放"作为界定公共图书馆的基本原则，从根本上明确了免费制度的基础性和原则性，并在第 33 条对免费服务作出了明确规定。展览是由公共图书馆提供的免费服务项目之一。公共图书馆在组织展览及展出的整个过程中，应采取免费的服务方式，向所有读者敞开展览大门，使所有读者平等地享受展览带来的精神食粮。

21世纪以来，我国图书馆界新馆建设和旧馆改扩建高潮迭起，大部分图书馆都不同程度地规划建设了用于展览服务的场所或空间。公共图书馆的古旧文献展览，由专职工作人员策划和组织，以本馆所藏古旧文献资源为基础，通过主题策划、组织布展，免费开放给公众参观。

2. 内容丰富

内容丰富、形式多样的展览活动，已经成为公共图书馆宣传馆藏文献、传播文化知识、弘扬时代精神、促进全民阅读的重要手段。同时，展览还可以促进公共图书馆征集文献、丰富馆藏、积淀文化，可以"以展征藏、以藏促展"。近年来，古旧文献展览策划内容多样，形式多元。根据载体形式划分，有古代的典籍展、字画展、舆图展、金石拓片展，还有民国的期刊展、报纸展、照片展等。根据主题划分，有文献版本类如古籍版本展、民国小人书展、民国外文杂志展等，有艺术类如名人字画展、画派作品展等，有专题文献类如地方文献展、革命文献展、校办期刊展、青年读物展等，还有纪念类，如名人手稿展、革命事件展等。

在组织形式上，除了单一的展品陈列外，公共图书馆还策划了其他形式的活动，比如与主题相关的讲座、鉴赏、演讲、征文、知识竞赛、体验活动等。比较常见的就是围绕展览内容开展的主题讲座，请一些当代名家来现场解读展览作品的社会背景、创作过程、价值意义等。小范围资深观众群体的现场鉴赏活动也是比较常见的，如：在古籍展览中，现场组织观众体验古籍修复、雕版印刷、碑石传拓等多项传统技艺。为了加强文化传播效果，深化观众印象，让参观者参与线上线下交互活动，是比较有效的组织方式。

3. 科技创新

从线下到线上，公共图书馆利用新技术推行线上服务，把展览的展示功能转移到线上进行，极大地降低了布展的成本，减少了资源浪费。相对于线下展览，线上展览不仅安全方便，有效保护了古旧文献，而且还能节省人力资源。线上展览的便捷性还体现在，观众可以随时参观，及时参与线上互动，不受时间场地限制。公共图书馆可以开发各类展览的APP、小程序，推广线上展览活动。线上展览也可以加入线上讲座、线上导览等活动。

公共图书馆展览运用到的最新信息技术有：全息投影、多点触控技术、虚拟现实（VR）技术等。全息投影技术也称虚拟成像技术，是利用干涉和衍射原理记录并再现物体真实的三维图像的技术。全息投影是为了突出展品想要传达的信息最常用的技术之一。通过全息投影的方式对展品的基本信息进行展示，能够丰富与观众之间的互动，吸引观众注意，增强观众参观展览的体验感。多点触控技术指基于光学理论，使用户能通过手指触点对计算机进行简单的控制和操作的技术。多点触控技术主要由荧幕设备、可触摸显示设备和触控板三个部分组成，其功能的实现是通过对用户手指触点行为进行反馈。在多点触控技术中，感应器、投影仪、红外光源等设备之间都存在密切的联系。多点触控技术能加强展览的互动效果，给予观众更强的主动体验感。[5]虚拟现实技术展现历史场景、历史文物因其沉浸性、交互性和创造性而深受好评。首都图书馆在"古苑宸迹"展览中运用 3D 复原和 VR 技术，令团河行宫、德寿寺等早已消失的历史建筑"重生"，让观众通过 VR 设备在虚拟世界里畅游。VR 技术除了能为体验者带来强烈的在场感和参与感，对于化解古籍保护与展示的矛盾还具有重要意义。随着数字化技术的进步和普及，"VR+展览"应该会成为一种新的发展趋势。[6]

（二）古旧文献展览服务的方式

1. 独立办展

公共图书馆利用本馆资金、场地和古旧文献资源，独立策划组织、宣传和布展，以服务观众的展览方式，即独立办展。展览是公共图书馆提供的基本公共文化服务内容之一。公共图书馆大部分常规性的古旧文献展览以独立办展为主，有系列展览，也有临时性展览。公共图书馆古旧文献展览，由专职的部门或者岗位工作人员策划组织，以本馆所藏古旧文献资源为依托，有固定的展览场地，有稳定的到馆读者作为观众群体。办展场地可以是固定的展厅，也可以是因地制宜规划设计出的展览区域。近些年新建的图书馆都设计有专门的展览厅、报告厅、会议厅、共享大厅等，这为展览活动提供了最基本的活动空间，对图书馆展览工作的开展起到了重要的推动作用。没有展厅的图书馆也可以因地制宜设计相应的展览区。图书馆展览服务是一项花费较大的读者服务工作，大多数都是免费的。为了发展图书馆的展览服务，就需要增加投入。这些投入，可以是政府的专项补助经费，也可以是各图书馆的行政事业经费，也可以由办展合作各方出资，或由社会各界予以赞助。

独立办展的好处在于，自主性强，灵活多变。公共图书馆可以自行掌握办展的时间过程，展览的主题策划、活动方式和工作人员安排，等等。在本馆场地陈列文献，展览与公共图书馆开馆闭馆时间同步，从古旧文献安全保卫方面考虑，也最为可靠。但独立办展的场次和规模，往往受到公共图书馆年度展览经费的约束，观众也以本馆读者为主，从相对稳定的时间段来看，展览的技术内容创新、传播力度和社会影响力很难有大的突破。

2. 合作办展

公共图书馆处于一个开放融合的社会环境中，各项业务工作产生的业内合作与跨界合作越来越频繁。公共图书馆也可以与其他机构进行不同层次、不同深度的合作，共同举办古旧文献类展览，服务社会大众。公共图书馆可以在业内，与其他公共图书馆或者公共图书馆联盟举办合作展览，也可与文化系统其他单位，如博物馆、文化馆、党史陈列馆等进行系统内合作，举办合作展览。公共图书馆还可以与其他体制内单位，如公务员系统、事业单位、国企单位等，进行跨界合作。近年来，公共图书馆与社会机构的合作，也扩展到了展览服务方面，如与社会公益组织、民营机构合作，举办公益性展览。

公共图书馆古旧文献合作办展的方式，包括场地合作、展品合作、全面合作等。场地合作，就是公共图书馆通过洽谈和协议的方式，借用其他机构的展览场所办展，展览的资料来源、内容策划和具体组织，都由公共图书馆自行完成。合作方需要在场地的时间和空间使用上，配合保证公共图书馆古旧文献展览的顺利进行。展品合作，就是公共图书馆配合其他单位机构的策展要求，提供本单位所藏的展览陈列品。公共图书馆不参与展览的组织策划，只在展览环节参与服务。但公共图书馆提供较大部分展品陈列，展览主题和内容与公共图书馆展品密切相关。在全面合作中，公共图书馆除了提供展品，还要在策划展览主题、选择展品范围、宣传推广展览，以及参与展览现场服务等环节起到突出作用。

合作办展最大的优势在于，通过联合多方力量，借助更广阔的技术和宣传平台，突破公共图书馆现有的资源瓶颈，取得单一办展不能达到的效果和高度，扩大公共图书馆的社会知名度和影响力。

3. 借展

公共图书馆会收到一些单位机构请求，外借部分古旧文献，以充实其策划组织的展品陈列。借展的古旧文献种类较少，数量不大，这是与合作办展的一个区别之处。借展可能跨地区、跨行业、跨部门，但还是以公立单位为主要邀约方。这种外借行为，往往需要通过公共图书馆上级行政主管部门来主持协调，办理外借手续。公共图书馆可以提供文献的高清复制件作为展品，以保护文献原件。要外借原件作为展品，需要公共图书馆和行政主管部门共同办理审批程序，并和借展单位签订正式的法律合同，规定双方的责任和义务，包括借展资源目录、提取方式、归还时间、是否收取文物保护费用、购买意外损失保险额度、遗失或者逾期不还的赔款额度，等等。特别是就古旧文献的安全保障问题，要做详细调研和规划，防止国有资产遭受损失。

合作办展和借展，通常要将古旧文献从公共图书馆提取出库，离开公共图书馆安保范围，因此存在失盗、天灾人祸等风险，这类展览活动要谨慎实施。

四、阅读推广服务

阅读推广是图书馆、出版机构、媒体、政府及其他相关部门等为培养读者阅读习惯、激发读者阅读兴趣、提升读者阅读水平、促进全民阅读所开展的有关活动和工作。[7] 1995 年，联合国教科文组织确定 4 月 23 日"世界图书与版权日"为"世界读书日"。每年这一天，世界上 100 多个国家都会举办多种多样的阅读促进活动。《中华人民共和国公共图书馆法》中也明确提出了加强对公共图书馆管理，推进公共图书馆事业发展的要求，为较好地保障人民群众的阅读权利提供了制度支撑。目前，无论是公共图书馆还是学校图书馆，阅读推广工作都已经进入了迅猛发展阶段。阅读推广的读物包括纸质图书和音频、视频等多媒体信息。

阅读推广已经成为图书馆的核心工作。阅读推广活动丰富多样，包括讲座、读书会、朗诵会、主题论坛、参观考察、学术研讨、技术体验等。阅读推广的目的在于，营造良好阅读氛围，激发、培养公众的阅读兴趣，传授阅读方法，提升全民族素质，是一项功在当代、利在千秋的文化事业。

（一）古旧文献阅读推广服务的特点

1. 专业性强

公共图书馆开展的阅读推广活动，服务群体不断细化，儿童阅读推广、弱势群体阅读推广、老年人阅读推广等活动不断涌现。推广的内容也出现多层次细分。古旧文献包含了古籍、字画、碑帖等古典文献，涵括了古文字学、版本学、目录学、金石学等多方面专业知识。民国文献中的图书、期刊和报纸，也与当时的时代背景和社会环境密切相关。因为不了解、不具备这些专业基础知识，很多未知用户难以转化为稳定用户。古籍图书，由于是繁体古文，不仅是用文言文撰写，还没有句读，且是竖版右读，给习惯于简体字、有标点、横版左读的大多数读者造成了一道难以逾越的语言鸿沟。读者读古籍不仅感觉上很别扭，理解起来也很困难。读者方面，非文史哲专业的普通师生，古文功底大都一般，也就保持在高中水平，要读懂古籍，确实不是一件轻松的事情。因而大多数读者往往是对古籍望而却步，避而远之。古旧文献的阅读推广活动，都要以一定的专业知识为基础才能开展。古典文献学、金石学、校雠学、古代史、民国史等专业知识，不仅是阅读古旧文献的突破口，而且是贯穿始终的学习工具。公共图书馆在古旧文献阅读推广活动中，要介绍和科普这些基本的专业知识，破除专业壁垒，让更多的人熟悉和了解古旧文献，激发他们对中国传统文化的兴趣，吸引更多潜在用户。

2. 重视未成年人

公共图书馆开展的阅读推广活动，越来越重视未成年人群体。对未成年人群体进行阅读推广，是培养全民阅读习惯、打造阅读性社会最重要、最有效的一环。古旧文献包含了中华民族优秀文化的传承和发展，公共图书馆承担着守护文明、传播知识的重大责任。要把优秀传统文化传递下去，让子孙后代继承和发扬光大，就要让过去的这些古旧文献被年轻人，特别是未成年人熟知和接受。只有不断让一代又代未成年人走近和了解古旧文献，并产生阅读和研究的兴趣，古旧文献的用户才不会出现断代的情况。相对于其他通俗读物，古旧文献对于未成年人来说比较难懂，不容易理解。公共图书馆可以采取更加丰富多样的形式，减少长时间文字和语言单向传授的方式，多采用体验式、沉浸式的参与活动，运用图片、视频等多媒体表现形式，进行推广。如可开展古籍文献经典阅读活动，比如利用我国端午、中秋、春节等传统节日举办古籍文献经典阅读。具体可组织"古诗吟唱"、读书会、猜书名等活动，将古籍经典文献进行推广。公共图书馆还可定期举办主题读书沙龙、阅读嘉年华等活动，以不同年代为主线，分门别类开展主题活动；举办古籍阅读展、馆藏诗集展，免费邀请未成年人来此观展，激发他们对古籍的喜爱之情。

（二）古旧文献阅读推广服务的方式

现在公共图书馆阅读推广的活动丰富多彩，不断推陈出新，包括讲座、展览、读书会、演讲会、报告会、主题论坛、专题陈列、网络竞赛、音乐欣赏、影视观摩、参观考察、学术研讨、技术体验、科普教育，等等。公共图书馆古旧文献展览活动规模越来越大，影响的受众越来越多，对外联合活动也比较频繁，因此本书中将展览列为一项单独的服务。古旧文献阅读推广服务要根据文献载体自身的特点以及用户的阅读习惯，选择适合的服务方式，不要求多求全，要求精求专。

1. 讲座

讲座是指就某种专门学科或某一专题的讲授，如科学讲座、专题讲座。公共图书馆讲座是指公共图书馆组织的，由主讲人和听众共同参与和交流的文化活动，具有公益性、公开性、大众性等性质，是图书馆教育职能的拓展和延伸。[8]

2005年底文化部办公厅下发《关于进一步广泛、深入开展图书馆讲座工作的意见》后，公共图书馆讲座工作迈入高速发展期。2005年4月，上海图书馆举办了全国图书馆讲座工作研讨会。同年，文化部牵头召开了"全国图书馆讲座工作研讨会"和"全国公共图书馆讲座工作会议"。在此推动下，以普及知识、提升素养为宗旨的各类型讲座在全国各地迅速开展起来。2017年11月4日颁布的《中华人民共和国公共图书馆法》规定：公共图书馆应当免费向社会公众提供公益性讲座、阅读推广、培训、展览等服务。图书馆公益讲座服务已经成为公共图书馆核心业务工作之一，在社会教育、知识获取和文化传播方面发挥着重要作用。

公共图书馆的古旧文献讲座，比较适宜于根植于自身馆藏资源独立创办。以现场讲座为主，也可以开展线上讲座，以及现场和线上同步的讲座。讲座内容具有较强的学术性、专业性，通常需要聘请古旧文献相关研究学者作为讲座嘉宾，并提前宣传通知，以吸引专业听众来参加。讲座形式主要有现场讲授、访谈、讨论、微讲座等。国内图书馆讲座以传统的"现场讲授"为主，这类形式有利于把控讲座现场，但对主讲嘉宾的素质依赖度高。对话类型讲座一般邀请专家、学者等围绕主题进行对话讨论，针对性强，对听众素养要求较高。公共图书馆要开发馆藏古旧文献资源，把本馆资源的精华向听众展示和宣传，建立起讲座的特色品牌。要加强讲座的知识传播效果，为听众及时答疑解惑，现场的交流互动环节也必不可少。可以通过介绍古旧文献，激发观众的兴趣，进而推动古旧文献阅读活动的开展。

2. 读书会

读书会是一群读者通过不同的方式聚集在同一个空间，针对某一书籍或者主题，进行观点的分享和讨论。这个过程是观点碰撞的过程，是知识传递的过程，也是读者将阅读活动由私人转向集体的过程。[9]读书会的阅读活动一般来说都是发生在图书馆内或是图书馆组织的线上空间。领读者的角色一般由专业的老师、专业的文化志愿者或者馆员担任。他们先是对某一书籍或者主题进行深入的研究，然后将其中的信息、知识传递给其他的读者，读者根据领读者所传递的信息与自身所积累掌握的知识生成自我观点，并据此与其他读者或者领读嘉宾进行讨论交流。在读书会的阅读行为中，安全的阅读空间是一切要素交互的基础，读者的观点能在这个平台上得到有效且放心的表达。领读者是知识信息传递的关键，读书会阅读行为的信息传递以及讨论交流都是从领读者开始的。限定的书籍和某一主题能让读书会的讨论更加集中，观点的交流更加深入，同时也能让个人观点转换为集体观点的过程更有针对性。

随着图书馆界对阅读推广的重视，读书会作为重要的阅读推广手段也越来越受到公共图书馆的青睐。公共图书馆举办的读书会因依托图书馆的资源和平台，有着专业的馆员、丰富的馆藏，更具专业性。从图书馆的角度来看，举办读书会一方面可借助馆员及读书会的力量推广馆藏资源，另外也能促进图书馆馆藏资源的建设。

读书会和其他阅读推广活动相比不同点在于：是组织用户在一定的时间和地点，进行集体阅读，并有明确的阅读目标。它不像讲座是单人的知识分享，而是多人参与的交流与讨论。公共图书馆古旧文献的读书会，可以组织读者阅读非公共图书馆藏经典文献，也可阅读公共图书馆珍藏文献。相比讲座的大范围受众，读书会是相对小型的读者活动，参与人员少而精，可以深入讨论古旧文献相关内容，在内容上更专业化，是推动古旧文献精读的一种活动方式。参与者在阅读完文献后，往往会通过撰写读后感、评论文章等方式，发表自己的观点和感悟。读书会比起讲座活动，更像是一种会员制的公益活动，更能增强公共图书馆古旧文献用户黏性，扩大专业用户群体。

3. 体验式活动

图书馆体验式活动是指图书馆在阅读推广活动的策划、组织、开展过程中，根据读者阅读需求和馆藏资源特点，开展由读者参与、与馆藏阅读内容相关的诸如制作、欣赏、表演、参观、竞赛、游戏等阅读体验活动，让读者置身于阅读体验情境中，从而获得满意的阅读体验和阅读效果。[10]

公共图书馆有关古籍的现场体验活动比较多，如线装书制作、古籍碑帖拓印体验等。参与者通过现场活动，真正近距离接触各类古籍制作过程，亲自动手体验雕版、活字印刷及汉砖、瓦当传拓艺术，初步掌握古籍拓印流程与技巧，增加对传统技艺的了解及认知。公共图书馆平常可以在本馆场地开展古籍类体验活动，也可以在特殊节假日，选择馆外人流量多的场所或者其他文化场所举行，还可以面对特殊群体，集中进行，比如在商场、景点、大中小学校等地开展。

还有一种比较成功的体验活动，是采取情景体验的模式，在图书馆宣扬国学。2014 年，山东在全省各级公共、民办、企业等图书馆建设"尼山书院"，推行"图书馆＋书院"式公共文化服务模式，并迅速在全国推广，成为全国学习的"样板"。如黑龙江省图书馆龙江书院、吉林省图书馆长白书院、福建省图书馆正谊书院、上海市图书馆东方书院等。这些书院在设施布局上遵循"五个一"（一尊孔子像，一个国学讲堂，一个道德展室或展板，一个国学经典阅览室或阅览区，一个文化体验室或活动区）标准。活动内容则包含"五个板块"（经典诵读、国学普及、礼乐教化、道德实践和情趣培养）。"图书馆＋书院"的模式，营造出一种传统文化的氛围，让用户体验到国学的魅力，从而推动了文献典籍的阅读。这种模式需要公共图书馆进行整体的策划和投入，服务对象是普通大众，阅读推广效果更广泛持久。

五、数字资源服务

古籍数字资源是运用现代信息技术对古籍文献进行加工、整理后形成的各种信息资源的总和。古籍数字资源服务是我国公共文化服务体系建设的重要组成部分，是利用信息技术拓展古籍资源服务能力和传播范围的重要途径。[11]数字化资源有多种形式：缩微胶卷、电子版读物、影像、数据库等。

（一）古旧文献数字资源服务的特点

1. 优势和缺陷并存

数字资源载体相对于纸质载体，具有显著优势。数字资源存储占用空间小，容量大，而且容易复制和传播，方便携带。把古旧文献转变为数字资源后，取代了对原件的提取利用，保护了珍贵文献资源，且大大节省了图书馆的人力支出。古旧文献原件对于存藏的空间、环境要求很高，且不易查找提取。

但数字资源也有缺点，比如不易保存、有信息素养门槛。数字资源虽然复制和传播方便，但稳定性不够。在软硬件设施变化或者更新换代、载体迁移的过程中，容易丢失或者失效。公共图书馆使用古旧文献数字资源服务，需要经常对其进行整理和维护，以保持载体和信息的稳定性。一些特殊群体使用数字资源存在一定的障碍，如老年人群体、未成年人群体等。公共图书馆在对这些群体提供服务时，要考虑到他们的困难，寻求其他解决方法。古旧文献数字资源建设，前期也需要投入较大资金和人力，非短时可以实现。

2．公益和有偿并存

2018年1月1日起施行的《中华人民共和国公共图书馆法》第2条中规定，公共图书馆是向社会公众免费开放，收集、整理、保存文献信息并提供查询、借阅及相关服务，开展社会教育的公共文化设施。文献资源借阅、检索与咨询是图书馆最基础性服务，因此也应当免费提供给公众。古旧文献数字化制作的目的是保护和使用文献，而非商业性利用。推动古旧文献数字化，应提倡各馆在对古籍进行数字化时选用普通版本，且数字化资源应免费提供给读者检索和使用。随着古旧文献数字化工作的开展，特色数据库的建设，很多公共图书馆先后取消了复制古旧文献的底本费。底本费的免除是古旧文献数字化资源公益性服务的开端。

古籍数字化对工作人员专业性要求很高，既须具备古籍整理的知识，如对古籍的校验、版本的鉴别等，还须具备基本的计算机技术。古籍数字化是对古籍资源的整理和再加工，是古籍整理的一部分。各古籍收藏单位在梳理馆藏古籍资源的同时，应有系统有针对性地对所需古籍进行数字化，并最终形成具有学术价值和参考价值的数据库，供读者检索和使用。由于版权意识的觉醒，各古籍数字化开发机构对读者使用古籍数据库作了一些限制性规定。如公共图书馆允许在局域网内使用该数据库且下载的图片自带本馆标识；高校图书馆仅限本校学生使用账号登录时，方可使用其数据库；一些商业机构则要求支付一定费用才可检索和使用其古籍数据库。[12]

（二）古旧文献数字资源服务的方式

1．阅览室服务

公共图书馆古旧文献的阅览室，除了提供古旧文献原件的闭架阅览外，还提供古旧文献数字化资源，比如缩微品、光盘、数据库等资源的现场检索、阅览、复制服务。公共图书馆提供阅览场地、设备，复制设备及相应资料等，用户需要提交相关手续申请服务。阅览室的古旧文献数字资源服务，使用最多的是古旧文献的书目数据库检索功能。通过检索电子书目，能迅速查找用户所需文献的馆藏信息。在公共图书馆局域网内，还能免费使用与古旧文献相关的商业数据库资源，以及公共图书馆自建特色古旧文献资源数据库。除了数字检索和阅览服务，图书馆还能提供部分下载和复制服务。古旧文献数字资源服务，能够取代古旧文献原件的现场阅览服务，为用户免除古旧文献文物保护费用，实现公共图书馆基本阅览服务免费的行业目标。还能起到保护古旧文献，减少文献丢失和损坏的风险的作用。目前，很多国内公共图书馆有规定，在古旧文献已有数字化产品的情况下，不再提供古旧文献原件的阅览复制服务。

2. 线上服务

公共图书馆利用古旧文献数字化资源进行线上服务。在将馆藏古旧文献数字化后，建立专题数据库，开发互联网上的免费开放平台，为馆外用户提供古旧文献资源的检索、阅览、下载等服务。公共图书馆作为古旧文献的收藏单位，享有收藏权，作为古旧文献相关数据库的开发者，还享有自建数据库的著作权。目前，公共图书馆对古旧文献数字资源的线上开放阅览使用，有多种权限控制方式。比如局域网阅览，只能在本馆指定相关设备上进行阅览，如南京图书馆、甘肃省图书馆等；读者证号控制，使用读者证登录后使用，如苏州图书馆、深圳图书馆等；账号加地域控制，不仅需要读者证登录，同时也限制在某一区域内，如浙江图书馆；账号控制，这种做法与全网开放无异，只需简单注册即可阅览，如中国国家图书馆。还有全网开放的，无需任何注册即可阅览，如上海图书馆。

古旧文献数字资源的线上服务，处于开放的网络环境中，给公共图书馆带来了很多不确定因素。公共图书馆要加强自身信息技术和网络安全建设，设置好对外开放的规则和防范措施。对于古旧文献数字资源的网络下载，公共图书馆通过信息技术手段，采取了更严格的限制性措施。很多公共图书馆完全禁止远程下载行为，以避免其他用途的网络传播。有的公共图书馆对符合阅览条件的用户，提供少量限制性下载。比如，限制下载页数，限制下载次数，并在下载资源上加上数字水印，避免其他除学习研究之外的用途。

六、文献传递服务

根据《新编图书馆学情报学辞典》的定义，"文献传递服务"是图书馆和其他文献收藏机构根据读者要求，直接向他们提供所需文献的服务方式。文献传递服务是指将复制、拷贝、扫描的原文，采用邮寄、传真、电子邮件等方式传递给用户。如今文献传递服务已经成为图书馆一个非常重要的服务领域，这项在世界发达国家图书馆已经开展了几十年的服务，十分适应现代读者的需求和图书馆业务拓展的特点，已经越来越展示出它强大的生命力。[13]在我国，文献传递服务起始于20世纪末，伴随中国高等教育文献保障系统（CALIS，启动时间为1999年）、中国高校人文社会科学文献中心（CASHL，启动时间为2004年）等项目的启动，在2005年以后进入快速增长期。中国大陆开展文献传递服务的主要有国家图书馆、上海图书馆和三大文献传递系统（CALIS、CSDL、NSTL，即中国高等教育文献保障系统、中国科学院国家科学数字图书馆、国家科技图书文献中心）。

（一）古旧文献传递服务的特点

1．高效便捷

文献传递是将用户所需的文献复制品以有效的方式和合理的费用，直接或间接传递给用户的一种非返还式文献提供服务。对于公共图书馆来说，不需要大的资金投入，就可以满足用户需求；对于用户来说，也不需要太繁琐的手续，不需要大的金钱支出，就能获得文献信息服务。现代意义的文献传递是在信息技术的支撑下从馆际互借发展而来，但又优于馆际互借的一种服务。它将图书馆文献资源进行整合，建立一个检索数据库作为文献资源共享的平台，改变了传统的信息传播方式，运用互联网等信息技术手段为读者提供最方便快捷的文献服务。读者可以利用检索技术在最短的时间内锁定所需文献资料，并通过图书馆的相关信息服务，以最便捷的方式获得所需文献。文献传递将图书馆从传统的运行模式带入一个集合了信息服务、文献共享和数字阅读的图书馆新时代，使得图书馆的服务更加智能、高效、主动，给读者带来了方便与快捷。

开展文献传递服务，不仅缓解了图书馆经费、资源不足与读者数量日益增长的文献需求之间的矛盾，也对教学科研起到了很好的支撑作用。文献传递是文献资源共享的重要方式之一。文献资源共享正是一种范围广泛的文化传播活动。它的最终目标，是无论何时何地都能最大限度地满足读者对文献最广泛的需求。

2．弥补地域资源不足

进入 20 世纪后，人们普遍认为由于世界上大量出版物的不断涌现，任何一个图书馆只依靠自身的馆藏已不能满足读者的广泛要求，必须依靠图书馆之间的资源共享、相互协作来保障资源的提供。这个共识是文献传递发展的动因。在我国，公共图书馆资源存在区域之间的不平衡，文献资源区域不平衡也长期存在。特别是古旧文献资源收藏，已经形成了固化的区域分布结构和特色，不可能通过公共文化服务全覆盖和资源建设来改变。20 世纪 90 年代末，我国掀起了建设各种图书馆联盟的高潮，2002 年以后图书馆联盟的发展更为迅速。我国建立的图书馆联盟主要有全国专业图书馆联盟、全国性的综合图书馆联盟、地区性的专业图书馆联盟和行业性的图书馆联盟。国内知名的图书馆联盟主要有中国数字图书馆联盟（CDLF）、大学数字图书馆国际合作计划（CADAL）、国家科技图书文献中心（NSTL）、江苏省高等教育文献保障系统（JALIS）、国防科工委所属院校图书馆联合体、上海教育网络图书馆、中国教育科技数字图书馆（CERDL）、河北省高等学校数字图书馆联盟（HBADLA）等。建立各类型图书馆联盟的目的，在于实现图书馆之间资源的共建共享，服务的优势互补。馆际互借和文献传递，就是实现这个目的的基本途径。开展馆际互借和文献传递服务，各图书馆相互间可利用其他机构的馆藏资源，弥补本馆资源的不足现象，实现各个图书馆信息资源的共享共建。文献传递服务能够满足异地用户需求，节省用户时间和金钱上的支出，实现资源互补，解决古旧文献资源稀缺的现实问题。

（二）古旧文献传递服务的方式

1．邮寄

1917 年，美国图书馆协会制定了馆际互借规则，明确指出图书馆可利用他馆的资料供个人使用。以馆际互借为主要形式的文献传递服务主要包括异馆间的图书借阅、资料复印等，一般免费提供，用户几乎不承担费用，必要时采用邮寄方式传递给用户，这是最初的文献传递形式。邮寄方式，是为适应纸质文献时代的公共图书馆文献传递服务需求而产生的。在公共图书馆体系发达国家，读者在当地提出文献传递请求，公共图书馆通过邮寄的方式，把用户所需文献或者复印资料邮寄给用户。这种方式依赖于完整的全国文献联合目录，以及遍布社区和乡村的公共图书馆体系和邮政服务体系。但是邮寄的方式也有弊端，时间长，且受自然和社会因素影响，可能丢失。

国内公共图书馆提供的邮寄文献服务，一般由公共图书馆的参考咨询服务部门提供。通常不提供文献原件，而是文献复印资料，且收取复印费用。与古旧文献相关的邮寄文献服务，也由参考咨询服务部门统一负责。古旧文献传递服务更加不可能为用户提供文献原件，只能提供文献复印件，可以是复制的缩微胶卷、纸质资料和光盘、U盘等。纸质资料只适用于传递内容不多的文献。如果文献内容比较多，还是适宜采取光盘、U盘的方式。采用邮寄方式传递古旧文献资源复制件，有这样两种情况：一是用户所需的古旧文献资源，虽然用于学习科研等普通阅览用途，但因其属于公共图书馆的特色文献资源，没有现成的商业数据库资源和自建数据库可以使用，不能采取电子邮件传递方式，用户只能向公共图书馆提出申请，单独复制制作；二是用户所需的古旧文献资源，用于出版或者其他商业目的，数量大而且对数字复制品分辨率有较高要求，且涉及著作权问题，须与公共图书馆直接协商复制。

2. 电子邮件

利用计算机远程数据库检索并确认文献线索，然后获取原文的替代品，并以收费的方式获取资料，即电子化文献原文传递（电子邮件）服务。"联合参考咨询与文献传递网"（域名 www.ucdrs.net）是在全国文化信息资源共享工程国家中心指导下，由我国公共图书馆合作建立的公益性服务机构，网络管理中心设在广东省立中山图书馆内。其宗旨是以数字图书馆文献资源为基础，以因特网的丰富信息资源和各种信息搜寻技术为依托，为社会提供免费的网上参考咨询和文献远程传递服务。在文化共享工程大力开展后，联合参考咨询和远程文献传递服务至今累计已解答各种咨询 60 多万例，向读者免费提供远程传递文献近 300 万篇，受到广大读者的欢迎和赞扬。"联合参考咨询与文献传递网"已成为文化共享工程和我国图书馆服务的著名品牌。

"联合参考咨询与文献传递网"拥有我国目前最大规模的中文数字化资源库群：电子图书 120 万种，期刊论文 3000 多万篇，博、硕士论文 80 万篇，会议论文 30 万篇，国家标准和行业标准 7 万件，专利说明书 86 万件，以及全国公共图书馆建立的规模庞大的地方文献数据库和特色资源库，提供网站咨询、短信咨询、电话咨询和 QQ 实时在线咨询和电子邮件、文件推送、在线浏览、馆际互借等服务。

通过这个系统，公共图书馆可以把大量被局限在馆内局域网使用的电子文献，以合理利用的方式远程免费提供给读者使用，从而真正实现我国公共图书馆资源共享的目标。"联合参考咨询与文献传递网"实行资源共享和免费服务政策。只要读者在本网络中的任一个联合图书馆中注册成为正式用户，就可得到全国公共图书馆提供的网上参考咨询和文献远程传递服务。所有读者在其上得到的服务均为免费。[14]

建立了古旧文献特色资源数据库的公共图书馆，可以把本单位的数字资源通过"联合参考咨询与文献传递网"传递给各地用户。对于偏远地区的用户来说，电子文献传递服务更节省时间和费用，而且不用担心遗失。但是电子文献传递服务也有一定版权限制，比如对用户注册权限有要求，对传递内容页数有限制，对可查看的天数和次数有限制，等等。电子文献传递服务，比邮寄的方式更容易检索，能更快得到回复，优势明显。但是用户如果需要长期和经常使用，就得频繁提出文献传递请求，使用上会很不便。同时，电子文献传递服务只提供文献的短期阅览，并没有转让文献内容，用户不能把通过电子文献传递获得的内容，用于其他用途，如其他目的的现场或线上传播和转让。而且公共图书馆还可以采用技术措施，对传递文献数量和分辨率进行控制，限制下载或使用水印，禁止用户将文献内容用于纸质出版。

七、参考咨询服务

参考咨询服务是图书馆应广大读者的需求而开展的一项服务，是图书馆传统的读者服务工作的延伸和发展。北京大学图书馆学系、武汉大学图书馆学系合编的《图书馆学基础》指出："参考咨询工作的实质是以文献为根据，通过个别解答的方式，有针对性地向读者提供具体的文献、文献知识或文献检索途径的一项服务工作。"该定义明确指出参考咨询的基础是文献，参考咨询服务以文献为主要依据，针对读者在获取信息资源过程中提出的各种疑难问题，利用各种参考工具、检索工具、互联网以及有关文献资源，为读者检索、揭示、提供文献及文献知识或文献线索，或在读者使用他们不熟悉的检索工具方面给予辅导和帮助，解答读者问题。[15]

（一）古旧文献参考咨询服务的特点

1. 学科性强

参考咨询服务是一种复杂的、学术性强、对服务人员素质要求较高的服务方式。传统的文献借阅服务是为了满足读者的共性需求，而参考咨询是为了满足读者的个性化需求。参考咨询工作人员需要综合地利用各种信息检索方法和服务手段，解决读者在查找信息过程中遇到的各种疑难问题，帮助读者更有效地利用图书馆资源。服务人员不仅要具备较高的信息素养，而且要有针对性地掌握相关学科背景，才能为用户提供专业、深入的服务。提供古旧文献的参考咨询服务，工作人员必须掌握古典文献学、目录学、版本学、校勘学、汉语言文字学、考古学等相关学科基础知识，以及本馆古旧文献的存藏、排架布局、数字化建设等现实状况，以便帮助用户查找馆藏纸质文献。特别是在开展了古旧文献数字化资源服务后，参考咨询工作人员还需要掌握古籍和民国文献的商业数据库及自建特色数据库状况，网络信息检索技巧，以便帮助用户查找古旧文献数字化资源。公共图书馆的古旧文献服务，往往没有设立专职的参考咨询馆员。有的公共图书馆，由参考咨询部门的服务人员提供古旧文献参考咨询服务。有的基层公共图书馆，由负责阅览室接待服务的工作人员提供简单的参考咨询服务。还有的公共图书馆，在遇到用户有疑难问题的时候，由本单位研究文献的资深专家提供帮助。

2. 缺乏资深服务馆员

古旧文献参考咨询服务，对提供服务的工作人员专业性要求很高，但是很少有公共图书馆设置专职古旧文献参考咨询岗位，也就是学科馆员。就公共图书馆整体而言，提出古旧文献参考咨询需求的用户往往并不是很多。这是因为，相对于公共图书馆庞大的用户群体，古旧文献用户只是用户群体中的一小部分，和普通用户数量相差悬殊。特别是一些基层公共图书馆和小型公共图书馆，古旧文献用户极少。而且古旧文献用户以学术型、研究型居多，他们自身的专业性和信息素养很高，大部分能够自己查找和利用古旧文献资源。因此，大部分公共图书馆不需要设置古旧文献参考咨询专职岗位，也造成了公共图书馆对古旧文献参考咨询服务不重视的局面。古旧文献阅览室负责接待服务的工作人员，在公共图书馆的业务工作体系中属于基层工作人员，本身文化水平和知识素养有限，对古旧文献服务岗位的业务知识，只能通过长期工作去积累。现在，很多公共图书馆坚守古旧文献服务岗位的老一辈工作人员已经退休离岗。而在公共图书馆现代管理理念下，图书馆工作岗位的频繁变动，可能造成古旧文献服务工作人员连积累经验的机会都没有。因此就可能出现，古旧文献阅览室接待服务工作人员不能提供基础和深度参考咨询服务的尴尬局面。这样，对于公共图书馆开展读者服务工作很不利。

（二）古旧文献参考咨询服务的方式

1. 现场参考咨询服务

在计算机技术和网络通信技术产生之前，传统的参考咨询服务主要是现场咨询、电话咨询、信件咨询三种服务方式。信息来源主要是以馆藏文献为基础，以印刷型文献为主要参考源，以手工检索为主要服务手段。服务对象主要是到馆读者，服务受到时间和空间限制。

现场咨询是最传统、最直接的咨询方式，是用户亲自到图书馆进行面对面的咨询。这种方式最大的优点在于，用户可以和参考咨询工作人员详细沟通，全面及时地表达自己的信息需求。古旧文献在全国公藏机构特定的分布结构，决定了古旧文献参考咨询服务主要以公共图书馆特色实体馆藏为资源。人工查找虽然费时费力，但是最可靠、最有效，很多咨询问题的解决还是需要查询古旧文献原件。如果没有专职参考咨询工作人员，现场咨询的方式可能会占用阅览接待工作人员的较多时间。古旧文献阅览室的工作人员，经常要面对的是用户对于如何查找馆藏的咨询。现场工作人员可以通过提供目录和检索途径，指导查找方法，帮助用户查找。还有一些用户，提出的问题非常模糊，并不知道自己需要查找什么文献，只提出自己需要解决的问题。这就需要工作人员在问题与文献之间建立连接，需要专业的参考咨询人员进行服务。还有一些用户，提出的是学术型、研究型咨询，这类参考咨询需要对古旧文献有较深研究的专家才能解答。

电话咨询也是传统咨询方式的一种，是读者从馆外获取图书馆信息最便利、最常用的渠道。电话咨询对问题的解答更快、更及时，对参考咨询员的语言表达能力和心理素质的要求也更高。电话咨询只能解决古旧文献参考咨询中的一些事实型咨询，比如古旧文献馆藏状况、服务时间、服务方式等，而对于古旧文献的检索型咨询和研究型咨询，很难回答清楚。读者以信件的方式向图书馆进行信息咨询也是传统咨询的一种常用方式。在电话、网络日益普及的情况下，信件咨询的方式已经越来越少了。

2. 网络参考咨询服务

网络技术的迅速发展和应用，使传统参考咨询的提问和解答方式都发生了重大变化，出现了网络参考咨询服务。

网络参考咨询服务，是指在计算机网络基础上的图书馆员以馆藏数字化资源和网络虚拟资源为基础，面对网络用户提出的各种咨询问题进行实时咨询服务的过程，是一种在线咨询方式。网络参考咨询服务能有效超越时空的限制，使咨询人员和服务对象无论在何处，只要能登录咨询站点就可以进行交流。网络参考咨询服务方式主要有电子邮件咨询服务、Web 表单咨询服务和实时咨询服务几种。公共图书馆可以根据自身信息技术条件，选择开展其中几种形式的网络参考咨询服务，没有必要也不可能全部开展。

电子邮件咨询是一种最为简单易行的网络参考咨询服务方式，也是最早开展的一项网上咨询服务。它主要是在网站主页或某些网页设立"参考咨询"或"询问图书馆员"超级链接，用户通过该超级链接可将咨询问题以电子邮件方式发送给相关的服务人员，服务人员也以电子邮件方式将答案发送给用户。从网站主页显眼位置选择这种咨询服务方式的用户，大多是咨询一些简单向导式问题，比如馆藏资源、入馆须知等。

Web 表单咨询是采用专门的表格（Web 表单），让读者按照表格内容来填写自己要咨询的问题及相关要求，然后系统通过一定程序将表格内容转化为邮件内容。一般表格内容设计较为详细，其内容可包括提问者姓名、单位、E-mail 地址和所要咨询信息的类别及详细内容。选用这种咨询服务方式的用户，提出的问题以文献检索型和学术研究型为主。在古旧文献参考咨询中，查找古旧文献和文献传递的需求较多。工作人员可以通过电子邮件，为用户发送其所需的古旧文献数字资源，既可以是商业数据库、联合数据库的内容，也可以是馆藏古旧文献的数字化产品。这种服务方式较适宜异地用户咨询，前提是公共图书馆有丰富的古旧文献数字化产品。

电子邮件咨询和 Web 表单咨询统称为虚拟咨询台服务，就是以数字图书馆文献资源为基础，以因特网的丰富信息资源和各种信息搜寻技术为依托，为读者和用户提供网上参考咨询和文献远程传递服务。虚拟咨询台服务方式的优点是不受时间和地域的限制，简便易行，加快了文献的传递速度，特别是对于远距离咨询和需要保密的读者更加适用。其缺点是读者和咨询人员不能面对面接触，缺乏实时互动交流，难以有效分析和澄清问题。

电子邮件咨询和表单咨询都属于异步咨询，为使馆员服务与用户咨询同步，实时在线咨询开始发展起来。实时在线咨询服务的方式有 FAQ（常见问题解答）咨询服务、实时交互式服务等。FAQ 咨询服务是目前图书馆最基本的一种数字参考咨询服务方式。在网络环境下，咨询人员收集、汇总经常遇到的、带有普遍性和典型性的问题，周密解答，汇集答案，分类编排，然后将其设计成网页，这就是 FAQ。FAQ 服务可以解答一般指南性问题，如图书馆开放时间、服务项目、资源特点与布局、检索方法和信息推荐等，[16]还可以把古旧文献基本常识、基本工具书、馆藏数据库、馆藏纸质资源等内容做成解答数据库，方便用户咨询使用。

　　实时交互式服务，即网上实时咨询服务，是一种较为复杂和高级的服务形式，具有一对一、实时交互、灵活性强的特点。所谓"实时交互式"，就是用户与图书馆参考咨询馆员可以实时进行交流，屏幕能即时显示交流的图像和文字，从而取得用户与参考咨询馆员当面交流的效果。这种咨询方式适合进行深层次的参考咨询服务，通过多次、进一步交流，明确用户用意，确定回复咨询的方式和其他细节。古旧文献检索和研究的复杂问题，很适合使用这种实时交互方式。用户可以详细、多角度地向参考咨询馆员询问，最终获得所需答案。这种咨询方式在时间上会受到参考咨询馆员工作时间的限制，但咨询效果明显优于其他网络参考咨询服务方式。

八、社会化服务

　　社会化服务也称服务社会化，一般指某一行业利用特有的技术、人力和资源，面向社会提供服务。图书馆社会化服务就是指图书馆在保证不影响各自主要服务对象的前提下，采取有偿或无偿服务方式向社会公众开放，允许他们利用图书馆所收藏的各种信息资源，为他们提供信息服务。图书馆社会化服务其实质是图书馆服务对象的社会化，是基于"信息资源共享"，把图书馆的信息资源作为一种社会生产资料来对待，将其使用社会化。[17]公共图书馆的服务对象为社会大众，同时，现代公共图书馆的开放与融合特性，吸引了更多有其他需求的机构和个人，寻求公共图书馆提供基本公共文化服务范畴之外的服务。如，某些公共图书馆除了依靠古旧文献资源自身的价值，提供相关文献信息服务外，还能够为一些藏有古旧文献的机构和个人，提供一些与古旧文献相关的附加服务，比如文献寄存、文献修复等。

（一）文献寄存服务

　　藏书聚散不定是书籍史上常见的现象，往往前人费尽心力收藏，后人典守不善，散佚亡失在所难免。再者，藏书人囿于财力，未必都能提供一个很好的典藏环境，尤其是古本图书，如果保存环境欠佳，便会很快老化。相对于图书馆的专门书库来说，私人藏书安全的脆弱性是显而易见的。将私藏寄存于图书馆，是解决这一问题的有效途径。对于私藏家而言，将私有图书寄存到图书馆，可以省去建设、维护书库的费用，更能避免图书流散。同时，将私藏服务于公众，也更能体现藏书价值。对于图书馆而言，接受寄存图书可以充实馆藏，提升服务能力，也是对保存文献的贡献。

在宋代，有些藏书家就把寺庙道观作为藏书读书之地。最典型、最著名的例子是北宋李常借庐山五老峰下白石庵藏书，和南宋洪咨夔夔天目山宝福寺藏书。李常将少时所读之书寄藏于庐山白石庵舍，以遗来者阅读使用，其居处"李氏山房"，因此被誉为有近代公共图书馆性质的藏书楼。

20世纪上半叶，国内多家图书馆开展了图书寄存服务，并将之视为与捐赠同等重要的馆藏来源。早在1901年，安徽省开办藏书楼，《皖省藏书楼开办大略章程十二条》中就有关于图书寄存的规定："本楼除购置各书外，如有同志家藏书籍，情愿寄存，公诸众览者，当由本楼给与清单收条，无论何时来取，即日检送，如有残损，照价赔偿，庶几一转移间两得其便。"1906年拟定的《湖南图书馆暂定章程》将捐助分为两种，一是藏家不再收回的"永久捐"，二是一定时段后收回的"暂时捐"。所谓"暂时捐"，即图书寄存。1909年拟定的《云南图书馆章程》中也规定："如有热心公益，愿以家藏图书、报纸捐赠馆中者，如系单行册本，于捐助以后，则当登报志谢，其愿借者，亦一律志谢。惟借期至少以一年为率。凡捐赠者，应注明某人捐赠字样，借阅者，应注明某人寄存字样，以示区别。"所谓"借阅"，其实也就是"寄存"。1918年《江西省立图书馆章程》第八条规定："凡私人或团体，有以图书捐赠或寄存本馆者，照本馆捐赠图书优待规则及寄存图书规则办理，其规则另定之。"以上是各地公共图书馆开展图书寄存业务的相关制度。

作为中国的国家图书馆，京师图书馆、国立北平图书馆同样也开展了图书寄存服务。1910年，学部奏《拟定京师图书馆及各省图书馆通行章程》，该章程第十六条规定："海内藏书之家，愿将所藏秘笈暂付馆中扩人闻见者，由馆发给印照，将卷册数目、抄刻款式、收藏印记，一一备载。领回之日，凭照发书。管理各员尤当加意保护，以免损失。其借私家书籍版片钞印者，亦照此办理。"1930年，国立北平图书馆为规范寄存服务，制定《国立北平图书馆收受寄存图书暂行规则》。由于管理有方，国立北平图书馆在20世纪30年代吸纳了十余批次寄存图书，其中重要的有梁启超寄存图书拓片、瞿宣颖寄存图书舆图与王勤生寄存洗心精舍藏书（后转让蒋秀五，继续寄存）三大宗，并编成《国立北平图书馆博野蒋氏寄存书目》《叶氏琴趣楼寄存本馆图书分类目录》《梁任公寄存金石文字目》等寄存图书目录多种。[18]

近年来，图书寄存服务已经引起图书馆界同仁的注意，图书馆界已有开展图书寄存业务的案例。2007年，青岛图书馆推出古籍寄存服务，市民可将收藏的古籍寄存到该馆，这一举措被称为古籍保护的"青岛模式"。自2008年起，重庆图书馆就为广大市民提供古籍免费鉴定、保管服务。重庆图书馆古籍保护中心负责人表示，重庆图书馆古籍库房安装有空气调节器、除湿器等设备，恒温、恒湿，有摄像头监控，还有专家定期护理，采取药物熏蒸等手段杀虫。市民可以将古籍带到图书馆，由专家代为保管，所有权属于个人。2008年3月，广东省古籍保护中心挂牌，接收小型图书馆或者收藏家寄存所藏古籍。2012年，山东省图书馆开展古籍免费寄存服务。2016年，广东首个古籍寄存签约仪式在广州中医药大学举行，私人藏书家秦启明将所藏的40种共236册古籍交予广州中医药大学图书馆寄存，寄存期限为5年。

同时，不少基层图书馆的建设主体力量薄弱、保护水平低下，很难达到古籍书库的国标要求。以沿海城市南通为例，其六个县（市）馆大部分是从普通书库中隔出一间房作为古籍书库，均未达到国标要求。中部地区县级图书馆的古籍保护状况更令人担忧。"中华古籍保护计划"开展十余年来，基层图书馆古籍保护状况、古籍保护条件依然不容乐观。相对于私人和诸多基层图书馆古籍保存的简陋条件，大中型图书馆古籍保护条件基本符合专业标准，拥有专门的古籍书库，制度化的运作模式能避免人亡政息的情况发生，优势显而易见。一般情况下，大中型图书馆都有固定的储藏空间和合适的藏书环境，有健全的规章制度，有固定的经费保障，有从事图书管理、保护、修复的专业技术人员，能为古籍提供更好的储藏保护条件。同时，大中型图书馆有更多的机会参与行业内的合作，借助图书馆、博物馆、档案馆界的整体力量从事古旧文献保护和开发工作，为古旧文献提供更好的保护条件。

（二）文献修复服务

20 世纪中期以来，我国古籍修复工作发生了较大变化，古籍和古籍修复人员都向大中型图书馆集中。自 2007 年"中华古籍保护计划"实施以来，我国投入了大量的人力、物力和财力加强珍贵古籍的保护工作。各图书馆纷纷大力发展古籍修复业务，大量破损古籍得到修复，古籍寿命得以延长。但是，古籍修复技术人员仍然是严重不足，人才缺口依然很大。图书馆古籍修复需要国家及各级政府机关的经费投入，对软硬件条件和技术人员要求很高，因此也不是所有公共图书馆都有条件开展古籍修复工作。民国文献的修复现状也不容乐观，大型公共图书馆能够开展修复工作的并不多。

中华人民共和国成立后，古旧文献大部分流入了公藏单位，但仍然有个人和集体存有部分古旧文献。这部分文献依靠个人或收藏单位的经济、技术能力，不能得到有效的保护与修复。民间个人和单位、基层公共图书馆都需要寻求有修复条件的公共图书馆帮助，为其提供古旧文献的修复服务，以延长所藏古旧文献的寿命。公共图书馆通常以签订协议的方式，根据文献数量、修复难易程度及其他因素，为这些单位和个人提供收费或免费的修复服务。

基层公共图书馆通常以当地图书馆学会为联络渠道，寻求本地区内有修复能力的公共图书馆进行协调帮助，为民间古籍收藏爱好者提供古籍修复及保存服务。公共图书馆可与古籍所有者商议，为其保管修复古籍期间，古籍所有权仍属个人，图书馆有权利对其古籍进行整理研究及数字化加工与利用，同时也将做好的古籍数字资源提供一份给古籍所有者。这样既可以很好地保存古籍，还可以使古籍为更多人所用。2013 年 12 月 19 日，西安图书馆与陕西省西安市第三中学正式签订文献保管协议，为其送来的一批清代、民国年间的古籍提供免费保管存藏服务。同时，西安图书馆将依托西安市古籍保护中心的专业力量，组织人员对这批古籍进行鉴定、分类、整理以及数字化加工，更好地实现古文献的保护与传承。

参 考 文 献

[1] 张枫霞.图书馆读者服务［M］.北京：海洋出版社，2009：75.

[2] 林向东，沈玲.图书馆服务方式100例［M］.北京：新华出版社，2007：184.

[3] 王世伟.图书馆展览服务初探［J］.图书馆杂志，2006（10）：22-26，57.

[4] 马祥涛.基于"全评价"理论的图书馆展览服务评价研究［J］.图书馆，2020（10）：104-110.

[5] 王红松.数字技术在博物馆文物展览中的应用［J］.文物鉴定与鉴赏，2020（16）：130-131.

[6] 朱亮.图书馆展览策划的问题、经验及对策研究［J］.图书馆研究与工作，2019（10）：74-78.

[7] 邱冠华，金德政.图书馆阅读推广基础工作［M］.北京：朝华出版社，2015：2.

[8] 曹海英，牛淑娟，张毕晓.公共图书馆讲座实务［M］.北京：国家图书馆出版社，2017：5.

[9] 向剑勤.读书会的演进及其功能探析［J］.图书情报工作，2016（5）：38.

[10] 王丽.公共图书馆体验式阅读推广探究——以深圳市福田区图书馆"创意工坊"活动为例［J］.国家图书馆学刊，2019（02）：40.

[11] 赵洪雅.古籍数字资源服务效能评价指标体系［J］.图书馆论坛，2020，40（07）：150.

[12] 张丽.我国古籍数字资源服务机制及相关法律问题［J］.数字与缩微影像，2020（03）：25.

[13] 刘月学，吴凡，高音.图书馆服务与服务体系研究［M］.咸阳：西北农林科技大学出版社，2018：127.

[14] 李昭醇，莫少强.联合参考咨询与文献传递服务 文化共享工程网上信息咨询教程［M］.广州：广东人民出版社，2008：20.

[15] 罗彩冬.图书馆参考咨询服务［M］.北京：海洋出版社，2009：1.

［16］孙琪.现代图书馆参考咨询服务［M］.合肥：安徽大学出版社，2015：95.

［17］李静，乔菊英，江秋菊.现代图书馆管理体系与服务研究［M］.长春：吉林人民出版社，
2019：197.

［18］黄梦洁，刘波.关于我国图书馆界开展图书寄存服务的几点思考［J］.图书馆杂志，
2010，29（05）：41-42.

古旧文献服务转型

　　"转型"是指事物的结构形态、运转模式和人们观念的转变。它是社会学对生物学概念的借用。进入 21 世纪，传统意义上的图书馆早已不能满足用户对信息资源的个性化、多元化需求。我们不得不正视今天的社会转型，不得不思考在以计算机技术和通信网络技术为主的信息技术飞速发展的今天，图书馆如何从传统的知识存储功能向数字化综合信息中心转变，从而实现图书馆服务的转型。**1**在知识经济大发展的当下，公共图书馆的古旧文献服务要从传统文献资源为基础向现代数字资源为基础转型，从传统读者服务向现代信息服务转型，从单一文献服务向多功能技术服务转型。

一、开放存取

　　"开放存取"最权威、最新的定义来自联合国教科文组织 2012 年 4 月 6 日发表的《发展与促进开放存取的政策指南》：开放存取（OA，open access）是向所有人提供经同行评审的学术和研究信息的免费存取。它要求权利持有人向全世界范围授予不可撤销的存取的权利，以便以合法的行动复制、分发、传输和产生任何形式的衍生作品。国际图联（IFLA）采纳了《英国惠康信托基金会支持开放存取出版的立场声明》中关于"开放存取"的定义，认为符合下列两个条件者为开放存取出版物：其一，著者及著作所有权人授权所有的使用者免费、永久、全球的存取权利，只要标注著者及著作所有权人的姓名，就同意使用者复制、使用、传播、表演、展示其作品，为了研究目的而以任何数字媒体改编和传播改编后的作品，制作少量复本供个人使用；其二，作品出版后，应立即存储在至少一个由学术机构、学会组织、政府机关等单位支撑的在线典藏中，作品的全文，包括附件及前述的授权声明，用标准的电子格式，以便无限制地开放存取，不受限制地传播和长期开放存档。国际图联认为，开放存取的对象是个别作品，不以期刊或出版社为对象。[2]

（一）古旧文献的开放存取

古籍是不可再生的文化资源，其载体本身具有"历史文物性"，而内容又具有"学术资料性"。经历了数百上千年的自然老化和人为损害，古籍纸本已经十分脆弱，反复借阅古籍纸本会对古籍造成二次损害；可是如果因为害怕损坏古籍，将古籍束之高阁，又会使古籍失去其存在意义。即使图书馆对古籍借阅服务有较严格的规定，也不能解决这一矛盾。因此，寻找一劳永逸的古籍再生性保护方法是图书馆古籍工作的重要课题。随着科技的发展，文献数字化技术日趋成熟，古籍数字化成为古籍整理开发的重要手段之一，为解决古籍的藏用矛盾提供了有效的途径。

当古籍数字化达到相当的规模，通过深加工、多媒体处理和网络传输，优化古籍知识的存取和传播方式，可以实现古籍知识信息的即搜即用和真正意义上的开放共享。古籍数字化资源的开放存取打破了古籍流通的局限，同时也扩大了古籍的阅读量。海内外学者逐渐形成共识：古籍数字化是传统古籍整理研究工作在数字时代的延续与发展，以此为基础的古籍开放存取将逐渐成为古籍整理工作的未来发展方向。开放存取提倡将文献发布在公共互联网上供任何用户免费阅读、下载、复制、传递，或用于其他任何合法用途，用户只需保持文献的完整性，使用时正确告知和标注作者即可。开放存取的理念适用于各种类型的知识和文化遗产资源，也适用于除古籍以外的其他古代文献以及民国文献。

（二）国外古旧文献开放存取实践进展

古籍资源数字化可以很好地解决古籍在科学保护和有效利用方面的矛盾，大大便利了人们对于古籍的阅读、研究和利用。又因为海外古籍文献的数字化水平和开放获取程度，往往要高于我国，所以，免费获取那些流失于海外的古籍资源成为可能。

1. 中文古籍的开放存取

美国哈佛大学燕京学社图书馆馆藏丰富，中文古籍 15 万册，刻本 3400 余种，稿、抄本 1000 余种，方志约 5600 种，所有书目数据可在哈佛大学图书馆联合目录中检索。中文善本特藏稿、抄、孤本 224 种，各部古籍 3400 余种已实现全本数字化，通过哈佛大学图书馆中文研究导航页的链接可查看宝卷、中国珍稀旧方志、拓片收藏、明清妇女著作等专题集，所有用户无需登录即可在线浏览古籍图片，支持无级缩放、下载打印等操作。

大英图书馆藏有 2 万册中文图书、400 多片甲骨、4 万多件敦煌遗稿，并设有国际敦煌项目（IDP）秘书处，3 万多份敦煌手稿已经被数字化，包括斯隆收藏、斯坦因收藏、戈登文件、莫理森收藏等专题集，所有用户无需登录即可在线浏览古籍图片，查看部分阅览室目录须注册登录。在法国国家图书馆官网可检索到 526 条中文古籍目录信息，其中 216 条可在数字图书馆浏览。

日本东京大学东洋文化研究所自 1941 年 11 月 26 日成立至今，所藏中国文献总数有 10 万册之多，其中有不少是孤本、善本。对于从事汉学研究的学者而言，这些藏书是相当重要的学术资源。为了兼顾"保存善本古籍"和"提供学者研究"，东洋文化研究所于 1988 年创建了"东京大学东洋文化研究所所藏双红堂文库全文影像资料库"。该库目前收录包括中国明清戏剧小说平装书在内的经、史、子、集、丛书及其他中国古籍共 3365 部，提供四部分类顺序、书名笔画顺序和索书号顺序检索途径。如音韵学古籍"《司马温公切韵一卷》，经 – 小学 – 音韵 – 宋，双红堂 – 戏曲 –283，文本、目录、彩色首页"；小说古籍"［旧小说]《纪剿除徐海本末一卷》，史－杂史－事实－世宗，双红堂－小说－150，文本、目录"；戏曲古籍"《一枝花捎书》，排印本（杂腔唱本所收），集－词曲－南北曲－杂曲，双红堂－戏曲－190，文本"。为了古籍原始数据利用上的方便，该研究所已将相关贵重的中国古籍做成全文影像数据库及复制本，打开"东京大学东洋文化研究所所藏双红堂文库全文影像资料库"的网址，用户即可方便地在线阅读利用。

2014 年，鉴于中国图书文化资产的保存和研究需要，日本东京大学东洋文化研究所决定，将陆续积累的绝大部分是在 20 世纪 20~30 年代在中国购买的中国古籍，首次在世界上发布网络数字化文献信息试点。截至 2014 年 9 月 6 日，该所 2002 年建立的"东京大学东洋文化研究所所藏汉籍善本全文影像数据库"共收藏有我国古籍数字化开放获取文献资源 3889 部，全部采用 PDF 和 JPEG 两种格式，提供彩色、大小 2 级缩放的在线阅读利用，可分面（2 页）阅读，也可以整卷连续阅读。每面可另存为 JPEG 图像格式下载获取，也可 PDF 格式整卷在线阅读或保存副本整卷下载利用。全部古籍可按照四部分类顺序或书名笔画顺序检索，还可以根据书名、内容分类和索书号检索。部分古籍有全部的文本、目录和彩色首页，如"皇明大儒王阳明先生出身靖乱录三卷，日本弘毅馆刊本，史－传记－别传－明，双红堂－小说－20，文本、目录、彩色首页"。另外部分古籍仅有文本和目录，如"一峰先生传一卷（旧小说所收），史－传记－别传－明，双红堂－小说－150，文本、目录"。还有部分古籍有目录和彩色首页，如"十三经注疏，嘉靖中福建刊本，经－经注疏合刻－注疏，贵重－1，目录、彩色首页"。其中目录的内容包括古籍的索书号、函册、书名、撰者、出版项、注记、内容分类、编号、子目号码和资料库名。

日本国会图书馆在互联网上公布的，中国清代之前的经典古籍善本共有 73 218 部，它们都属于开放存取文献。其中收录年代最早的为唐代的两部古籍善本，分别是公元 639 年（唐贞观十三年）唐释玄奘译（贞观十三写）《大般若波罗蜜多经》（卷第 286，35 面，每面为 2 页），和公元 740 年（唐天平十二年）唐释玄奘译（天平十二写）《分别缘起初胜法门经》（卷上，16 面）。其他中国古籍善本还有：宋苏轼撰（南北朝刊），《王状元集诸家注分类东坡先生诗卷》，62 面；宋欧阳修苏轼撰（景泰元跋），《欧苏手简》（5 卷），108 面，明凌稚隆辑（林和泉椠刊，明历三年）。该馆的中国古籍书目信息内容包括：持久性标识信息、标题、作者、出版日期、书目编号、开放范围。这些中国古籍数字化开放存取文献，均向用户提供 41 级缩放，即从原图大小的 1% 开始，依次递增或缩减 5%，最大可放大到原始页面的 200%，可采用 JPEG 图像格式或 HTML 格式分面在线阅读。[3]

加拿大麦吉尔大学图书馆收藏有中国中医妇科古籍数字化开放存取文献资源。据《史记·扁鹊仓公列传》记载，秦代就已有妇科病案的记载。妇科学作为中医学科的一个分支是在唐宋时期快速发展起来的。"中医妇科名著选"这一数字化项目，是由位于加拿大魁北克省蒙特利尔市的麦吉尔大学东亚研究系所组织和承担的，所用文本都收藏在麦吉尔大学图书馆中。这其中有一些文本较为罕见，多数流传较广，在明清时期对妇科临床有相当的影响并多次被重印。该项目为研究者和对传统中医妇科有兴趣者提供了一种接触数码化原始中医妇科文本的途径。高质量的数码扫描影像资料，使研究者们能在没有损坏原始材料的情况下阅读使用这些珍贵的古籍文献数据；为研究传统中医的学者们提供了可全文检索的数据库，使他们能快速地在原始的古籍文献资料中找到相关中医药方中的关键术语、概念和药物成分，从而对这些药方的用途和疗效进行比较和分析；为研究生利用最新的技术建立数码中文图书数据库提供了实际训练。加拿大麦吉尔大学图书馆收藏的中国中医妇科古籍数字化开放存取文献资源，其网页左侧有该古籍中文繁体字的介绍，右侧为高清晰电子扫描版 JPG 图像格式古籍原貌。可进行上下页的逐页在线阅读及首末页的快速检索阅读，均提供 JPG 图像格式 2 级缩放可在线阅读的利用方式，和可另存为 JPG 图像格式下载获取的利用方式。[4]

2. 古籍研究成果的开放存取

国外图书馆对数字化馆藏古籍资源做了许多深入研究。自 1993 年古英语专家 K.Kiernan 教授与大英图书馆合作的英国盎格鲁 – 撒克逊时期史诗手稿电子版《贝奥武甫》项目立项以来，项目组成员边研究边开发，在 2000 年以前就发表了一系列有关数字图像处理技术、数字修复、叙词表、数字图书馆建设等主题的研究论文。官网上列出的 1990—2012 年的参考文献达 986 条，经过多年的收集整理和研究工作，形成了专业性极高的电子版《贝奥武夫》。不仅能满足一般读者逐行翻译的需要，由于对诗歌语法、韵律等特点进行了剖析，更可作为学者鉴别近 2000 件 18 世纪修复本、删改本和补充本的研究工具。1999 年第一版即提供免费下载，后由大英图书馆发行第二版、第三版 CD-ROM，2015 年推出了 4.0 在线版本，使得大量学习研究古英语的宝贵资料在互联网所达之处触手可及。

美国国会图书馆于 1994 年获得了 1300 万美元的民间捐款用于建立国家数字图书馆计划，即"美国记忆"（American Memory）项目。从 1994 年到 2000 年，项目持续获得国会两党 1500 万美元支持，并收到来自企业和慈善家的私人赞助逾 4500 万美元。项目汇集了来自美国国会图书馆等机构的文献、录音、照片、地图、乐谱等记录美国 240 多年历史的档案文件，并对这些档案文件进行了一定的归纳整理，通过互联网向公众免费提供，作为教育和终身学习的资源服务于公众。

欧盟委员会的"Europeana Regia"项目（2010 年 1 月—2012 年 6 月），由欧盟资助，4 个国家的 5 个图书馆合作，使 1000 多件中世纪和文艺复兴时期的珍贵手稿实现了数字化。项目涉及欧洲历史上不同文化活动时期的三大皇家收藏，即加罗林王朝手抄本 425 本（8—9 世纪），查理五世—六世时期皇家图书馆的 167 本手稿（14 世纪），那不勒斯的阿拉贡国王图书馆的 285 本手稿（15—16 世纪）。图书馆的工作人员及研究者以这些见证了欧洲艺术、文化与政治历史的手稿为研究对象，挖掘其蕴含的知识内容和内在历史证据。这些手稿现在全部可以通过合作图书馆和欧盟数字图书馆的网站免费查阅。项目官网上也发布了手稿整理规范、图像处理规范、元数据格式化模块等技术规范和研究成果。**5**

（三）国内古旧文献开放存取实践进展

1. 书格

建立于 2013 年 5 月，是由豆瓣 PDF 小站（由于技术上的诸多限制）转换发展而来。在没有任何机构支持的情况下，完全依靠众多个人的捐助，一步步发展壮大。创建者的初衷是，致力于在开放存取理念下分享、介绍、推荐有价值的古籍善本，并鼓励将文化艺术作品数字化归档。其中分享内容限定为公共版权领域的书籍（参照《伯尔尼公约》）；最大限度地还原古籍品貌和内容；借此计划让大家自由、免费地欣赏到那些难得一见的书籍。

书格的数字化古籍来源，主要包括机构免费资源和个人上传资源两部分。其中，图书机构主要有哈佛图书馆、日本国立国会图书馆、日本内阁文库、早稻田大学图书馆、德国柏林国家图书馆、法国国家图书馆、巴伐利亚州立图书馆、美国国会图书馆、藤井永观文库、耶鲁大学图书馆、世界数字图书馆、魏玛包豪斯数字图书馆等海外众多著名的图书馆。其古籍数字化资源从宋元珍本、明清善本到近代刊本，可谓内容丰富。除了中文古籍还有外文古籍，品质也很高，都是高清彩色影像本。这些资源整合在一起更便于检索和查阅。而个人捐赠的资源在上传时，门槛限定也十分高。首先，上传的古籍数字资源应有较高的历史文献价值和艺术欣赏价值；其次，同一古籍的不同版本，以完整、清晰、稀有版次为标准优先选取；再次，要求数字资源为高清影像本（单页 1400 像素以上和跨页 2000 像素以上），以 PDF 格式为主，不允许出现水印和恶意捆绑。另外，只接受超过版权保护年限的自由版权的书籍，避免版权纠纷。

考虑到中国传统文化特殊性和读者个性化的阅读习惯，书格既没有用中图分类号，也未完全照搬经、史、子、集的分类方式，而是按照读者查询目的，分为两种不同的分类方式：一种按照学术分类，分为世界、史地、哲学、外文、宗教、应用科学、文学、社会科学、自然科学、艺术；另一种按照兴趣分类，并按主题整理出康熙字典、清代外销画、茶类、古琴谱、中国戏曲、敦煌绘卷、大字本五经、永乐大典、宋刻本等十多个专题。还会提供其他读者最近关注的热门书籍和冷门却很有学术价值的书籍，年底还发布古籍下载总量排行榜，为读者挖掘新的兴趣点和知识点。精美的图集是书格又一大特色。清晰的图像，自然顺畅的版式，带给读者美好的阅读体验；并且可以参与评论，和其他读者一起分享阅读的妙趣。除了在线浏览，还可以下载学习。下载方式可靠便捷，主要为网盘（百度云、快传、微盘、云盘、谷歌网盘、Skydrive 和独立盘）和 P2P 链接。与其他古籍数据库相比，图像不只是为了识别，还能够提供更多的细节信息，更有助于学术研究和艺术欣赏。此外书格还提供独立短链服务器，FEED 订阅，专题推荐，检索词繁、简体自动转换，投稿和建议，微信订阅等多元化的功能。[6]

2. 大学数字图书馆国际合作计划

该计划是由国家投资建设、由浙江大学联合国内外的高校和科研机构共同承担的教育部 "211" 重点工程项目。其项目建设的总体目标是构建我国国家创新体系的文献信息基础设施，可以涵盖多个学科、多种类型、多种语种的海量数字化文献资源，为国内外的图书馆、学术组织和专业人员提供广泛的文献资源服务。该项目的信息资源主要来源于国内外研究型大学的馆藏文献，有包括古籍文献在内的多种类型的数字化文献资源。该项目建立了包括古籍文献在内的 8 个数据中心，成为一个覆盖所有重点学科的学术文献资源体系，对高校的教学和科研起到了强有力的文献保障作用。截至 2014 年 8 月 22 日的统计数据显示，目前该项目网站收藏我国古籍文献 289 964 册，一律采用 flash 格式，用户经过免费注册登录后，可以享受网站提供的彩色无级缩放功能，在线阅读利用其开放存取的古籍数字化文献资源。由于该网站系统保护图书版权，实行图书借阅模式，目前只支持文献的在线浏览，不提供全文下载服务。提供有类型、标签（相当于主题词）、类名，以及搜全部、仅搜书名、仅搜作者等检索方式。全部古籍按照收藏数量的多少排序，共分为 100 类，内容有朝代（如唐朝、宋朝、元朝、明朝、清朝、民国）、体例（如会典、本末、类编、纪事、实录）、分类（如史部、集部、上海、南海、台湾）、通史或断代史（如二十四史、春秋、汉书、宋史、明史）等。**7**

3. 其他网站中的我国古籍开放存取文献资源

如来源于 "艺术中国" 网站 "中国古籍全录" 栏目的我国古籍开放存取文献资源。该栏目的中国古籍按传统的经、史、子、集四部分类，另辟专题、最新发布的古籍和文言文名篇栏目，目前共收录有中国历代古籍文献 250 部。其中经部包括十三经、十三经注疏、易经、经学史及小学类；史部包括正史、编年、纪事本末、别史、史评、诏令奏议、传记、史钞、载记、时令、地理、职官、政书；子部包括儒家、释家、道家、法家、兵家、农家、杂家、术数、医家、科技、艺术、谱录、类书、蒙学；集部包括总集、别集、楚辞、词、诗文评、曲、小说。专题包括书法、绘画、诗词、四库，以及最新发布的古籍和文言文名篇。另外，还有来源于《图书馆员》网络期刊 "开放资源" 栏目中的 "四库全书" 古籍开放存取文献资源，仍然采用传统的经、史、子、集四部分类，共有 127 部，全部采用 HTML 网页格式，为用户提供在线阅读利用方式。

（四）国际合作的古籍开放存取实践进展

由于文化交流、战争等原因，许多珍贵的中文古籍分散在世界各地馆藏机构，这些古籍对于文化、历史研究具有重要意义。一项严谨的古籍研究工作一定会需要广泛查阅海内外各种版本的古籍，许多古籍研究项目都是通过国际合作开展的。

例如敦煌文献于 20 世纪初流散到世界各地，读者难以获取，研究工作难以开展。1994 年，为促进敦煌文献的综合利用，由外部基金资助的国际敦煌项目（International Dunhuang Project，IDP）成立，秘书处设在大英图书馆，在中国、俄罗斯、日本和德国设有中心。IDP 从 1997 年开始敦煌文献数字化工作，目标是将所有藏品数字化并实现开放存取。1998 年 10 月 IDP 网站正式开通，用户可以在网上进入 IDP 数据库，免费检索世界各地成员机构的数字资源。IDP 成员机构既是网站数据库的用户，也是建设者，他们共同合作，以高质量的数字图像将这些艺术品重新拼在一起，由专业的管理人员、编目人员与研究人员协调实现规范保存与编目，并通过网络技术实现开放存取。

我国国家古籍保护中心的"中国古籍保护网"提供"中华古籍书目数据库"和"中华古籍数字资源库"的入口。其中"中华古籍善本国际联合书目系统"是由中文善本书国际联合目录项目发展而来的，最早由美国研究图书馆组织（Research Library Group，RLG）在 1991 年建立，中美两国约有 30 余家图书馆参加，著录了北美图书馆的几乎全部藏书以及中国图书馆的部分藏书，数据超过 2 万条。2009 年以后项目中心由美国普林斯顿转移至中国国家图书馆。"中华古籍数字资源库"中包含"哈佛大学哈佛燕京图书馆藏善本特藏资源库"和"东京大学东洋文化研究所所藏汉籍善本全文影像数据库"，均为国家图书馆与其他机构合作的成果。

世界数字图书馆（World Digital Library，WDL）项目 2005 年由美国国会图书馆向联合国教科文组织提出。联合国教科文组织和美国国会图书馆组织世界各地

相关专家建立工作组，制定标准和内容选择准则。2009 年 WDL 网站面向国际公
众推出，内容包括公元前 8000 年至公元 2000 年有关 193 个国家的 14 320 条具有
重要文化意义的原始资料，中国书籍、手稿、地图方面收录了来自中国国家图书
馆、美国国会图书馆以及中国台湾图书馆的数字资源，内容涵盖宗教、历史、地
理、文学、医学等方方面面。WDL 代表着数字图书馆项目的重点从数量到质量的
转变。

"中文文献资源共建共享合作会议"是以中文文献为核心，包括中国（含台
港澳）、美国等国家和地区参与合作开发中文文献数字化资源的会议，其最终目
的在于：通过具体的合作项目带动中文文献资源共建共享的逐步实施，推动全
球中文图书馆和中文资源收藏单位间的交流与合作。目前会议已成功举办了七
次，已完成或在建的古籍数字化合作项目包括中国古代版印图录项目、中文石
刻拓片资源库项目、中国科技史数字图书馆项目、古籍联合目录数据库项目、
中国家谱总目项目等。这些项目大多由国内图书馆牵头实施，部分阶段性成果已
在网上发布。[8]

二、学科服务

学科服务源自于国外研究型大学图书馆，其服务宗旨是为教学科研提供主动
性、专业化和深层次的文献信息服务。自 20 世纪 90 年代引入中国后，不断引起
各高校图书馆的关注。国内外高校图书馆的学科服务一般包括用户信息素养教
育、科研支撑服务和学术评价服务。学科服务是学科馆员为对口学科提供深层次
专业文献信息服务的实践活动，是基于用户对文献信息专指性和多样性需求日益
强烈的现实发展而来。

从词义学的角度分析，"学科服务"一词是由"学科"和"服务"两个词组
成。从其中文词义上进行分析，可以理解为是围绕学科而进行的各种服务。对于
高校图书馆来说，简而言之就是图书馆员们围绕学校学科建设需要，而提供的全
方位的文献知识信息资源服务和信息技术服务。实际上，学科服务是图书馆界的

一种全新的服务理念和服务模式，是图书馆为适应新的服务需要，深化服务变革、提高服务水平而采取的一项新举措，是海量信息时代产生的一种高层次的信息服务形式。[9]

近年来，公共图书馆和高校图书馆在部分职能上出现趋同化发展，高校图书馆开始为社会大众开放服务，公共图书馆也在为社会化的学术研究提供服务支持。公共图书馆的古旧文献服务，相对于通俗读物的大众化服务，是一种更专业化、更学术化的服务。利用特色化、专题化的古旧文献资源开展新时代的学科服务，是古旧文献服务转型的重要路径。

（一）学科资源建设

学科资源建设是学科服务的重要组成部分，包括学科资源调研、学科资源试用和荐购、学科资源反馈和评估等工作。公共图书馆古旧文献的学科资源建设，不能完全套用高校图书馆的学科资源建设思路，应该根据馆藏古旧文献资源和用户现状进行调整。因为通常所说的学科资源建设，是以现代出版物为基础，以现代西方学科的分类为标准，这显然不适用于古旧文献。古旧文献是对馆藏1949年以前文献资源的统称，包括了古代文献和民国文献两大部分。古代文献通常沿用了传统的经、史、子、集分类法，民国文献主要分为图书、期刊、报纸，下面再各有不同主题细分。公共图书馆的古旧文献还是以传统分类为标准，更适宜各方工作的开展。

学科资源调研，就是对古旧文献资源进行科学的学科分类，对用户使用纸质文献和其他媒介文献的情况进行调查和分析，协助制定新入藏文献的建设方案。公共图书馆要在古旧文献资源与用户之间建立起有效沟通的桥梁，加强与用户之间的关系。公共图书馆可以利用古旧文献服务过程中采集的线上和线下的用户数据，对馆藏古旧文献纸质资源和电子资源的使用情况进行定量和定性分析，得出用户需要的资源类别和类型。

学科资源试用一般指学科数据库的试用情况介绍。学科资源荐购包括图书引荐和数字资源荐购。零散图书引荐是指将用户推荐的，借阅量大、使用广泛、急需的书刊反馈给采访部门。学科资源荐购一般由用户推荐，领导研究决定是否开通试用，用户使用一段时间，再依使用情况征求用户意见，一并提供给图书馆作为选择、购买数据库的参考依据。公共图书馆的古旧文献资源荐购有其特殊性，古旧文献区别于现代出版物，实体文献已经很难实现任意购买，有时候从资金考虑也十分受限。公共图书馆收集到的用户的信息需求，可以通过其他方式满足，比如购买现代整理出版替代品、缩微制品或者数字资源。公共图书馆还可以加强对自身古旧文献的整理工作，通过整理出版、自建数据库等方式，满足部分用户需求。

学科资源反馈是指收集用户使用图书馆学科数据库、学科导航、网络资源和其他资源等的意见和建议，为图书馆改进资源现状提供参考。学科资源评估一般指针对上述学科资源，从数据质量如数据是否齐全、系统、稳定，是否分类合理、更新及时，以及数据库网站的功能如下载、保存、定制等方面进行评价。深入了解本馆用户对古旧文献的信息需求，加强公共图书馆古旧文献服务学科资源建设，促进本馆古旧文献资源整理和服务，以及数字资源的合理采购。公共图书馆的古旧文献资源建设要以地方特色、专题特色、学科特色为导向，建立起结构合理的多种媒体资源体系，为古旧文献深度学术服务建立资源基础。

（二）学术研究

公共图书馆古旧文献是一笔宝贵的文化财富，富含文献价值和学术价值。公共图书馆擅长对古旧文献进行整理，然而文献整理不等同于学术研究。

古籍整理，就是对古籍本身进行校勘、标点、注释及今译等各种加工，使之出现新的本子，以便于今人和后人阅读利用。超出这个范围，如撰写关于某种古籍的论文，或者撰写研究某种古籍的专著，尽管学术价值很高，也不能算作古籍整理而只能算作古籍研究。[10]古籍整理的方式和结果约可分为两种类型：第一，传承并整理往代文献，述而不作。如孔子定六经、删诗书、正礼乐，摘引、纂述、汇编周秦旧章材料而集合成儒家文献，为儒家学派确立基本典籍。第二，"辨章学术，考镜源流"，融文献整理、目录编次和学术批评为一体，"厥协六经异传，整齐百家杂语"。如刘向、刘歆父子叙录群书，董理百家头绪，著录《别录》《七略》，其中包括二人对古代思想世界秩序图景的理解和描画。类型之分实乃文献整理广狭二义之别。[11]就典籍文献与学术思想的关系而言，孔子删诗而有儒学之兴，刘向校书而汉学昌明，清人考订精详而实学风行，近代甲骨、敦煌文献面世而开启现代学术新局面。

目前，公共图书馆对古籍和民国文献进行全面清点、分级管理，主要还是侧重于文献的整理保护。出版项目以目录、点校、影印等方式为主，为古旧文献的进一步研究提供帮助。公共图书馆除了对文献进行整理，揭示文献价值外，也要参与到文献学术研究中来，利用自身掌握丰富文献资源的优势，推动古旧文献学术研究的发展。

1. 开展学术论坛

学术论坛是为方便公众交流而设置的系统专业的学问平台。其表现形式多种多样，包括网络学术交流、学术会议以及学术的大众化推广等。公共图书馆对本馆珍贵古旧文献进行整理，开放本馆特色专题资源，以吸引各地研究人员进行专业学术研究。公共图书馆牵头开设各学科学术论坛，一方面是吸收和检验学术成果，储备新的知识信息；另一方面也极大地拓展了图书馆交流服务的范围，在促进知识交流和学术共享方面作出了努力。

公共图书馆可以利用自身重要资源，吸引其他机构或个人开展重点学科、重大项目的学术研究。公共图书馆可以通过多种方式，与其他机构合作开展各学科项目研究，比如，提供文献资源、参与项目具体事项、策划申报项目等。公共图书馆还可以组织主题征文活动，收集研究学术成果并进行汇编出版。在完成重大项目和研究成果的重要时间节点，可以牵头举办学术会议，聘请专家对研究成果进行现场检验和研讨，并利用媒体和线上平台进行推广传播。现场学术会议也有不足之处，所发表的学术言论大都来自专家、业内人士，且出版时间和阅读时间相隔很久，学术成果缺乏双向交流，无法及时得到反馈。参加学术会议的人数是有限的，因而获取知识的人也是有限的，这也限制了学术交流的范围。

网络学术论坛，简称 BBS。论坛多由一些爱好者创建，具有丰富的学术资源和便利的交流分享渠道。网络学术论坛与现场学术会议相比，更适合日常的实时交流互动。通过网络可以联系更加广泛的群体，突破了以往对交流人数、交流时间空间的限制，使用户能够随时随地获取想要得到的第一手资料，大大拓宽了学术成果的共享渠道，扩展了交流的范围。网络交流平台形式更加开放和自由。人们可以自由地发表学术言论，他人也能够及时对这些言论进行反馈，信息的传播更加快捷和广泛。

2. 与高校进行学术合作

高校是进行教学和科研的主要教育机构，特别是担任了学科发展和研究的重要任务。高校图书馆的职责，就是为高校的教学和科研提供支持、保障。古旧文献资源的不可再生性和分布不均衡性，决定了古旧文献是稀缺的社会资源。高校图书馆古旧文献资源有限，不可能完全满足相关学科研究发展的需要。公共图书馆与高校建立科研合作关系，能够从资源上形成优势互补。高校具有公共图书馆缺乏的科研人才、科研资金、技术手段等科研条件，而公共图书馆古旧文献能够为高校科研活动提供文献保障和支持。

公共图书馆和高校开展科研合作，可以直接和院系专业学科联系对接，通过签订合作协议，落实合作模式和内容。可以采取的合作模式有项目合作和长期合作两种。项目合作，为完成某一具体项目而合作，所有合作事项都是围绕项目的推进而进行。重大科研项目可以采取这种模式，有利于人力、资金等资源在短时间内集中，加快项目进度。长期合作，公共图书馆某一学科类别的古旧文献非常丰富，高校也有优势学科和长期稳定的研究计划，可以采取长期合作的方式，共同研究开发古旧文献。建立稳定的长期合作框架，可以减少双方协商的时间和次数，也容易产出大量研究成果。

公共图书馆与高校合作对古旧文献开展科学研究，把对古旧文献的关注从文献整理转向学术研究，从载体资源转向信息知识，加快了文献资源的开发利用，改变了公共图书馆古旧文献以目录和原件整理出版为主的现状，促进了古旧文献学术研究著作出版，新学科、学术流派、学术研究范式的形成发展。

3. 设立研究基金

公共图书馆围绕自身古旧文献资源开展的学术研究，可以是公共图书馆牵头或者参与，组织本馆和其他单位人员参与到科研活动中，比如，举办学术论坛和与高校合作的方式，公共图书馆起到了主导者和参与者的作用；也可以只提供资源，把学术研究的主动权交给社会力量。在国外，出现了新的推动科研活动开展的方式，比如有图书馆通过吸纳社会资金，设立专门的学术研究基金，通过基金会向社会招募研究学者或者机构，对馆藏特色资源进行研究，为研究成果提供资金支持和帮助。公共图书馆也可以联合社会力量，直接与社会公益基金会合作，由基金会提供支持资金，为古旧文献资源的科研活动提供专项支持。公共图书馆通过设立基金会，资助馆藏古旧文献科研活动，能够吸纳更广泛的研究人员和研究成果，促进学术活动的普及和交流，促进多种类学科的发展，促进学术成果的传播和应用。

2000 年，莱顿大学图书馆为促进特藏文献在教学与科研中的使用，与艺术神学与哲学学院（现为人文学院）共同创立了斯卡利杰研究所。研究所"广纳贤才"，在全球范围内招募学者进行馆藏研究，得益于资金来源广泛的科研基金的设立。研究所针对自身馆藏特色，主动与相关基金会建立合作关系，赞助科研人员对特藏文献进行研究。2001—2018 年已有近百位学者接受了资助。目前，已有十余种科研基金。通过这一方式，越来越多的学者从世界各地前来积极地参与到莱顿大学特藏文献研究利用中，大大加快了图书馆特藏文献研究的发展。[12]

（三）信息素养培训

信息素养的概念最早由美国信息产业协会主席保罗·泽考斯基在 1974 年提出，他认为"信息素养指人们在解决问题时利用信息的技术和能力"。2015 年美国大学与研究图书馆协会正式颁布《高等教育信息素养框架》，开启审视信息素养的全新视野，将信息素养的内涵拓展为：信息素养是指对信息的反思性发掘，对信息如何产生与评价的理解，以及利用信息创造新知识并合理参与学习社群的一系列综合能力。即信息素养是发现信息、理解信息和价值、使用信息创造新的知识和参与社群学习的综合能力的集合。[13]

信息素养教育是高校图书馆的重要职能之一，也是学科服务的重要内容。近年来，日益复杂的信息社会对公众的信息素养提出了更高的要求，也更加强调图书馆界保障公众信息获取的使命。国际图书馆协会联合会在国际图联《全球愿景报告》摘要中将致力于使公众平等和自由地获取信息和知识作为图书馆界的最高追求。中国图书馆学会于 2019 年与多个单位共同发起《中国公民信息素养教育提升行动倡议》，号召图书馆界推动公众信息素养全面提升。我国近年来较为关注公共图书馆的信息素养教育，研究多集中于青少年、老年人等群体以及健康信息素养、数字包容等特定主题。公共图书馆开展古旧文献服务也需要对用户进行信息素养的培训和教育，提高其使用检索工具和古旧文献资源的基本技能，在文献资源和用户之间建立起有效连接。

1. 古旧文献基础知识培训

要阅读和研究古旧文献，首先要了解与古旧文献相关的基础知识。古旧文献基础知识内容丰富，公共图书馆组织的培训内容要广泛，应包含古旧文献的理论知识和馆藏状况。理论知识包括古旧文献学术分类、古旧文献相关辅助学科、古旧文献工具书等方面。馆藏状况包括公共图书馆古旧文献整体资源状况和馆藏分类，古旧文献相关业务工作，古旧文献服务内容等情况。公共图书馆可以根据古旧文献的学术分类，开展系列讲座。从时间的分类，到更细致的文献形式分类，如碑帖、字画、舆图等说起，介绍古旧文献资源的历史源流、制作方法和代表作品等基本情况。对古旧文献的相关学科，如金石学、校勘学、目录学等古旧文献的辅助学科，也可以进行介绍，以帮助用户学习研究。还有古旧文献相关工具书，是用户检索学习的好帮手，比如各类目录、索引、字典等。公共图书馆古旧文献的相关业务工作，比如编目、缩微和数字化状况，展览和出版项目等，公共图书馆提供服务的内容，古旧文献服务管理制度等，都可以向用户详细介绍，让用户了解公共图书馆能够提供的服务和帮助。特别是要向用户介绍公共图书馆古旧文献资源的载体种类，包括纸质文献、缩微文献、数字资源等。古旧文献种类丰富，知识体系复杂，专业化程度较高，对用户进行基础知识培训，可以聘请相关学者和专家讲授理论知识，由本馆专业岗位馆员进行馆藏知识培训。

2. 古旧文献实体文献检索培训

用户了解古旧文献的基础知识和馆藏状况后，要进一步使用古旧文献，就要进行检索。公共图书馆古旧文献服务是以本馆实体文献为主，提供特色主题资源的信息服务。公共图书馆可以对用户进行馆藏古旧文献的基本典藏状况培训，包括资源种类数量、典藏布局、分类排架、馆藏目录等。用户通过了解古旧文献的典藏状况，可以初步判断去哪里查找所需文献。对用户进行馆藏实体文献的检索方法培训，应包含线上查找和线下查找多种途径。线上查找包括电脑端、移动端的查找，如官方网站、app、小程序等方式，更简便快捷，也适合馆外用户。线下查找适合到馆用户，包括查找馆藏资源的书本式目录、卡片目录，以及辅助使用的各类出版目录，如版本目录、综合目录、专科目录等。公共图书馆还应提供其他图书馆出版的馆藏目录，方便用户在本馆资源缺失的情况下，寻求其他馆藏资源帮助。对各类目录掌握的熟练程度，大大影响了用户查找古旧文献的时效性和有效性。公共图书馆对目录的介绍和培训，可以采用课堂授课和现场实践相结合的方式，让用户对一些文献进行现场查找，以帮助其熟悉运用目录。

3. 古旧文献数字资源检索培训

在公共图书馆古旧文献服务中，对古旧文献用户进行数字信息素养培训更应受到重视。古旧文献作为传统形式的文献资源，其使用和服务方式也是相对传统的。将数字资源引入古旧文献资源保存和利用，还是近几十年的事情。古旧文献的传统用户，还有很多没有适应数字资源的使用和服务。首先要对古旧文献用户进行基础的数字信息素养培训，包含电脑操作使用、网站检索、数字资源下载保存等。古旧文献数字资源包括古旧文献数据库、开放存取资源、相关网址导航、各网站书目检索等。公共图书馆购买和自制的古旧文献数据库，要介绍给用户使用，尽可能减少古旧文献原件的使用，直至取代纸质文献的使用。具体内容有古旧文献商业数据库和公共图书馆自制的古旧文献数据库种类链接、登录方法、使用功能，网络文献传递的方法，和网络上古旧文献的开放存取资源，网址的链接、使用方法等。数字资源的获取，对于研究型用户助力更大。用户使用古旧文献数字资源，能够减少公共图书馆工作人员现场服务量，保护古旧文献资源原件，也可为用户节省很多时间和精力。

三、文化遗产科学

在汉语词典中，"遗产"有两个含义，一是指死者留下的财产，包括财物、债权等；二是借指历史上遗留下来的精神财富或物质财富。"文化遗产"作为一个公共领域的概念显然使用的是后一个含义。在我国，2005 年 12 月 22 日下发的《国务院关于加强文化遗产保护的通知》对"文化遗产"给出了权威界定："文化遗产包括物质文化遗产和非物质文化遗产。物质文化遗产是具有历史、艺术和科学价值的文物，包括古遗址、古墓葬、古建筑、石窟寺、石刻、壁画、近代现代重要史迹及代表性建筑等不可移动文物，历史上各时代的重要实物、艺术品、文献、手稿、图书资料等可移动文物；以及在建筑式样、分布均匀或与环境景色结合方面具有突出普遍价值的历史文化名城（街区、村镇）。"**14** 对"物质文化遗产"的界定基本等同于我国原有的"文物"概念。中国的文化遗产包括物质文化遗产（文物）和非物质文化遗产。其中物质文化遗产分为可移动文物和不可移动文物两种。图书馆、档案馆和博物馆作为最主要的文化遗产保藏机构，应该从文化遗产保护的高度来理解文献保护工作。而人工制品中的文献，或者称文献遗产，是文献保藏机构收藏和保护的重点。

2015 年 12 月，国际图联管理委员会在《国际图联战略计划 2016—2021》中已明确将文化遗产的数字化保护和服务作为图书馆发展的重要方向。2017 年 5 月，国际图联发布关于"图书馆保护文化遗产"的政策声明，指出全球图书馆的核心工作是保存和保护包括电子资源在内的所有载体形式的文化遗产，并为下一代获得这些资源提供保障。国际图联"图书馆保护文化遗产"声明在总结图书馆参与文化遗产保存和保护多元化路径，以及国际图联对图书馆记录性文化遗产保护工作支撑实践的基础上，强调了图书馆文化遗产保存和保护工作的若干重点，从推进保存与保护战略计划、强调图书馆保护文化遗产的职能、建立风险登记表、参与联合国教科文组织全球加强信息社会可持续发展平台、推进数字统一等方面，揭示了国际图联关于数字文化遗产保护政策的方向。

（一）建立古旧文献保护实验室

建立古旧文献保护实验室，开展各种基础研究和保护技术研究可以促进古旧文献保护工作科学化发展。自"中华古籍保护计划"实施以来，国内各图书馆已普遍认识到古籍保护科学研究的重要性。我国古籍保护事业要实现科学化发展，各实验室要发挥各自专长，深入开展研究，注重实际应用，促进成果转化，加强交流合作，推动行业发展。

目前，国内各图书馆的古籍保护科学研究还处于起步阶段，仅有少数图书馆设立了专门的古籍保护实验室。主要原因是古籍保护科学研究涉及化学、生物、物理、造纸等多个方面，是一门综合性的应用学科，古籍保护实验室的建设，需要大量资金购买现代化仪器设备，也需要专业人才开展研究工作，准入门槛较高。

1. 国内实践进展

目前，国内已建立古籍保护实验室并开展古籍保护科学研究的图书馆主要有国家图书馆、天津图书馆、复旦大学图书馆、首都师范大学图书馆和北京大学图书馆。他们依托丰富的古籍馆藏资源，开展各项检测业务和科学研究工作，发挥各自专长，共同推动我国古籍保护行业向科学化和规范化发展。

国家图书馆古籍保护科技文化部重点实验室位于国家图书馆北海分馆，依托"中华古籍保护计划"，于2007年开始筹建，是国内首个同时也是国内最大的图书馆辖文献保护实验室。国家图书馆古籍保护实验室拥有化学实验室、纸张物理性能实验室、纸张耐久性实验室、生物实验室和精密仪器实验室共5个现代化实验室，各种先进的科学仪器设备50余台。研究范围主要分为三个方向：基础理论研究、保护技术研究及标准规范研究。经过十余年发展，目前已取得不少研究成果。

基础理论研究包括对纸张、装订材料等载体的成分和结构的研究，对纸张老化、氧化、酸化等化学过程的机理研究，以及温湿度、光线等外界条件对载体的影响研究等。保护技术研究包括对脱酸、除虫灭菌、加固等技术的研究，复制、数字化等对古籍原件的影响，以及修复设备、修复新方法等方面的研究。从2015年起，该实验室开始文献脱酸研究工作，并获得两项国家发明专利。自主研发的无水、液相脱酸液对酸化纸张脱酸效果明显，可广泛应用于古籍善本纸张、民国时期文献纸张以及现代文献纸张脱酸处理；研制的两套纸张脱酸设备，可实现整本书籍的批量全自动脱酸处理，效果好，成本低，且脱酸剂易回收。标准及规范研究包括对保存环境、有害气体和光照强度等指标及检测标准，修复用材料标准，以及修复资质认证等方面的研究。国家图书馆（国家古籍保护中心）起草了国家标准《图书馆古籍书库基本要求》（GB/T 30227—2013），对古籍书库的温湿度要求、空气净化要求、光照和防紫外线要求以及书库的建筑、消防、安防等方面的基本条件都进行了规定。

天津图书馆的古籍修复中心规模较大，在全国公共图书馆中位居前列，建有一间保护实验室，配备有酸度计、厚度仪、天平等常规检测仪器，纸张抗张强度仪、耐折度仪、白度仪等物理检测仪器，紫外老化箱、干热老化箱等老化设备，以及光学显微镜等精密仪器，具备了开展纸张性能检测和研究的基本条件。实验室工作依托强大的古籍修复中心，主要研究对象是修复中的古籍和修复用材料，包括对纸张的纤维成分、pH、白度、厚度、撕裂指数和裂断度等参数的检测。天津图书馆在修复馆藏敦煌遗书残片的过程中，与国家图书馆古籍保护实验室合作，对珍贵文献进行了完整系统的科学检测，为修复过程中补纸的选配提供参考，同时也为建立古纸库积累了丰富的资料，为最终建立规范化的古籍用纸数据服务平台打下基础。受实验室设备和人员限制，目前天津图书馆古籍修复中心实验室开展的基础研究工作较少，主要针对修复中心的古籍开展检测工作，与古籍手工修复业务紧密结合。[15]

首都师范大学数字文献实验室建立于 2014 年 7 月 1 日，是我国首家以数字文献学为依托建成的科研实验室，其建立与大数据时代下的古籍数字化建设以及首都师范大学电子文献研究所在该领域的实践经验密切相关。数字文献实验室是相关单位从事古籍数字化建设的科技创新平台，它是由官方或民间的学术组织，依托大学（或大学与科研机构、企业联合）的优势领域建立的面向古籍数字化建设的应用型研究基地。其主要任务是利用自身数字化技术与设备的优势，针对当前古籍数字化实践中遇到的问题，研究并找出合适的解决途径，以引领古籍数字化行业的科学、可持续发展。[16]

2. 国外实践进展

2015 年，牛津大学在其中央图书馆中新设了专门收藏学校珍本特藏的韦斯顿图书馆（Weston Library）。韦斯顿图书馆藏有牛津大学 1602 年以来收藏的东西方手稿和珍本书籍、地图等，反映了牛津大学学科发展的历史。其中中世纪欧洲手稿数量为世界大学之首，并有摇篮本 6755 册。韦斯顿图书馆最具特色的工作是丰富的特藏展览和先进的遗产科学研究。在展览方面，图书馆常年开设珍本文献展览，并配合各种讲座和活动，在图书馆主页上提供"在线展览"。在遗产科学方面，图书馆将遗产科学专门列为一项工作内容，引入现代保护科技设备，面向全校师生建立了研究支持实验室。实验室最重要的两个设备为拉曼光谱仪和高光谱成像系统，可用于揭示文献中隐藏的图片或者文字，或者进行文字颜料种类的识别。目前实验室已与多位研究者建立合作关系，共同发掘馆藏文献隐藏的奥秘。其中，馆藏羊皮纸信件和墨西哥手稿的研究已取得一定进展，研究成果公开在网页上，可供读者深入了解。韦斯顿图书馆以展览、遗产科学为特色的工作模式已经超越了传统图书馆的服务模式，在工作安排与人员组织上更加接近博物馆。其专门设有由 19 名工作人员组成的文献保护小组，分别负责预防性保护计划、修复、保护研究三部分工作。韦斯顿图书馆对文献的修复过程有详细的报告和摄影记录，以记录保护修复过程中发现的手稿和珍本图书中不易被发现的重要部分。并且，这些文物分析与修复过程也曾作为展览内容呈现给读者，增加了展览的直观性、趣味性，也使更多的读者了解了文献科学保护与修复过程。珍贵文献本身即是文化遗产的一部分，然而，一直以来图书馆领域主要强调其信息价值，弱化其文物价值，文献保护管理工作在图书馆较为边缘化。而韦斯顿图书馆打破一般文献服务的局限，进一步发掘、利用特藏的文物价值，统合了图书馆与博物馆的机能，为读者提供了新的服务与视角。[17]

哈佛大学图书馆拥有世界上最大的学术图书收藏量，其中数以百万计的稀有书籍、手稿、照片、地图等对人文科学研究具有不可估量的价值。哈佛大学图书馆配备了最先进的设施和专家致力于保护馆藏资料的安全。哈佛大学图书馆韦斯曼文献保护中心和哈佛学院图书馆文献保护与成像部共同主导哈佛大学图书馆系统的文献保护工作。两者关系非常密切，既有分工又有合作，形成了从馆藏环境评估、媒体转换到项目支持完整的文献保护体系。韦斯曼文献保护中心成立于1989 年，分为文献保护项目办公室和特藏修复实验室两个部分，共有 17 名工作人员；哈佛学院图书馆文献保护与成像部共有 40 名工作人员。十多年来，在国家人文科学基金的支持下，哈佛大学图书馆通过缩微技术和数字化技术完成了数十万册脆化书籍的格式转换工作。在此过程中，韦斯曼文献保护中心负责资料的挑选、准备和编目，哈佛学院图书馆文献保护与成像部负责文献缩微复制与数字化。[18]

（二）数字化保护

1. 文化遗产数字化

　　文化遗产数字化问题是政府和社会各界密切关注的热点问题，很多国家都已经上升到了国家层面。美国国会图书馆早在 1990 年就计划实施一个为期四年的先锋项目，对馆藏历史文献孤本、影像资料、录音等进行数字化的试验。后来这一"种子"发展成为现在的"美国记忆"数字典藏。除了"美国记忆"项目，美国国会图书馆还在联合国教科文组织的支持下，建设"世界数字图书馆"（World Digital Library）项目。这一数字图书馆项目的发展愿景是实现全球文化珍宝的一站式发现、学习和享受。[19]新西兰国家图书馆 2000 年开启了一系列数字化项目，管理新西兰的文化遗产资源，以满足用户此方面不断增长的需求。2003 年联合国教科文组织提出了"数字化遗产"（digital heritage）这一概念，并强调了数字化遗产的重要性。意大利文化遗产、活动和旅游部自 2005 年开始，通过意大利图书馆和书目信息联合目录研究所协调开展国家层面的重大数字文化遗产项目，为文化遗产资源的集成获取提供数字化标准和指导。2005 年，欧洲 19 个国家联合创建数字图书馆"Europeana"，通过构建统一的网络平台，整合欧洲具有代表性的文化遗产资源，为人们了解欧洲历史文化提供一站式浏览与检索服务，实现欧洲数字文化资源更广泛的传播与共享。2009 年 4 月，美国国会图书馆、联合国教科文组织和五个伙伴机构（亚历山大图书馆、巴西国家图书馆、埃及国家图书馆和档案馆、俄罗斯国立图书馆和俄罗斯国家图书馆）面向国际公众推出了"世界数字图书馆"（World Digital Library，WDL），以多语种形式向全球读者免费提供来源于世界各地的传统文化数字化原始资源和材料，促进了世界各国对传统文化的交流和共享。韩国 2015 年开展的"韩国文化时光机"（K-Culture Time Machine）研究项目，应用增强现实（augmented reality，AR）技术，将韩国多种现存的、不同元数据格式的文化遗产资源整合起来，并实现无缝连接和共享。这种先进的新媒体技术极大地促进了传统文化遗产的保护和利用。[20]国际图联于 2017 年 8 月 23 日发布了《保护文化遗产国际图联指南》，倡议建立保存与保护中心网络作为全球保护文化遗产的专业中心，建立多样化的内容收集和保护标准，进行数字化保护工作，将数字化手段放在抢救性保护、日常性保护和协作性保护文化遗产的核心地位。[21]美国、英国、加拿大等国家60多所学校组成的iSchool联盟中有15所高校图书馆已建立数字化文化遗产数据库，并利用3D可视化场景模拟、虚拟现实、全息投影等先进技术对数字文化遗产进行呈现。[22]日本函馆市内许多图书馆都藏有大量的历史文化遗产。为将这些珍贵的资料数字化并向公众开放，函馆市中央图书馆将馆藏的5万余件资料（包括历史照片2000件，明治以后的风景及街道明信片4万余件，历史文件3000余件，历史地图300余件及明治后的海报约2000件等）进行分类后全部予以数字化。除了采用录音、录像等传统的手段外，图书馆还采用图文扫描、全息拍摄、微型资料等新技术，将资源进行分类、整理、加工、编码后在该馆的网站上面向大众开放。[23]

在中国，文化遗产的数字化项目也有许多。中国国家图书馆中国记忆项目中心2012年启动了"东北抗日联军专题""明渤海积善堂手卷专题""国家级非物质文化遗产代表性传承人专题"等多个实验项目。"东北抗日联军专题"已经在国家图书馆网站中国记忆专区发布。北京首都图书馆的"北京记忆"项目也对北京的风土人情、民俗节庆等文化遗产资料进行了数字化处理与网络展示。香港和台湾地区也都启动了记忆工程。"香港记忆"项目联合香港的图书馆、博物馆、档案馆建设了多媒体数码平台，包含专题特藏、展览、口述历史、社区参与四部分内容，让公众通过互联网可以免费浏览文献、图片、海报、录音、电影、录像等反映香港历史发展的珍贵文化遗产。台湾"国家图书馆"的"台湾记忆"项目包括图书文献、史料、图像、人物事件、特展馆等栏目，共计40多万条数据资料和80多万个数字影像、视听档案。[24]

2. 虚拟现实技术应用

虚拟现实是对虚拟想象（三维可视化的）或真实三维世界的模拟。它不仅仅是人机接口，更主要的是利用计算机技术、传感与测量技术、仿真技术、微电子技术等现代技术手段构建一个虚拟世界，使某个特定环境真实再现后，用户通过接受和响应模拟环境的各种感官刺激，与虚拟世界中的人或物进行交互，进而产生身临其境的感觉。[25]

　　人类社会处于不断发展进步中，在这个过程中，只有一部分文化遗产能保留下来，大部分文化遗产都湮没在历史发展进程中。基于文化遗产保护的特殊性和虚拟现实技术的优势，人们将通过定量检测、科学分析所得到的信息进行数字化重建，建立虚拟漫游系统。这不仅能保留文化遗产的原始数据，还能在不破坏自然生态与影响人类生活的情况下，使传统文化遗产的原始数据得以保存。

　　在文化遗产保护领域，虚拟现实技术的应用主要分为两个方面：文物保护和辅助文物展览。在文物保护方面，目前大量的工作都集中在如何快速准确地建立文物 3D 模型。虚拟现实技术可对文物和遗址进行重复建模以选出最适合的修复方案，这一过程不会对文物造成损坏且修复成本很低，对于文物修复至关重要。在辅助文物展览方面，虚拟现实技术依靠沉浸性和多感知性等特点，实现用户异地游览古建筑、观赏文物，深入了解文物细节的愿望，抓住了游览者的好奇心，增加了游览趣味，扩大了知识传播范围。

　　虚拟现实技术在文化遗产中的一个常见应用就是文化遗产的虚拟重建。物质文化遗产以物件为依托，可以反映当时社会的诸多信息，是专家学者研究历史的重要依据。但经过自然和社会因素的侵蚀，物质文化遗产遭到破坏，虚拟现实技术的应用，有助于修复物质文化遗产。在意大利那不勒斯公共图书馆中，最重要的馆藏资料就是庞贝古城的相关资料。那不勒斯公共图书馆的馆员们开发了一个实时移动混合现实系统，将虚拟人融入庞贝古城的虚拟重建中，让读者可以看到真实世界与虚拟场景的移动叠加，通过真实和虚拟实体之间的交互来增强读者参与感。[26]

　　20 世纪 90 年代，敦煌研究院开始对敦煌壁画进行计算机存储与管理系统研究，参与联合国教科文组织推动的"世界记忆"项目，中国的文化遗产保护进入数字化阶段。随后，故宫博物院的数字化研究也开始展开，构建了故宫模型与网站，对故宫进行数字化的保护与开发。近年来，故宫相继推出"超越时空的紫禁城""走进清明上河图"等虚拟现实项目来增强游客的沉浸感，增加游客乐趣的同时，宣传历史文化知识，高效保护文物。故宫博物院于 2015 年末启动了养心殿研究性保护项目，在养心殿保护性修缮期间，观众可以通过"V 故宫"项目访问部分区域（如养心殿、灵沼轩和倦勤斋等），在不影响原作的情况下对文化遗址进行修复。

参 考 文 献

[1] 袁明伦.现代图书馆服务［M］.成都：四川大学出版社，2013：31.

[2] 黄如花.数字信息资源开放存取［M］.武汉：武汉大学出版社，2017：4.

[3] 彭聪.日本收藏的我国古籍数字化开放获取文献资源研究［J］.办公室业务，2014（19）：
262.

[4] 刘光华.加拿大收藏的我国古籍数字化开放获取文献资源［J］.办公室业务，2015（13）：
21.

[5]［8] 姚远，李莎，沈东婧.国内外古籍开放获取实践进展［J］.知识管理论坛，2017，
2（02）：120-127.

[6] 李晓源.古籍开放存取的世外桃源——书格［J］.山东图书馆学刊，2015（01）：50-
52.

[7] 于新国.我国古籍数字化开放获取文献资源研究［J］.福建图书馆理论与实践，2015（2）：
38.

[9] 王文兵.高校图书馆学科服务研究［M］.武汉：湖北科学技术出版社，2012：27.

[10] 时永乐.古籍整理教程［M］.保定：河北大学出版社，2003：3.

[11] 殷学国，蒋述卓.古籍整理与现代学术演进关系分析［J］.学术研究，2016（09）：
162.

[12] 阎琳.国外3所世界一流高校图书馆的古籍特藏服务与启示［J］.图书情报工作，
2019，63（18）：132.

[13] 唐淑香."互联网＋"时代高校图书馆学科服务研究［M］.西安：西安交通大学出版社，
2018：113.

[14] 贾鸿雁，张天来.中华文化遗产概览［M］.南京：东南大学出版社，2015：3.

[15] 张艳霞，吕淑贤.国内图书馆古籍保护实验室的现状与思考［J］.大学图书馆学报，
2020，38（03）：97-99.

[16] 李海伦.数字文献实验室——古籍数字化的新模式研究［J］.铜仁学院学报，2017，19
（04）：10-15+63.

公共图书馆古旧文献管理与服务

［17］阎琳.国外3所世界一流高校图书馆的古籍特藏服务与启示［J］.图书情报工作，
　　　2019，63（18）：134.

［18］阎琳.古籍与民国文献格式转换的原生性保护机制［J］.大学图书馆学报，2019，37（04）：
　　　95-101.

［19］史劲松，吴丹.欧洲表演艺术数字图书馆对我国文化遗产数字资源保存的启示［J］.信
　　　息资源管理学报，2014，4（03）：28.

［20］孙会清，曹健.图书馆文化遗产数字化建设现状与发展策略［J］.华北理工大学学报（社
　　　会科学版），2020，20（02）：135.

［21］程焕文，曾文.国际图联的文化遗产保护理念与保护策略研究［J］.图书馆建设，2019
　　　（01）：47-54.

［22］李立睿，王博雅.iSchool联盟高校图书馆数字文化遗产服务实践调查分析［J］.图书馆
　　　学研究，2019（08）：63-69.

［23］赵婷，陶信伟.日本公共图书馆参与地方文化遗产保护的经验与启示［J］.图书馆工作
　　　与研究，2018（07）：126.

［24］常艳丽.图博档文化遗产信息资源数字化融合服务研究［D］.南京：南京大学，2014.

［25］张善立，施芬.虚拟现实概论［M］.北京：北京理工大学出版社，2017：3.

［26］黄向君.虚拟人（VHs）在图书馆文化遗产中的应用［J］.情报探索，2020（02）：
　　　95-99.